RECHERCHES HISTORIQUES

SUR LES FONCINES

ET

LE CANTON DES PLANCHES

PAR

J.-B. MUNIER

MÉDECIN, MEMBRE DE PLUSIEURS SOCIÉTÉS SAVANTES.

❦

SALINS

BILLET, IMPRIMEUR-LIBRAIRE-ÉDITEUR

77, GRAND'RUE DU BOURG-DESSUS, 77

1874

RECHERCHES HISTORIQUES

SUR LES FONCINES

ET

LE CANTON DES PLANCHES

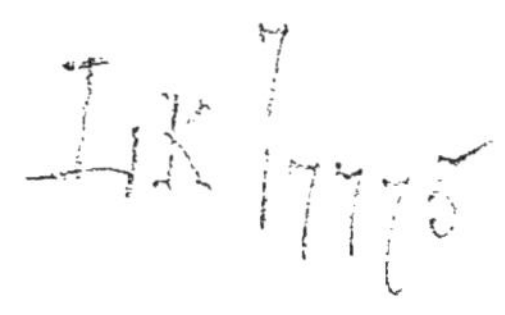

RECHERCHES HISTORIQUES

SUR LES FONCINES

ET

LE CANTON DES PLANCHES

PAR

J.-B. MUNIER

MÉDECIN, MEMBRE DE PLUSIEURS SOCIÉTÉS SAVANTES.

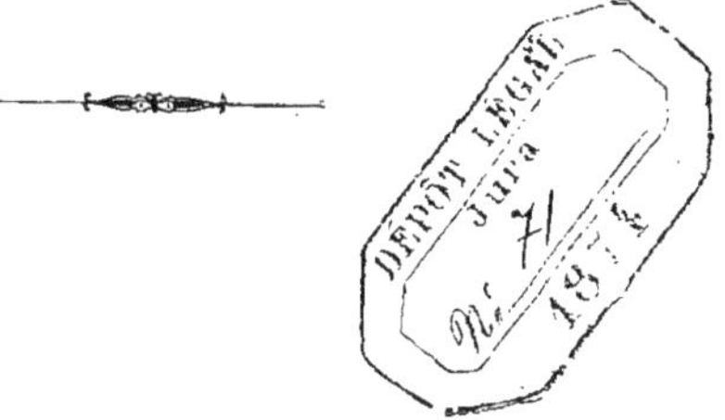

SALINS

BILLET, IMPRIMEUR-LIBRAIRE-ÉDITEUR

77, GRAND'RUE DU BOURG-DESSUS, 77

—

1874

RECHERCHES HISTORIQUES SUR LES FONCINES ET LE CANTON DES PLANCHES.

Pour connaître avec certitude quelque chose de l'histoire ancienne, voyez s'il existe autour de vous quelques monuments incontestables.

Généralement le berceau de la plupart des peuples est environné d'une atmosphère si ténébreuse qu'il prête trop aux récits fabuleux. L'immensité qui nous sépare de leur origine nous empêche d'apprécier exactement aujourd'hui de quelle importance ils furent autrefois. Né dans ce pays, j'ai recherché avec plaisir ce qui s'y était passé autrefois ; j'ai voulu faire part à mes concitoyens de mes recherches, bien persuadé qu'ils éprouveraient le même plaisir que moi, et qu'ils reconnaîtraient comme moi la vérité de cette sentence :

> *Natale solum dulcedine cunctos*
> *Ducit et immemores non sinit esse sui.*

PREMIÈRE PÉRIODE. — Époque Séquanaise.

Nous avons d'abord à rechercher si ce pays est toujours resté blotti derrière ses forêts, ignorant et ignoré, et si les âges celtiques ne l'ont pas éveillé en passant si près de lui ; si sur son sol on ne rencontre aucun souvenir, aucune trace du culte druidique.

Et d'abord quelle est l'étymologie du mot *Foncine ?* On répond *fons cenæ, source d'eau belle.* Une telle étymologie ne dit rien, ne se rapporte à rien.

D'autres pensent que ce nom vient du mot *fons ain, la source de l'Ain,* car la rivière de Foncine est un des affluents les plus éloignés de la rivière d'Ain. Gilbert Cousin dans sa description du comté de Bourgogne dit : *fonscenus, pagus, immensus et multis villis constans,* fonssène, village immense, composé de beaucoup de hameaux. *Sic dictus quod in eo fons Senæ fluminis fluit,* ainsi nommé de sa situation à la source de la rivière de *Sène.*

N'admettant aucune des opinions précédentes, recherchons quelque chose de plus satisfaisant.

L'historien Chifflet dans son Vesontio, page 11me, nous dit, *sed sequana fonte (ut quibusdam placet) in monte Jura, vulgo Senæ, ubi populosus pagus fonssene, cujus incolæ fonssineres noncupantur :* « Mais suivant l'opinion de quelques personnes « le nom de séquanes vient plutôt d'une autre *séquana* « vulgairement appelé Seine, qui prend sa source dans le « Mont-Jura, au populeux village de Foncine, dont les habi- « tants sont nommés *Fonciniers.* »

Selon cet auteur ce serait donc la rivière de Foncine qui aurait donné son nom à la Séquanie. Il est difficile de penser qu'une petite rivière perdue au pied du Mont-Jura ait eu tant d'honneur.

Toutefois sans adopter d'abord l'opinion de Chifflet il est bon de vérifier si le pays de Foncine a pu être connu à une époque si reculée. Deux mille ans à peu près avant la naissance de Jésus-Christ, les Gals ou Gaulois, qui dans leur propre langue, s'appelaient *Celtes,* c'est-à-dire *habitants des forêts*, s'étaient fixés entre le Rhin, les Alpes, la Méditerranée et les Pyrénées : ils étaient divisés en plusieurs tribus, parmi lesquelles étaient celles des *Séquanes,* qui donnèrent leur nom à la Seine, et habitèrent d'abord le cours supérieur de ce fleuve, puis refoulés par d'autres tribus, vinrent se fixer entre la Saône et la quadruple chaîne du Mont-Jura, c'est-à-dire dans la Franche-Comté.

Ainsi les Séquanes ou Séquanais eurent l'honneur de laisser leur nom à la *Seine Sequana,* le beau fleuve dont Paris est si fier, et ce furent eux qui les premiers occupèrent la Franche-Comté, dont ils firent la Séquanie.

Une loi des Druides était de ne rien laisser par écrit. La religion, les lois, l'histoire des princes étaient conservées par la tradition, puis transmise à la postérité dans les vers des Bardes, et ces vers étaient un secret pour les étrangers ; mais c'est un fait assez connu de tout le monde, et assez constaté par les Conciles, que les Gals adoraient les fontaines et les rivières.

Or la source de la rivière de Foncine qui porte le nom même des Séquanais, car leur véritable nom était celui de *Seines* ou *Sekenes,* dont les latins ont fait *Secani* et *Séquanie.* Cette rivière, qui après que ces peuples eurent été expulsés des bords de la *Seine* de Paris à laquelle ils avaient imprimé leur nom, reçoit le même baptême, lorsqu'ils sont venus habiter la province où elle prend sa source, doit nous obliger à examiner de plus près la cause d'une telle similitude de nom.

Depuis l'antiquité la plus reculée on a attribué à l'eau de la source de la Seine de Foncine des vertus miraculeuses pour la guérison de certaines maladies et surtout celle des yeux, ce qui conduit naturellement à penser que cette rivière aurait pu, sous le règne du panthéïsme, être consacrée par un culte, alors l'étymologie du nom de Foncine, viendrait de *fons sena, fons sène,* la source sainte, la source sacrée, et non de *fons cenæ et de fons ain.* Ainsi le mot *Sen,* qui en langue celtique. signifie *Saint,* suffit pour faire reconnaître que cette source était sacrée et recevait les hommages des populations.

Mais ce n'est pas tout , on trouve près de cette source d'autres réminiscences du culte druidique.

Avant de les aborder, disons encore qu'on donnait aux prêtres druides le nom de *Seines sekenes, seni senani, senots, très-saints très-vénérables.*

Le nom de *Sène* rappelle aussi le souvenir des prêtresses druidiques, ces fées séquanaises qui prédisaient l'avenir et possédaient l'art de guérir les maladies les plus cruelles.

Le cheval blanc que l'on voit paître aux environs de la source même, ou galoper légèrement à la cime de la montagne près de la grange de la Doye, est une tradition qui appartient aux peuples primitifs de la Gaule. Les maisons qui sont au-dessus de la source dite sur la *Doye,* ont emprunté leur dénomination à la langue celtique, car *Doie* est un terme gaulois qui indique une source de rivière.

On parle d'une jeune fille qui se serait précipitée à la source et dont l'ombre reviendrait encore faire des apparitions dans ces parages solitaires.

C'est par toute l'Europe que l'on considère comme vestiges du culte druidique , les feux de la St-Jean et de Noël. A Foncine, ces usages existent encore, les bergers allument des feux de joie sur les hauteurs, mais spécialement sur la *Doye* au-dessus de la source.

La coutume de planter le *Mai* à l'habitation d'un nouveau maire est également celtique d'origine et se pratique aux deux Foncines, comme partout où l'on a conservé les traditions gauloises.

Selon l'ancienne coutume, l'élection des maires se faisait au champ de Mai et avait lieu le 1er jour de l'année celtique.

Les assemblées électorales se tenaient au sein des forêts druidiques ; on y choisissait les magistrats et les *valentines* : le maire pour régir les affaires communes dans le cours de l'année ; la *valentine*, jeune fille à marier, pour présider avec son *valentin* aux fêtes de la jeunesse. On leur apportait deux arbres de la forêt pour en décorer leur séjour, et manifester par cette enseigne le double choix de la population.

Voilà, ce me semble, déjà assez de circonstances curieuses, groupées autour du berceau de la Seine, pour traduire maintenant *fons scne,* par la *source sainte,* ou par la *fontaine d'eau sacrée,* mais suivons son cours.

HISTOIRE.

Le premier groupe de maisons de la commune de Foncine-le-Haut qui se rencontre sur la route en venant de Foncine-le-Bas est le hameau de la *Cheverie.*

D'où vient ce nom rude et barbare de *Cheverie ?*

Les uns pensent que les arides pâturages qui entourent ce lieu ont été consacrés à la dépaisance des chèvres, que c'est à cette cause qu'est due une telle dénomination. Mais les pâturages ne sont pas plus arides là qu'ailleurs. Pourquoi aurait-on consacré ce lieu au pâturage des chèvres de préférence à tout autre ? Nous n'en voyons pas la raison.

La seconde opinion sur l'origine du nom barbare de *Cheverie* plonge bien plus avant dans la sombre nuit des temps, et se rattache bien plus étroitement au nom de *Seine,* *source sacrée,* d'où nous faisons dériver le nom de Foncine.

Le nom de Cheverie viendrait du mot celtique *chevir,* rendre la justice.

Nous savons que chaque année les Druides tenaient leurs assises dans la partie la plus rapprochée du centre de chaque canton, afin de prononcer sur les affaires publiques et particulières ; cette réunion judiciaire devait donc avoir lieu à la Cheverie, ainsi que son nom l'indique, c'était le lieu judiciaire. Avant cette dernière période des temps modernes, il se pratiquait à Foncine, au hameau de la Cheverie, un usage qui paraît se rattacher à la cérémonie druidique de la distribution du *Gui sacré,* conservé dans l'expression du *Gui l'an neuf,* sur d'autres points de la France : c'était une distribution de pain ·à la classe indigente, soit à Pâques, soit à Noël, deux époques du cercle annuel où nous savons tous que l'année prit autrefois son commencement. Cette aumône publique se faisait par les échevins, le pilier sur lequel se plaçaient les miches existe encore. L'esprit de charité évangélique avait ainsi substitué à la cérémonie païenne de la distribution du Gui la distribution d'une aumône, le catholicisme a procédé ainsi partout. Cette circonstance vient donc encore corroborer l'opinion que la *Cheverie* était un lieu de réunion druidique. Selon nous c'était le séjour des prêtresses druides qui dirigeaient le tribunal suprême.

Nous croyons que le druidisme avait deux stations principales et distinctes à Foncine : l'une à la *Tieulette,* près-du *Creux-Maldru,* et l'autre à la *Cheverie.*

Les prêtres druides avaient leur séjour près du *Creux-Maldru,* et les prêtresses druides à la *Cheverie.* En effet, *maldru* vient de *Mallus,* lieu d'assemblée, *dru,* druides. Une colline voisine de *Bibracte,* portait le nom de *Montdru,* et c'était dans les Gaules un des principaux lieux des assemblées annuelles. *Dreux* et quelques autres villes indiquent aussi par leurs noms d'anciens lieux d'assemblées ; c'est sur le coteau que couronnent les ruines de l'ancienne forteresse des comtes de Dreux qu'on croit qu'était le *bois sacré*, où se tenait l'assemblée générale des druides.

Le creux Maldru se trouve à la ferme de la *Tieulette*, nom qui vient de *taol, taola,* et signifie la table, la table du sacrifice. Nos paysans appellent encore une table *taula*. Le lieu du sacrifice et le lieu des assemblées était donc à la Tieulette, c'était à la Cheverie le lieu où se rendait la justice.

On sait que les druidesses établissaient leurs demeures aux bords des torrents, des rivières, surtout dans les îles, parmi les druidesses les plus célèbres, on comptait les neuf vierges terribles de l'île de *Seyn,* celles de l'île Mona (Anglesey). C'est dans cette île qu'était depuis des siècles le siège le plus secret du culte druidique. La conquête de la Bretagne ne devait être complète qu'après leur entière extermination ; aussi quand les soldats romains, sous la conduite de Suetonius Paulinus, se disposèrent à débarquer, ils virent sur la plage une forêt d'armes et des soldats ; dans les rangs couraient des femmes les cheveux épars, des torches à la main, tout autour étaient les druides qui, fièrement immobiles et les bras levés au ciel, prononçaient avec solennité d'horribles imprécations. Frappés d'abord de terreur, les Romains se ranimèrent à la voix de leurs chefs et culbutèrent les Bretons. Druides, prêtresses, soldats, tout fut égorgé, l'an 61 après Jésus-Christ.

Si les prêtresses du culte druidique se réfugiaient dans les îles, les presqu'îles, aux bords des torrents et des rivières, c'est parce qu'elles se vouaient à une virginité perpétuelle qui les obligeait de fuir sévèrement les lieux où pouvait se trouver la présence de l'homme ; celles qui s'étaient mariées avant d'entrer parmi ces prêtresses ne s'en astreignaient pas moins à de longs célibats.

Leur demeure était inviolable et sacrée, et le peuple avait pour cette consécration une telle vénération, que les plus riches trésors n'eussent pas tenté un profane d'en approcher ; nul ne pouvait habiter dans l'étendue du terrain que cette consécration avait fixée, ou ne pouvait habiter qu'en dehors de la ligne de délimitation. Il paraît qu'à la Cheverie cette consécration s'étendait jusqu'au hameau du *Voisiney* , qui a pris son nom de ce qu'il était à l'époque druidique le lieu habité le plus voisin des deux sanctuaires de la *Cheverie* et du *Creux-Maldru*. Il est probable que ce hameau est un des plus anciens de Foncine-le-Haut.

Quelles sont ces vierges prophétiques, qu'une multitude religieuse entoure, et qui distribuent, avant le combat, le Gui de chêne aux défenseurs de la patrie ? Ce sont les vierges de l'île de *Sayne,* de l'île *de Seyn, de Seine,* les mystérieuses fées qui marchent sur les eaux, conjurent le tonnerre et remplissent les âmes des guerriers de courage et d'amour. Les vierges de *Seyn, de Seine,* quelle analogie entre les vierges de l'île de Seyn et les druidesses placées au bord de la *Seine,* à Foncine, à la *Cheverie,* distribuant le Gui, au lieu même où le christianisme a fait distribuer le pain aux pauvres, aux deux mêmes époques de l'année : à Pâques et à Noël. Une circonstance fort importante et qui vient corroborer notre opinion, en démontrant une analogie complète entre les druidesses de nos parages et celles des autres localités est la suivante :

L'influence des druidesses sur l'esprit des peuples se perpétua malgré les édits des empereurs et les efforts des prêtres chrétiens ; elle survécut même à l'existence des druides. On retrouve encore sous les rois de la seconde race ces prêtresses redoutées, des *fanœ, fadœ, fatue Gallicœ,* exerçant un grand empire sur les Gaulois comme sur les Francs leurs vainqueurs, qui venaient leur apporter des présents et des hommages dans le creux des cavernes, au fond des puits désséchés, aux bords des torrents, des lacs et des rivières, où elles établissaient leur demeure. Ce sont elles qui sous le nom de *fées* figurent dans nos traditions populaires, où jadis se trouvaient les prêtresses du culte druidique, aujourd'hui nos traditions et les contes merveilleux dont on amuse nos enfants y placent les fées.

Or, nous retrouvons à la source de la Seine cette jeune fille qui se serait précipitée dans le gouffre, et dont l'ombre reviendrait encore faire des apparitions dans nos parages solitaires. C'est la Naïade ou la *fée* de la source. Mais elle n'est pas seule dans le pays. Qui ne connaît la *Dame du lac de la grange à la Dame ?* Or dit M. Monnier, annuaire de 1848, « ces parti- « cularités nous renseignent sur une époque de transition du « culte des Gals, au nouveau culte romain, » elles nous portent à considérer la *Dame de fons Sène,* comme une druidesse ou comme un oracle attaché d'abord au culte de la source, puis converti au christianisme, à l'époque où l'évangile prévalut au fond de nos montagnes, dernier refuge des druides. Dans cette supposition qui ne nous semble pas dénuée de toute vraisemblance, il est permis de reconnaître près du petit lac de la grange à la Dame, le séjour d'une des prêtresses gauloises qu'on appelle *Sènes,* parce qu'elles vivaient saintement.

RECHERCHES HISTORIQUES SUR LES FONCINES.

Dans la presqu'île de la Cheverie, sur la rive droite de la Seine, on trouve un bloc de rocher tout à fait isolé, il est brut et posé debout comme les *peulvans.* Sa hauteur est telle qu'on n'y atteint pas sans le secours d'une échelle ; à son sommet existe un trou pratiqué de mains d'hommes. Au 1er moment, on pourrait considérer cette pierre comme un accident naturel ; mais lorsqu'on a recueilli toutes les données qui se rattachent dans nos parages au culte druidique, leur concours significatif et puissant donne de suite la pensée que cette pierre se rattache au culte des Celtes ; tout nous porte à croire que c'est un de ces monuments gaulois, connus sous le nom de *menhir, peulvan, pierre fiche, pierre levée, pierre debout.*

Grossier monolithe, obélisque brut, le menhir, appelé encore quelquefois haute borne, s'élève à une hauteur assez considérable, variant depuis un mètre jusqu'à seize et dix-sept mètres. Il est implanté verticalement en terre et souvent par une disposition assez bizarre, l'extrémité la plus volumineuse en haut.

Dans son état actuel la pierre de la Cheverie ressemble assez à un *peulvan*, toutefois comme nous l'avons dit, il y a à son sommet un trou pratiqué de mains d'hommes, et les peulvans ne présentaient pas cette disposition. Cette particularité peut s'expliquer de deux manières ; ce menhir ou peulvan aurait pu être surmonté d'une autre pierre tournant sur un pivot et représenter ce qu'on appelle les *pierres branlantes, pierres croulantes.* On a toujours considéré ces blocs singuliers comme des pierres probatoires dont on faisait usage dans le culte druidique pour prouver la culpabilité des accusés ; on était convaincu du crime imputé lorsqu'on ne pouvait faire mouvoir la pierre branlante. Cette explication se lierait au nom de la Cheverie qu'on a dit signifier le lieu des assises judiciaires.

L'autre explication tout en reconnaissant là un monument druidique admettrait que l'excavation taillée au sommet de ce peulvan ou de cette pierre branlante indiquerait que depuis l'adoption du christianisme on y aurait fixé une croix par opposition au culte païen. Ainsi on aurait substitué à la

Cheverie la distribution d'une aumône à la distribution du gui, et la croix se serait élevée au-dessus de la pierre probatoire ou du menhir.

Si l'on étudie attentivement le patois de nos montagnes, on sera étonné d'y retrouver une quantité de mots et d'expressions celtiques peu altérés, ce qui indique que ce fut la langue primitive de nos montagnes. Citons en quelques exemples : Pour dire en patois, *je prévoyais telle chose, je prédisais telle chose,* on dit *je sengivou* telle chose, or le mot *seneger* vient de *sen,* qui signifie *la vue,* et *ac ou aq,* ce qui est perçant, la vue perçante, la faculté de prévoir, de prédire. Aussi les devins chez les Celtes portaient le nom de *sennaci* ou *sennacaï.*

Le village de *Crans,* canton des Planches, bâti sur un calcaire très-puissant, à peine recouvert d'une mince pellicule de terre et présentant dans tous les points des pierres connues sous la dénomination de *murgers,* tire son nom de la langue celtique. Le mot *Carns* veut dire amas de pierres ; les Celtes souvent célébraient leurs cérémonies sur des tas de pierres appelés *Carns,* ou ils élevaient ces tas de pierres sur la sépulture de leurs guerriers, soit pour conserver la mémoire de leurs chefs, soit pour mettre leurs cendres à l'abri de toute insulte. Or du mot druidique *Carns,* amas de pierres, au mot *Crans,* pays des murgers, il y a peu d'altération une lettre seule se trouve transposée.

Le mot Croz qui désigne la montagne qui sépare le val de Foncine du val d'Entre-Côte, a été selon quelques-uns ainsi nommée de la croix taillée dans le roc qui séparait les deux seigneuries de Château-Vilain de Nozeroy, mais ne paraît-il pas dériver du mot celtique *croux* prononcé *Croux,* instrument sacré et signifie la montagne sur laquelle les Bardes chantaient l'éloge de leurs guerriers, sur le *Croux* ou la lyre sacrée (Gehan, page 321).

On appelle les vieilles médailles *Patares*. Les druides portaient le nom de *Patares*. *Pataris pères* (Toubin, page 15).
Selon M. Delacroix, *Poire* signifie chemin. *Vipoires*, tel est
encore aujourd'hui le nom que portent nos vieux chemins.

Si on considère le costume ancien des habitants du pays,
surtout celui des femmes, on reconnaît beaucoup d'analogie
avec celui des druides. En effet elles couvraient leur tête d'une
espèce de turban à franges, les cheveux relevés par dessus
jusqu'au sommet de la tête, et retenus par une longue épingle
d'argent qui se terminait aux deux extrémités par un globe de
même métal. Cette coiffure qui ressemble à celle des chinois a
encore plus d'analogie avec les *Bréacans* des prêtres et des
prêtresses druides, c'est aussi sous cette coiffure que se pré-
sentent les anciennes fées qui ont succédé aux prêtresses du
culte druidique.

Les âmes des druides qui se disaient les favoris du ciel
étaient traitées par lui de la manière la plus favorable ; une
étoile brillante venait les chercher pour les conduire en para-
dis. C'est par suite de cette idée qu'encore aujourd'hui dans
nos montagnes, chaque fois que le peuple voit une étoile fi-
lante, il est persuadé de la mort d'une personne distinguée
par son rang et ses vertus.

L'industrie des fromages dits de Gruyère qui est presque
l'unique industrie agricole des montagnes remonterait aux
druides qui en seraient les inventeurs, et cette invention
qu'on ne voit que chez les peuples purs descendants des anciens Celtes, s'est conservée dans les montagnes, dernier refuge des prêtres persécutés par les Romains.

Le sol de la Séquanie a rendu à la lumière un assez grand
nombre de taureaux en bronze pour démontrer l'existence du
culte du taureau dans cette province dont la capitale Besançon
en porte le nom, *Le Bison sacré de Besançon*. Plusieurs loca-

lités ont pris le nom du taureau sans doute parce que ce culte y était pratiqué. Ainsi le taureau est une des sommités les plus élancées de la chaîne du Jura, au nord-est de Pontarlier, dominant le sombre défilé à l'entrée duquel se dressent les statues colossales et mystérieuses des dames d'Entre-Port. *Bulle ad stabulos*. Dans les vieilles chartes, ajoutez que bul en celtique signifie bœuf. Bouverans dont le nom indique assez une habitation de bouviers. *Montorier* la montagne au taureau, *mons tauri. Turon*, le Biset, *Vacheresse*, la commune de Boz, dans la Bresse, et bien d'autres localités. Or puisque nous sommes à parler des lieux qui paraissent avoir pris leur nom du culte du bœuf, nous ne pouvons nous empêcher de citer les deux montagnes du *Taureau* à Foncine-le-Bas, d'où il résulte que la région alpestre du Jura fut surtout habitée dès l'origine par un peuple pasteur, pour laquelle le bœuf et la vache résumaient les intérêts de la vie, et que cette habitation date de la plus haute antiquité, qu'elle est antérieure au christianisme puisqu'on y trouve le culte du taureau et même celui du *Dieu-Pan,* dont on a trouvé une statue au lac d'Antre et dont l'une des chaînes les plus élevées des Alpes a pris le nom d'Alpes Pennines.

A Foncine-le-Haut, un lieu désert et sauvage porte le nom barbare de *St-Egon*. Point de saint dans le catholicisme n'a ce nom. A quoi ce rattache donc un nom si barbare ? Disons d'abord que ce lieu sombre et désert est tout peuplé d'ombres lugubres ; ce ne sont point des êtres pétris du même ciment et animés de la même vie que les simples mortels qui l'habitent ; aux yeux de nos crédules habitants, il faut être doué d'un courage presque surhumain pour traverser ces lieux la nuit ; rien que d'en parler le paysan de nos villages tressaille involontairement, car il subit l'influence des supertitions et des vieilles légendes de la terre natale avec lesquelles on a bercé son enfance.

Les bois de St-Egon ne constituent pas seulement le séjour *des follets,* selon la tradition de nos vieillards, ils donnent asile à un grand nombre d'autres esprits malins, ces lieux sont véritablement fatidiques. On appelait ainsi dans l'antiquité les lieux où le destin, la divinité *fatum* paraissait résider. Aussi tous les lieux fatidiques se rattachent aux endroits où le culte druidique a été jadis exercé, c'est de là en effet que nous voyons soudre le plus souvent ces espèces de prodiges. On sait quel rôle jouaient les bois consacrés (*Luci*) non plus seulement chez le peuple Hébreu et sous les chênes de *Mambré,* mais encore chez les idolâtres connus à *Dodonne* à *Cume* et chez ces mêmes druides qui venaient puiser dans les bois consacrés des inspirations analogues à celles qu'ils recevaient à *Carnac,* où ces amoncellements de pierres bizarres frappaient de terreur la nuit tous les voyageurs qui n'osaient en approcher parce que *les dieux les habitaient.*

Dès que la superstition d'un village pendant des siècles vous désigne un lieu comme plein d'effroi et de mystère, il importe de rechercher si ce lieu n'a pas été consacré au culte de nos pères, et on finira toujours par découvrir qu'il en est ainsi.

Dans cette recherche nous trouverons trois choses qui nous serviront de guide : 1° La tradition constante signale là la présence d'un esprit *omnes dii gentium demonia ;* 2° le christianisme aura cherché à sanctifier ce lieu, tant en y substituant le culte du vrai Dieu, qu'en y introduisant des monuments de ce culte ; 3° enfin le nom du lieu ou des lieux circonvoisins vous indiqueront son antique consécration.

Dans le lieu dont nous parlons, comme dans ceux sur le territoire de Foncine dont nous nous sommes déjà occupé, ces trois circonstances se rencontrent. Nous les avons vues à la source de la rivière, à la Cheverie, au Creux-Maldru, nous allons encore les retrouver à St-Egon.

La tradition peuple ce lieu d'esprits méchants, c'est un lieu de terreur, le christianisme n'a point oublié d'y placer une croix. Déjà les deux premières conditions posées plus haut s'y rencontrent. Maintenant que signifie ce mot barbare de St-Egon, en serait-il ici comme pour *Bresson,* lieu où la déesse *Brixia* et le Breuchin divinisés étaient adorés, et où le catho-slicime a jugé nécessaire d'apporter le nom et le culte d'un saint dont le nom était à peu près semblable, *St-Brice ;* on en a fait autant à l'égard de St-Seure et dans beaucoup d'autres lieux ; mais il n'en peut-être ici de même, car il n'y a point de saint dont le nom se rapporte à celui dont nous parlons, avons-nous déjà observé.

Hénon est un mot celtique qui signifie vieillard, de même que le mot grec *henos.* Nos pères adoraient la pierre *Enon,* ce culte avait lieu surtout dans nos montagnes entre Vogna et Vècle, d'*Egon à Enon,* il n'y a que la lettre G de substitué à N, cette altération n'en est pas une c'est le même nom, se référant toujours au culte druidique.

Si nous rapprochons la tradition du cheval blanc qui parcourt les rochers d'où sort la source sacrée de la Seine nous dirons que ce pégase et le Pégase Ségomon à qui Partenus a érigé un autel avec cette inscription : *Morti segomoni sacrum,* et que St-Egon est tiré de ségomon, le pégase ségomon. Or ségomon était une divinité celtique à laquelle sacrifiaient aussi bien les Ségusianes de Lyon que les Séquanes ; il paraît que la colonie romaine de Plancus l'avait reconnu, et lui avait élevé un temple à l'endroit qu'occupe l'antique église de Saint-Pierre, puisqu'on avait incrusté dans un mur de cette église l'inscription dédicatoire : *segomoni sarc,* mais Ségomon était une divinité de la séquanie, St-Egon est donc une corruption du mot *segomon,* divinité celtique à laquelle ce lieu était consacré.

Une autre explication, et c'est peut-être celle qui paraîtra la plus naturelle, Egon viendrait de l'Esus des Celtes, divinité qui protégeait les forêts et qui paraît être la même que le *Sylvain* des Romains, que le *Pan* des Grecs et le *Pen* des Celtes, dont nous avons déjà vu le culte établi dans nos montagnes. *Esus* paraît venir du breton *Euzus,* adjectif de eus, terrible, épouvantable, c'était un dieu terrible, sa voix menaçante se faisait entendre dans les bois pendant la nuit. De là ce lieu a consacré toute la terreur qui l'entoure. Situé entre la Cheverie, station des prêtresses druidiques, et le lieu du sacrifice de *Maldru,* près de la colline sacrée du *Bré.* Selon M. Bochat, *Bré* en celtique veut dire colline. Nous ne pouvons douter que le lieu dont nous parlons, ne fut une forêt sacrée du temps des druides, dont l'existence à Foncine se montre à chaque pas, et nous fait trouver ainsi successivement le faisceau complet des différentes parties du culte de nos pères.

Mais si le culte druidique était établi à Foncine et laisse tant de traces et de si profondes réminiscences, il ne l'était pas d'une manière isolée et pour ainsi dire exceptionnelle, il se reliait aux lieux voisins, et par suite à toute la Séquanie. Jetons donc un rapide coup d'œil sur les localités les plus voisines de notre pays.

A Sirod, dont les Foncines feront partie plus tard, les superstitions qui s'attachent aux trois commères qui représentent les trois déesses *Mères* qui étaient les *Mères* Lucines de la Gaule, ne nous indiquent-elles pas les derniers vestiges du culte des Pierres si répandu chez nos pères, ainsi que les trois commères de Bellefontaines, et les trois *Dames d'Entreportes.*

Nous voyons que lorsqu'Aubert et Didier, moines de Saint-Claude vinrent en 523 pour construire le monastère du Grand-Vaux, ils commencèrent par jeter dans les fondements de leur maison et dans le lac les pierres consacrées par le druidisme

et par abattre les arbres qui avaient reçu la même consécration. Nous ne pouvons nous dispenser de citer *la pierre
Lithe* de la forêt de la Fraisse.

Le père Joly dans ses lettres sur la Franche-Comté, disait
déjà : « Une tradition immémoriale l'a donnée comme un mo-
« nument de l'idolâtrie de nos pères. On m'a assuré qu'on a
« vu quelques paysans assez superstitieux pour la regarder
« avec une sorte de vénération, et la plupart y attachent une
« certaine influence, comme une espèce de sortilège. »

Le mot de pierre Lithe et le chemin de la Lithière qui y conduit, sont formés de *Lithos* qui signifie *pierre*, et de *hiéra*
qui veut dire sacré, le chemin de la pierre sacrée. Le chemin
dit aux Prêtres annonce clairement que ce chemin était jadis
celui des druides de la forêt ou de ses environs. Or la forêt
de la Fraisse hérissée de sapins majestueux était certaine-
ment sacrée, soit comme sanctuaire de la divinité, soit
comme frontière des contrées de Scoding et de Varaco.

Longtemps la superstition resta attachée comme un lierre
aux pierres consacrées, on pourrait même dire que ce culte
a subsisté en France jusqu'à nos jours. Les habitants du
Quercy et de la Bretagne n'y ont point entièrement renoncé,
et ce culte était tellement ancré chez nos aïeux, qu'en vain
les conciles d'Arles, de Tours, de Leptine en 743, le capitulaire d'Aix-la-Chapelle en 789 et plusieurs synodes l'inter-
disaient aux chrétiens. Nul doute que le soleil, le principal
et le plus ancien des dieux des Celtes ait été adoré dans nos
montagnes, car les Séquanais avaient avec les druides, tous
les dieux des Celtes, *Teutates, Esus, Belénus, Taranis, Her-
cule, Arduinna, Dis.* Sous les Romains, le culte des divinités
celtiques subsista, mais avec les noms romains de *Mercure,
Apollon, Mars, Jupiter, Minerve,* etc.

Dans le principe, ainsi que l'observe si bien David de

Saint-Georges, la religion des druides était la même que celle de Noé. Un seul Dieu, sans temple et sans images, un autel de gazon ou de pierres brutes. Des offrandes que fournissaient les champs et les troupeaux, présentées au ciel par des cœurs innocents et des mains pures.

Mais la simplicité de ce culte primitif ou patriarcal ne tarda pas à s'altérer. Les Celtes, comme les autres peuples, lorsqu'ils eurent perdu de vue la révélation primitive, s'imaginèrent que les *astres* étaient des êtres animés et intelligents, et surtout bienfaisants auxquels nous devons de la reconnaissance, et comme les autres peuples commencèrent leur idolâtrie par l'adoration du soleil. Ils ont donc eu leur Dieu-Soleil, auquel ils donnèrent le nom de *Bea-Nil*, que l'on prononça *Bé-Il*, puis *Bel*, enfin à l'époque romaine *Belin*, *Belenus*, comme les Babyloniens, les Assyriens, les Phéniciens, les Chananéens avaient leur *Baal* ou *Bel*, *Dieu-Soleil*, les Celtes eurent le leur, ainsi partout le sabaïsme commença le règne de l'idolâtrie.

Il est donc incontestable que le soleil sous les noms de *Beil*, *Bel*, *Belin*, *Belenus*, était adoré des Celtes de la Séquanie avant et après la conquête romaine. En effet, M. le Président Clerc, dans son ouvrage sur *Alesia*, page 130, constate qu'on trouve les traces de ce culte sur le sol de quarante et une communes du département du Doubs et sur le sol de trente communes du département du Jura. Si après avoir parcouru l'ouvrage de M. le Président Clerc, nous ouvrons les traditions populaires de M. Désiré Monnier, nous verrons que le culte du dieu *Bel*, *Belin*, *Belenus*, a laissé des traces très anciennes à Dole, à Lons-le-Saunier, à Poligny, surtout à Salins, au vallon de la Seille, à Condes et à la source des Rivières, au centre des forêts, au sommet des montagnes. Ce culte à l'époque celtique était donc si général en Séquanie, qu'il a du se répandre dans les hautes montagnes du Jura si elles étaient peuplées.

Aussi M. Désiré Monnier, dans le même ouvrage, constate que c'est effectivement ce qui a eu lieu. Il nous parle des fêtes du soleil à la montagne de l'Heute, puis se rapprochant davantage de nous, il nous montre le soleil adoré tout le long des bords de la *Bienne,* aux *Bouchoux,* il reconnait que l'éminence sur laquelle reposait le prieuré de Lamouille était un lieu sacré, que l'établissement chrétien n'y aurait été formé que pour opposer le culte du Dieu de toute lumière au culte du Dieu-Soleil. Dans un titre de l'abbaye du Mont-Ste-Marie du mois de mars 1292, au territoire du village de la Planée, village tout voisin du canton des Planches, on trouve la mention du *Viez-Belin.* Nos pères avaient aussi consacré au Dieu-Soleil dans nos montagnes la *Vie-Belin,* qui conduit de Mignovillard à la Haute-Joux et le *Pont-Belin* qui fait passer de *Vers-en-Montagne* à la forêt réellement druidique de la Fraisse, au-dessus de la ville de Champagnole. A Mirebel, nous trouvons le bois du *Prince Belin,* à Montrond le bois du *Prince Belin,* puis pénétrant plus loin dans les hautes montagnes, à Bief-des-Maisons, canton des Planches, nous trouvons la *soiture Belin,* à Cerniébaud la *seigne Belin,* à Crotenay *Belin,* au Larderet pont *Vieux-Belin,* au Latet *Combe-au-Bel,* à Syam *Saran-Belin ;* nous ne doutons pas que *Chatel-Blanc* ne soit un nom altéré, car il ne se rapporte à rien, et que le vrai nom soit comme à Salins, *Chatel-Belin,* car comme le dit très bien M. de Mirville, on se rendait sur les lieux les plus élevés pour adorer le soleil, et nulle montagne n'était plus convenable que celle dont nous parlons pour ce culte du soleil levant, tandis qu'à ses pieds on trouve le culte de *Maia,* le culte du soleil au sommet de la montagne, le culte de la lune qui marche de pair à ses pieds ; aussi le christianisme a érigé la croix au sommet de la montagne, et la statue de la Vierge à ses pieds, la *Notre-Dame-du-Puy*. Nous avons déjà dit que les divinités celtiques conservèrent sous les Romains leur culte, mais avec les noms romains ; nous avons vu qu'à Foncine on avait adoré *Ségomon*, à Arinthod, dans l'inscription d'Adginius trouvé dans le temple, on voit *Mars Ségomon* ; Apollon, le Dieu-Soleil, a le nom de *Siannus*, de l'étimologie *Sonne*, soleil, l'*Apollon Siannus*, et l'*Apollon Insubres*, soleil. Effectivement, un bronze, trouvé au Champ-Noir, près de Besançon, présente ce dieu avec des rayons autour de la tête. (Voir le dessin donné page 34, de l'ouvrage de M. le président Clerc.

M. Toubin vient de nous décrire l'antique *médiolanum de Molain*, et nous ne doutons pas avec lui qu'il fut le principal centre des réunions druidiques de nos montagnes.

A la vue de tout ce qui précède, il n'est plus douteux que le culte druidique ait été pratiqué dans les montagnes ; il laisse trop de traces incontestables sur tous les points. Or, si ce culte était pratiqué dans les montagnes, on est forcé d'admettre qu'elles étaient peuplées à l'époque celtique, à l'époque séquanaise, au moment de la conquête des Romains.

Nous avons maintenant à rechercher quelle est l'époque où les premières traces d'habitants ont placé leurs empreintes sur notre sol.

Mais disons d'abord que les faits de notre histoire avant Jules César sont obscurs et inconnus. L'étrange destinée de la Gaule a voulu que celui qui lui enleva son indépendance, ses lois, sa religion et ses mœurs, c'est-à-dire tout ce qui constitue le caractère distinctif d'un peuple, ait été le premier et presque le seul à décrire l'organisation politique qu'il avait lui-même détruite.

Nos ancêtres ont-ils pris part aux émigrations de Ségovèse,

591 avant Jésus-Christ, aux victoires de Brennus contre les Romains. Les savants à cet égard ne forment que des conjectures, tant est grande l'obscurité des temps celtiques.

Si la nuit des temps n'a pas permis de découvrir à quelle époque la brillante race Gauloise, sortie des plaines de la Haute Asie, vint prendre possession des forêts et des déserts de l'Europe occidentale, toutefois il est probable que les Gaules ont été habitées aussitôt que l'Italie, qu'elles se peuplèrent rapidement, puisqu'elles ne pouvaient déjà plus contenir le peuple qui y était dans le second siècle après la fondation de Rome et qu'elles étaient forcées d'envoyer des colonies au dehors.

Il est donc vraisemblable que les habitants d'un pays aussi vaste et aussi peuplé que celui des Séquanais eurent part aux différentes émigrations, et puisque ce peuple était à l'étroit chez lui, avant d'émigrer, la population avait d'abord reflué vers les montagnes, qu'ainsi, sous les Celtes elles étaient aussi peuplées que de nos jours, et qu'elles fournissaient leur contingent d'émigrants. Nous ne pouvons même nous défendre de penser qu'on ne pourrait aujourd'hui, avec la population de notre province, fournir une armée aussi nombreuse que celle que Brennus conduisit sous les murs de Rome. Cependant Brennus marchait à la tête de la Séquanie.

Si les Gessates ou Gessiens, qui n'étaient séparés des Séquanais que par le Mont-Jura et dont le territoire a si peu d'étendue, car il a environ 28 kilomètres de longueur sur 20 de largeur et renferme 2,834 habitants, si ce pays des Gessates avait à cette époque une population telle, qu'il porta secours aux insubres fatigués du joug des Romains en marchant au nombre de 70,000 dont 40,000 furent laissés sur le champ de bataille par Régulus; si Lucius Pison, aïeul du beau-père de César, qui était accouru pour empêcher les

Gessates de franchir les défilés du Jura, fut défait par ce peuple ; est-il possible de supposer que nos montagnes étaient sans habitants dans un espace beaucoup plus grand que le pays de Gex, qui cependant fournissait 70,000 combattants, se trouvait encombré et obligé d'émigrer. Nous l'avons déjà dit cependant, les deux pays ne sont séparés que par le Mont-Jura. Lorsque la Séquanie aurait eu une population telle, qu'elle mettait sur pied des armées plus nombreuses qu'elle ne pourrait le faire aujourd'hui, cette province aurait eu toute l'immense surface des montagnes sans traces de vie, et cette surface était comprise entre deux peuples, les Gessates et les Séquanais encombrés d'habitants et forcés à l'émigration ; sur ce sol, à chaque pas on trouve les traces du culte druidique, qui annonce que là résidait une population non isolée, mais réunie par un culte, nulle population n'y eut été fixée, on connaît que c'est impossible, et que nous sommes forcés d'admettre qu'à cette époque nos villages renfermaient autant et peut-être plus d'habitants que de nos jours.

Ce fait admis, nous devons encore demander si cette population de ces villages remonte à une époque bien antérieure à la conquête des Romains, ou si elle n'est que postérieure. Quoique nous ne soyions encore que dans la région des conjectures, il est cependant un fil qui doit nous aider à nous conduire à travers ce labyrinthe. Et d'abord observons que les Séquanais poussaient à l'excès la curiosité, qu'ils arrêtaient sur la route les passants, les marchands, les voyageurs, faisaient cercle autour d'eux, en leur adressant une foule de questions, ou les forçaient à venir s'asseoir à leur table pour les interroger plus à leur aise. Ce trait saillant du caractère Séquanais se retrouve plus ou moins prononcé chez le paysan Franc-Comtois de nos montagnes.

Si l'on envisage l'époque celtique, on ne peut douter que les

Séquanais n'aient eu alors avec les druides tous les dieux des Celtes, *Teutates, Esus, Belenus, Taranis, Arduina, Dis,* etc. A cette époque ils n'avaient pas de temple, mais on voit encore leurs dolmens, vestiges subsistants du culte druidique.

Sous les Romains, le culte des divinités celtiques subsista, mais avec les noms romains de *Mercure, Apollon, Mars, Jupiter, Minerve,* etc., et bientôt avec d'autres prêtres les druides furent dispersés.

Toutefois les antiques dieux conservèrent des dénomination locales, Mars est appelé *Mars Ségomon.* En partant de cette observation on peut induire que partout où l'on retrouve les antiques dieux des celtes, la population est antérieure aux Romains ou tout au moins contemporaine de la dispersion des druides.

Chacun sait qu'Auguste essaya vainement de modifier les pratiques sanguinaires du culte druidique, et qu'il proscrivit ses prêtres qui entretenaient et ranimaient au nom des dieux le patriotisme mourant des nations gauloises. Tibère même, renchérissant sur son prédécesseur, lança les édits les plus sévères, ce qui n'empêcha pas Sacrovir de se mettre à la tête de la révolte gauloise : aussi l'empereur voulut-il, après avoir étouffé cette révolte, exterminer la secte entière des druides. En effet, tous ceux qu'on put saisir périrent du supplice de la croix.

Sous les règnes de Claude et de Néron, on chercha à les poursuivre dans leur dernier asile, tout ce qu'on put saisir fut égorgé, ce ne fut donc qu'au fond des cavernes, ou dans quelques bois isolés des hautes montagnes, que la harpe des Bardes put encore faire entendre ses derniers accords, et ces puissants accords ne périssaient jamais ; car là était la nationalité gauloise, qui s'était réfugiée au sein du druidisme et dont le souvenir était toujours cher aux Gaulois.

Aussi quand Civilis prit les armes contre Véspasien, ces prêtres si longtemps persécutés sortirent encore de leurs sombres retraites et des antres des montagnes pour proclamer que l'empire des Gaules allait s'élever sur les ruines du Capitole. Pescanus Niger ne crut pouvoir mieux faire pour se rendre populaire dans les Gaules, que de ressusciter les vieux mystères druidiques. Plus tard des femmes druides prédirent l'avenir à Aurélius, à Dioclétien et à Alexandre-Sévère. La religion et la langue nationale n'avaient point péri, elles dormaient, dit le Bas, silencieuses sous la tyrannie romaine, en attendant le christianisme. Quand celui-ci parut au monde, la Gaule reçut la nouvelle croyance, sembla la reconnaître et retrouver son bien. La place du druidisme était chaude encore. Ce n'était pas chose nouvelle en Gaule, que la croyance à l'immortalité de l'âme. Les druides aussi semblaient avoir enseigné un médiateur. (Michelet, histoire de France), voilà peut-être pourquoi ces peuples se précipitèrent si ardemment dans le christianisme.

ÉPOQUE ROMAINE.

L'histoire de notre contrée sous la domination romaine n'est pas fertile en évènements ; nos montagnes furent envahies par les légions de César, et subirent comme les autres parties de la Séquanie, comme la Gaule toute entière, les changements apportés par la conquête.

Si dans les Foncines on n'a point encore trouvé de ruines romaines, cela ne veut pas dire qu'à cette époque ces lieux habités par les Celtes, ainsi que nous l'avons démontré, étaient sans habitants. Est-il en effet possible que tout autour on trouve les traces des Romains : au lac de Joux, à Charency, à Treffai, à Equevillon, à Saint-Germain, dans mille autres lieux, et que ces endroits fussent sans habitants. Il est à nos yeux impossible que cette longue vallée qui s'étend de Pontarlier à Saint-Claude, qui est limitée par deux chaînons les plus élevés du Jura, n'ait reçu à cette époque aucune trace de vie, tandis que nous trouvons les traces des Romains à Pontarlier, à Jougne, à la ville d'Antre, aux deux extrémités de la vallée, des routes romaines à Jougne, à la ville d'Antre, à Orbe, à Salins, à Champagnole, au Pont-du-Navoy, au Pont-de-Poite, des lieux à dénominations romaines en grand nombre, des monuments romains jusqu'au sommet du Jura dont nous sommes si voisins.

Nous croyons, dit M. Rousset, dictionnaire page 221, qu'une voie qui pourrait bien remonter jusqu'à l'époque celtique longeait le pied du Jura et relia plus tard Saint-Claude à Salins par le val du Grandvaux et celui de Sirod, passant par Bief-des-Maisons, les Chalêmes et les Planches, nous verrons plus tard que cette voie fut suivie par les Sarrazins. Nous avons un titre du xiiie siècle qui mentionne un chemin appelé la *Vieille vie du Grand-Vaux*. Ce serait ce chemin qu'aurait suivi Hugues de Châlon lorsqu'il emportait les trésors de son père, que de Nozeroy il vint coucher à Foncine pour se rendre à St-Claude.

Un autre chemin de Jougne, passant par Mouthe, les Foncines, se rendait à St-Claude, il porte dans nos villages le nom de *Vieille-vie-des-Bernois*. Sur son parcours à Foncine le hameau du Bré, ce mot Bré, avons-nous déjà dit, remonte à une origine celtique, qui veut dire colline. Nous devons dire pourquoi ce chemin a retenu le nom de *Vie-des-Bernois*.

Au mois de septembre 1534, les protestants du canton de Berne poussés par le zèle ardent de la réforme, et se répandant comme des flots tumultueux hors de leurs limites, s'avancèrent par les défilés de Jougne et de château de Joux jusqu'à St-Claude, en passant par Foncine-le-Haut ; ils mirent le feu au village de Joux, auquel a succédé Ville-Neuve, *Villa-Nova*. Ils méditaient la conquête de St-Claude, belle proie à saisir, puisqu'il y avait un monastère à dévaliser et des reliques de saints à jeter au vent, terre de fanatisme, s'il en fut jamais à leurs yeux, (dit M. Désiré Monnier, annuaire de 1841, page 104), en un mot, pays à régénérer de fond en comble.

A leur approche, dont le bruit vole rapidement dans toutes les directions, une partie des habitants de la ville menacée, saisis de frayeur, car ils savaient par la voix publique avec quelle bénignité les zélateurs bernois usaient de la victoire, plient bagage et se retirent dans les solitudes voisines ; mais les braves de St-Claude qui se rassemblent bientôt autour de Claude Blanchot, leur capitaine improvisé, ceux de Moirans, ceux des Villars, ceux de la Rixouse, qui viennent se réunir sous leur bannière, forment un petit corps d'armée de quatre cents hommes, pour marcher à la rencontre des cinq cents Luthériens.

Sur le rapport qu'on fait aux provocateurs, d'une insurrection spontanée, ils prennent à leur tour l'épouvante, et ils s'échappent à la faveur des ombres de la nuit par les montagnes de Gex. Là les catholiques du pays les voyant battre en retraite l'arme au bras, leur courent sus, et il s'engage entre eux un combat sanglant ; l'ardeur est telle de part et d'autre que vaincus et vainqueurs perdent beaucoup de monde, leurs commandants y succombent, et ceux des Bernois qui échappent à ce massacre, meurtris, couverts de blessures ou tombant de fatigue, s'en retournent dans le canton de l'Ours, porter la nouvelle de leur excursion malencontreuse.

Si les Bernois ont suivi ce chemin, ce n'était pas un chemin nouveau, c'était un chemin ancien, reliant Jougne à Saint-

Claude, comme la Vieille-Vie du Grand-Vaux reliait Salins
à Saint-Claude.

Donc deux voies romaines longeaient d'un côté et d'un
autre la vallée des Foncines, et les anciennes *Vies-Poires, via
petrea,* qui se soudaient à ces deux voies. Est-il possible qu'un
pays ainsi percé par des voies romaines soit sans habitants ?

Nous ne pouvons passer sous silence la route que prenaient les Allemands, ou habitants des bords du lac Léman
pour faire leurs excursions jusqu'au val des Hériens dont
l'origine remonte aux temps les plus reculés, cette grande
voie était l'une des plus rapprochées de nos parages et n'avait
pu les laisser ignorés. Si l'on se rappelle le flot d'invasion
qui coula pendant plusieurs siècles le long des pentes du
Jura, on s'étonnera, non pas qu'il ne reste que très peu de
monuments de l'époque romaine dans nos hautes montagnes, mais qu'il en existe encore quelques vestiges. Nous
avons déjà signalé les ruines romaines de Charency, de
Mont-Rivel, de Champagnole, de St-Germain, et la voie qui
les traversait. Nous trouvons à Foncine-le-Haut un hameau
appelé les *Ruines-Ruinœ*, qui portait déjà ce nom au xive
siècle, un autre appelé la Citadelle, quoiqu'on n'y rencontre
aucun reste de fortification féodale, des champs appelés
le *Chazal,* les *Chazaux, casaliœ,* conservant encore l'em-
preinte d'habitations détruites. Nous sommes d'autant plus
disposés à admettre que dans tous ces lieux ont existé des
établissements gallo-romains, qu'on a trouvé des tuiles
romaines jusqu'au sommet du mont Rizou, et des meules de
moulins à bras dont se servaient les anciens, particulièrement les Romains, au Chenil, village presqu'au pied du
Rizou, dans le *pagus ubigenus* des Romains. Nous avons déjà
dit que des routes très anciennes, connues sous le nom de

vies-poires, via petrea, traversaient Foncine, l'une se dirigeait sur Sirod, une autre sur Nozeroy, une troisième sur
Foncine-le-Bas et le Grand-Vaux, et se soudaient aux chemins
romains.

Strabon, Pline, Columelle, Varron, Julius, Capitolinus,
disent que les fromages et les salaisons de la Séquanie étaient
très recherchés des gourmets de Rome, et qu'il s'en faisait
un grand commerce ; il était donc nécessaire que les pays de
pâturages, les montagnes, fussent peuplés et fournissent
comme aujourd'hui au commerce ce genre de produit.

Par suite de la longue domination des Romains, nos pères
avaient pris les mœurs de leurs maîtres, leur langage, leurs
habitudes, leurs lois, leur religion ; mais le polythéïsme était
une religion usée. St-Ferréol et St-Ferjeux, envoyés par St-
Irénée, évêque de Lyon, avaient prêché le christianisme à
Besançon, et vers l'an 212 avaient arrosé de leur sang les
vérités qu'ils avaient annoncées. Vers 426, St-Romain et son
frère St-Lupicin avaient fondé le monastère de Condat ; ainsi
nos vallées allaient offrir ce spectacle de la lutte de la nouvelle
société chrétienne contre les sectateurs obstinés du paga-
nisme. Déjà un oratoire avait été élevé à Sirod en l'honneur
de St-Etienne, premier martyr. On peut sans témérité, faire
remonter l'érection de ce monument au ive siècle, car de
toutes les églises bâties au moment de la conversion de
l'empereur Constantin, la plupart sont dédiées à St-Etienne.
Lorsqu'on sait que les habitants des Foncines ont été paroissiens de Sirod jusqu'au 20 décembre 1784, il est naturel de
penser que St-Etienne fut aussi leur premier patron et que
dès cette époque reculée, ceux de nos habitants qui étaient
convertis au christianisme allaient faire leurs devoirs religieux
à la chapelle de St-Etienne, à Sirod ; il en était de même des
Planches, Charency, Gillois, Arsurette, Syam, Bief-des-

Maisons, Crans, Treffai, Lent, Conte, les Chalêmes, Chaux-des-Crotenay, car toutes ces communes constituaient la grande paroisse de Sirod, où l'on trouve le chemin des Romains qui descendait par Charency au Pont-du-Navoy. Nous avons déjà parlé du chemin gallo-romain qui communiquait de St-Claude à Salins par les Planches, *villa de Pontibus,* la *Perna,* et qui traversait les Chalêmes.

L'étoile des Romains pâlit enfin, et la décadence du grand empire approchait déjà lorsque les barbares quittèrent leurs retraites inconnues pour marcher vers le capitole. Déjà Alaric avec les Visigoths avait deux fois assiégé Rome.

Les Goths et les Vandales, descendant du Nord, occupaient une partie des Gaules ; les Francs, les Bourguignons s'avançaient aussi de leurs côtés, prêts à prendre part à l'immense héritage de la grande nation expirante.

Après le flot des barbares qui traversèrent nos pays le fer et le feu à la main, tout avait disparu. La noblesse avait péri, les habitants avaient été détruits et menés en servitude. Les barbares avaient effacé du sol les villes et les villages, détruit nos riches monuments, passé la charrue sur les débris de nos antiques cités, de telle sorte qu'aujourd'hui l'on se dispute sur leur emplacement. Où sont Didatium, Amagetobrie, Olino, etc. Les cités les plus heureuses, celles qui ont survécu, ont toutes été brûlées plusieurs fois. Besançon quatre fois ruiné avant le xe siècle, présente l'aspect d'une ville bâtie sur les débris de plusieurs villes. Or, s'il en était ainsi des cités, il est évident que pas un village de nos montagnes n'a survécu, que tous les habitants ont disparu, et que la forêt a tout envahi. Parmi les peuples qui vinrent partager les dépouilles de Rome, il en est un qui mérite de fixer notre attention, c'est celui des Burgondes, nos aïeux qui s'y fixèrent vers 456. Tous les auteurs parlent du partage des terres qui eut lieu entre les anciens et les nouveaux habitants, et chacun est d'accord que les Burgondes, peuple pasteur et chasseur eurent spécialement les montagnes dans leur lot. On rapporte généralement à l'époque du partage des terres entre les Bourguignons et les Séquanais, l'établissement des quatre cantons ou *pagi*. Rien ne nous assure que cette division de notre pays entre quatre *pagi*, n'est pas antérieure aux Bourguignons. Chaque province gauloise était anciennement divisée en bourgs ou cantons, comme nous l'apprennent César et Tacite, dans tous les cas, il suffit pour nous de savoir que notre pays faisait partie du canton de Scoding, qui renfermait la partie méridionale du pays entre le sommet du Jura et les sources du Doubs et de l'Ain ; l'étymologie du mot Scoding vient selon les uns de *Scoden, Scodin, forêt, Scodingi,* qui habitent une contrée pleine de forêts ; selon d'autres elle vient de *sco co,* et de *in,* qui signifie tout simplement la contrée de l'Ain.

Pendant la durée du premier royaume de Bourgogne l'acte le plus important pour nos villages, fut la donation que Sigismond, roi de Bourgogne, fit au monastère d'Agaune en 523, des terres qu'il possédait dans les comtés de Varasque et de Scodingue. Nos villages devinrent donc dès cette époque la propriété de cette abbaye qui les posséda jusqu'en 941. On trouve dans la charte ces mots : *Medietatem fostingiis et quidquid admedietatem pertinet.* Les commentateurs avouent qu'ils ignorent où est cette localité. Nous, nous croyons que ces expressions s'appliquent aux Foncines. M. Désiré Monnier s'est efforcé, dans son annuaire de 1848, page 274, de prouver qu'elles s'appliquaient à Frétigny ; mais ces preuves sont loin de nous paraître convaincantes.

Après les désastres funestes des descendants de Gondebaud, la Séquanie passa sanglante et mutilée avec ses ruines, ses débris et ses peuplades moitié barbares, sous l'empire des rois Francs, de l'année 534 à l'année 879.

Saint Léger, évêque d'Autun, patron de l'église de Foncine-le-Haut, consacra l'église de Château-Chalon en 673. Les superstitions païennes étaient encore profondément enracinées dans nos contrées en 700 et 742, ainsi que le démontrent les actes des nombreux conciles que présida saint Boniface, nous voyons aussi qu'Aubert et Didier, en 523, en fondant le monastère du Grand-Vaux, commencèrent à renverser les arbres consacrés par l'idolâtrie celtique, à les purifier en suspendant à leurs branches les symboles du nouveau culte, et qu'ils jetèrent les pierres druidiques dans les fondations de l'abbaye qu'ils dédièrent à la vierge Marie.

Vers 732 un cri de terreur se répand dans notre province, les Sarrazins! Ici se place une des époques les plus sanglantes de nos annales, jamais depuis Attila, tant de sang n'avait coulé dans la Bourgogne. Nos riches abbayes, telle que Saint-Claude, furent la proie de ces barbares. Pénètrent-ils dans nos montagnes? Nous n'avons pour nous guider à cet égard ici comme dans toute la province, que les dénominations sarrazines. « Nos montagnes, dit M. Bourgon, page 35, ne furent » point préservées de ce fléau; mais ce n'est pas dans nos » historiens que nous trouvons les traces de ce nouveau » désastre, c'est dans les traditions du pays, telles que le » Champ-Sarrazin, *le hameau des Sarrazins* près de Morteau, » la route qui conduit des Hôpitaux aux Fourgs, et qui porte » le nom de Sarrazine, *le Pont-Sarrazin* près du lac de Saint-» Point, le village du Sarrageois. » M. Edouard Clerc cite dans l'arrondissement de Saint-Claude nombre d'autres dénominations sarrazines et il fait cette observation : « Dans la » Franche-Comté les lieux à dénominations sarrazines sont » en général dans le voisinage des voies romaines, souvent à

» une très grande proximité, à peine peut-on citer un exemple
» où elles s'en écartent d'une ou deux lieues. » Nous trouvons
aux Planches le château des Sarrazins, situé presque au bord
de la route gallo-romaine qui passe à Bief-des-maisons, les
Chalêmes et la Perna, se dirigeant sur la Vieille-Vie-du-
Grand-Vaux.

A peu de distance sur le haut de la colline de Roussillon, se
trouvent les deux énormes pierres des Sarrazins, derrière ces
blocs on remarque des vestiges de retranchements et des
traces de fossés qui indiquent des travaux militaires exécutés
à une époque très-reculée. Ici comme ailleurs en Franche-
Comté ces dénominations sarrazines indiquent assez que les
soldats du prophète ont dévasté nos villages, cette opinion
nous paraît si vraisemblable que nous ne pouvons nous défendre de l'admettre, et c'est avec d'autant plus de raison que
de Saint-Claude à Pontarlier les désignations sarrazines se
succèdent sans interruption , et que nos villages étaient de
l'une à l'autre de ces villes pour ainsi dire le chemin obligé ;
car nous l'avons déjà dit, les Arabes suivaient les voies romaines, seules voies de communications pratiquées dans le
pays depuis la chute de l'empire.

Après les funestes et terribles invasions des barbares, les
villes de notre province furent la proie des flammes ; on dis-
cute même sur les lieux où elles étaient assises. La population
presque en entier a disparu dans nos montagnes qui sont
désertes, les forêts et les bêtes féroces pendant nombre de
siècles vont y croître sans obstacles ; aussi après ces désastres dans cette contrée froide et stérile, la forêt devenue
séculaire restera longtemps rebelle et ne sera que tardivement
habitée.

Il n'y avait que des religieux guidés par l'amour de la solitude qui pussent chercher une retraite au fond de cette nou-

velle Thébaïde et y fixer des colons, aussi la croix y fut toujours plantée avant le pennon féodal. La voix du prêtre guidait la main du défricheur, choisissait une place au soleil levant, déboisait quelques arpents de la forêt pour y dresser les premières cabanes autour de la croix, drapeau de la conquête. Moines et prêtres s'étaient faits les pionniers de la civilisation, l'autel de bois improvisé où se disait la première messe, avec la voix de la forêt pour orgue, l'eau bondissante du torrent pour lustrale, le calice de sapin sculpté par la main même du célébrant, constataient la première prise de possession. L'antique désert du Jura, né depuis la chute des Romains, qu'une charte d'Humbert (3e) regardait encore en 1126 comme appartenant au premier occupant et ses forêts épaisses sont envahies. Ainsi Lupicin, couvert d'une peau d'ours, guida la hache des fidèles qui édifièrent le monastère de Lauconne ; St-Romain bâtit la maison de bois qui abrita les premiers moines de Condat ; Aubert et Didier commencèrent vers l'an 523 à défricher le Grandvaux et fondèrent les abbayes de Bonlieu et du Grandvaux. Le prieuré de Lamouille qui comportait Lamouille, Morbier, Morez, Bois-d'Amont et les Rousses avait été fondé peu après ceux de Condat et de St-Lupicin ; près du lac de Joux on voyait naître celui de Don-Poncet ; vers 1075 Simon de Crépy donnait naissance au prieuré de Mouthe, ceux de Morteau et de Mont-Benoît datent de 1100 ; celui de Sirod qui comprenait les Foncines, remonte à la donation de Sigismond et passa entre les mains de Condat en 855.

Ainsi la vie éteinte dans les montagnes depuis la chute des Romains et l'invasion des barbares renaît, de pieux solitaires y ont pénétré ; à leurs voix les antiques sapins tombent sous la cognée et marquent la place où bientôt naîtront les villages, les défrichements envahissent successivement divers plateaux du Jura.

L'époque précise où la première pierre d'une chapelle fut posée à Foncine se perd dans la nuit des temps, et si l'on en croit un mémoire produit dans le procès que nous avons eu avec les prieurs de Sirod, procès qui commença dans les premières années du xvie siècle, pour se continuer jusqu'au xviiie, la première chapelle de Foncine serait presque aussi ancienne que le prieuré de Sirod. Cette opinion pourrait n'être pas invraisemblable pour plusieurs raisons ; la première c'est que l'intérêt bien entendu de l'abbaye d'Agaune lui commandait de ne pas laisser en friche les vastes terres qu'elle tenait depuis 523 de la munificence du roi Sigismond et dont le canton des Planches faisait partie. C'est ce canton qui le premier a fabriqué le fromage de gruyère dans nos montagnes ; deux hameaux du village de Foncine ont retenu le nom du Valais, ce sont les *Valles* et les Vallets, ce qui indique que l'abbaye de St-Maurice en Valais, dès qu'elle posséda ce pays, eut soin d'y envoyer des colons, et avec son industrie celle des fromages gruyères qui était aussi la seule industrie qui convient à ses possessions de montagnes. Ensuite une chose digne de remarque et qui viendrait confirmer ce que l'abbaye d'Agaune a dû tenter, c'est que le patois de nos montagnes est presque mot pour mot le patois du Valais. Nous donnerons l'échantillon suivant tiré d'une de ces chansons connues sous le nom de Caraoulées que l'on chante dans ces pays pendant les soirées d'été. Cette chanson déplore le sort d'un couple pauvre : le mari n'a trouvé chez sa femme que misère ; l'épouse n'a pas rencontré plus d'aisance dans la famille de son mari, elle lui dit : Quand les autres mangeront, nous regarderons ; quand les autres riront nous pleurerons.

> Quand le-zautrou mezeron nos voiterin ;
> Quand le-zautrou riretron nos plioterin.

En jetant dans nos montagnes des colons, en y introduisant

la fabrication du gruyère, en nous fournissant nos premiers fromages, *le Valais, la Gruyère,* la Suisse en un mot, ont aussi infiltré parmi nous leurs antiques et naïves croyances. Vous retrouverez ici toute la mythologie des Alpes ; c'est à la veillée en automne lorsque le chanvre est rentré qu'on s'assemble pour le tiller qu'il faut aller pour apprendre quelque chose du sabbat, du loup-garou, du luton ou follet, des dames blanches, de la vouivre, des devins, des sorciers, etc.

La deuxième raison qui nous fait croire qu'une chapelle a dû être érigée à Foncine dès l'époque la plus reculée, c'est que si on consulte les dates des autres établissements religieux dans nos montagnes on ne peut croire qu'une étendue de pays si grande que le canton des Planches en ait été privée, ces établissements, ainsi que nous l'avons déjà dit, ont toujours précédé la naissance de nos villages ; les défrichements ont commencé par les pentes inférieures, d'où l'on s'est élevé aux hautes vallées. Les défricheurs les ont envahies gradin par gradin, les ont mises sous leurs pieds l'une après l'autre, rien ne les a effrayés, n'a retardé leur ardeur de conquête. Les rochers à pic, les marais glacés, l'âpre vent des montagnes, les bandes d'ours et de loups, ils ont tout bravé, tout dompté, tout muselé pour grimper au parapet de la grande muraille, d'où ils ont admiré le lac Léman, ce diamant de la Suisse, les vignes vaudoises, les vergers de Fribourg, ce collier des Alpes. Les lieux les plus froids, ceux qui s'enveloppent le plus longtemps d'un manteau de glace et de neige ont été les derniers habités, ainsi Mouthe n'est né que bien des siècles après Sirod.

Or, si à quelques pas de nous, Lamouille beaucoup plus froid que Foncine, avait vu naître un prieuré de 460 à 480 ; si le Grandvaux avait une abbaye fondée vers 523 ; s'il en existait sur les bords des lacs d'Illay, de Joux, de St-Point, de

523, 560, 1126 ; si un prieuré existait aux Bouchoux en 1190, à Sirod en 852 et une chapelle dédiée à St-Etienne au ıv[e] siècle et une église à la Chaux-des-Crotenay en 855 ; si Mouthe avait vu St-Simon de Crépy en 1075 venir lui demander l'asile qu'il regardait comme le plus solitaire de la vaste terre de St-Claude, il est naturel de penser que Foncine qui se trouvait sur son chemin n'était pas inhabité et que déjà quelques cabanes et quelque modeste chapelle s'élevaient au milieu de la forêt. Cette conjecture prend encore plus de vraisemblance, lorsque, chartes à la main, on peut trouver que Chatel-Blanc, à peine distant de quelques kilomètres était habité, que même en 1303 il était traité de bourg, tandis que Mouthe portait encore le modeste nom de *Locus de Mutua*.

Par charte de 790 Charlemagne fit à l'abbaye de Condat un présent digne de sa royale munificence, en lui abandonnant les hautes chaînes du Jura sur une étendue de quinze à vingt lieues, *sicut pendet Niger mons*, dit la charte. Cette limite a toujours été respectée dans les actes de délimitation qui sont intervenus ensuite entre les habitants de Foncine et les communes qui dépendaient de la terre de St-Claude, ainsi que nous le voyons dans un acte du 7 février 1698. Les limites entre Foncine, Chatel-Blanc, Chapelle-des-Bois, furent fixées au *Crêt-des-Ifs ;* la cour était suppliée de remarquer « que « cette contrée du *Crêt-des-Ifs* est située au-dessus de la « grande montagne qui renferme le val de Foncine, qui a près « d'une lieue de longueur ; qu'elle tire sa dénomination d'une « roche qui est au-dessus de cette même montagne que l'on « nomme *Crêt-des-Ifs*, et qu'elle s'étend dès cette montagne « en tirant de vers le levant contre le village de Chapelle-des- « Bois qui fait une partie du territoire de Chatel-Blanc. »

Les libéralités de Sigismond envers l'abbaye d'Agaune n'avaient pas été purement gratuites.

Ce souverain avait chargé les religieux de services si considérables, qu'il fallut appeler les moines de Condat pour satisfaire à leur célébration et leur céder par conséquent une certaine portion des domaines affectés à la dotation de ces services.

C'est ainsi que ce dernier monastère devint propriétaire de la grande paroisse de Sirod, possession qui lui fut confirmée en 855 par le roi Lothaire, en 1184 par l'empereur Frédéric Barberousse. Dans ces actes de confirmation, l'église de Chaux-des-Crotenay est mentionnée sous le nom de *Protoniaum* ou *Krotoniaum,* spécialement dans le diplôme de l'empereur Lothaire de 855.

Chacun sait que ce sont les religieux et les colonies nombreuses qu'ils envoyèrent au loin sous le nom de prieurés, qui ont en grande partie défriché nos montagnes et étendu les conquêtes de l'agriculture. Or une des nombreuses colonies sorties de Condat sous St-Lupicin vint fonder dans le val de Sirod un prieuré qui ne tarda pas à devenir un centre à la fois agricole et religieux.

L'église paroissiale que les serfs écclésiastiques bâtirent au centre de leur groupe de chaumières et les droits qui y étaient attachés restèrent en la possession des archevêques de Besançon jusqu'à l'époque où Humbert de la Roche sur l'Ognon consentit à les abandonner à Adon, abbé de St-Oyan, sous la seule réserve d'une redevance de vingt livres d'olive à payer à lui et à ses successeurs le dimanche de chaque année (17 des calendes d'août 1251.)

Les revenus du prieuré consistaient dans le tiers des dîmes de tous les grains récoltés dans la paroisse, en sus sur différents meix situés à Foncine et aux Planches, et en vignes sur Arbois. Ils s'élevèrent en 1790 à 1800 francs.

En 778 la famine fut si cruelle dans toute la province

que les revenus des églises de Besançon ne pouvaient suffire à l'entretien de trois prêtres.

En 870 Charles le Chauve partagea les Etats de Lothaire, son neveu, avec Louis de Germanie, frère de Lothaire ; ce dernier eut dans son lot notre canton, car il obtint les comtés de Scodingue et de Warasque, et les abbayes de Poligny et de Château-Chalon.

L'invasion des Hongrois en 936 fut suivie d'une cruelle famine, qui fut ressentie dans les montagnes, bien qu'ils n'y pénétrèrent pas, et que comme la terre de St-Claude, elles furent défendues par leurs gorges et par la ruine de leurs chemins (940) ; après l'invasion des Hongrois, notre pays tomba sous la domination des rois Transjurants.

(940) Autrefois dans nos montagnes on fabriquait beaucoup de poix dite de Bourgogne, et il s'en faisait un très grand commerce ; aussi nos seigneurs n'avaient pas négligé cette branche de revenus, car par une charte du 12 août 1301, approuvée par l'archevêque de Lyon et tirée des archives de Chatel-Blanc, est-il prescrit que la poix recueillie dans les forêts de nos montagnes ne pourrait être vendue qu'à Jean de Châlons. La poix noire cinq sous estevenants, et la blanche quatre sous ; celui qui enfreindra cette disposition sera condamné à une amende de soixante sous à partager entre les seigneurs et l'abbé. *Si quis vero habitentium picem collegere voluerit ad vendendum, non, nisi predicto Domino Joanni vel mandato suo et suorum vendere valeat quod si secus fuerit, pœna sexagenta solidorum mulctari valeat ; quæ pœna inter nos et dictum Joannem et suos æqualiter dividatur, pretium autem dictæ picis nigræ, pondus videlicet centum librarum, erit quinque solidorum, abbæ vero quatuor solidorum.*

Différents fours à poix ont été trouvés assez récemment dans nos montagnes, un entre autres à Chapelle-des-Bois en

1837 dans la propriété de M. Bourgon, un autre au lac des Rouges-Truites, et enfin à Fort-du-Plane ; quelques auteurs pensaient qu'il n'y a jamais eu de forteresse dans ce village, et supposent que ce lieu doit son nom à l'établissement des fours à poix ; ils appuyent leur opinion sur cette circonstance que les titres du moyen âge traduisent Fort-du-Plane par *Furnum Plani.*

Ces fours à poix retrouvés dans ces villages ont indiqué la manière simple et peu dispendieuse dont étaient construits ces fours pour préparer la poix ; on faisait un creux dans la terre qui avait deux mètres de diamètre par le haut, qui se rétrécissait à mesure qu'il venait plus profond ; on le remplissait de branches de sapin fendues en morceaux, ensuite on recouvrait de feu le haut du creux, le feu brûlant jusqu'au fond la poix se distille et coule par un trou qui y est pratiqué.

Depuis les temps les plus reculés cette poix se vendait surtout à des marchands catalans, c'est ce que nous apprend le légendaire à qui on doit le récit d'un miracle opéré dans le xe siècle en faveur d'un de ces marchands de poix catalan. (*dom Berthot docum ined* 72, page 246.)

Ce marchand, qui venait chaque année acheter de la poix de Bourgogne, avait coutume toutes les fois qu'il passait à Besançon, de faire sa prière à l'église St-Etienne ; certain jour qu'il était arrivé fort tard, il aima mieux laisser en avant ses compagnons qui ne voulaient pas s'arrêter, que d'omettre son acte accoutumé de dévotion ; il monte donc avec empressement à l'église placée au-dessus de la montagne, et comme il achevait sa prière, il entend ses compagnons qui l'appelaient à grands cris, du sentier qui longe le Doubs (Rivotte) ; pendant qu'il réfléchissait au chemin qu'il devait prendre pour les rejoindre plus promptement, il se sent enlevé par une main invisible et se trouve tout à coup près d'eux.

L'église de Besançon célèbre la mémoire de ce miracle le 23 août (Richard, premier volume, page 209.)

L'institution de la fête des morts eut lieu dans le diocèse de Besançon l'an 998, le décret porte que le premier novembre on célébrera solennellement la fête de la Toussaint, qu'après Vêpres on sonnera toutes les cloches et on chantera les vêpres des morts, et que le lendemain on fera la commémoration de tous les fidèles qui sont morts ; comme notre canton faisait partie du diocèse de Besançon, il a dû dès cette époque célébrer ces deux fêtes.

L'abbaye d'Agaune possédait depuis le règne de Sigismond les terres que lui avait accordées ce prince., à l'exception de celles qu'elle avait été obligée de céder à l'abbaye de Condat. Depuis quatre siècles et demi, elle veillait sur sa possession, depuis l'Helvétie, siége de son établissement, elle l'avait conservée intacte à travers trois ou quatre races de rois ; mais en 940, cette abbaye venait d'être ruinée ; le Valais, où elle est située, jusqu'alors exempt des invasions cruelles qui avaient désolé les contrées voisines vit ses gorges envahies. Les Sarrazins qui, dès l'année 906 avaient occupé les passages des Alpes, s'avancèrent, brûlèrent l'abbaye d'Agaune, saccagèrent l'Helvétie. On assure même que ces bandes meurtrières se rapprochèrent du lac de Genève et marchèrent vers le Jura. L'abbaye d'Agaune était ruinée ; en trois ans ses possessions, en deçà et au-delà du Jura avaient été tour à tour la proie des Hongrois et des Sarrazins. L'an 954 une deuxième invasion de Hongrois eut lieu ; ils parcoururent les montagnes du Jura. Profitant de ces calamités Albéric, comte de Mâcon, en demanda l'inféodation au roi Conrad.

L'an 941 Magnier, prévôt du monastère de St-Maurice, lui transporte et à ses fils les terres que son église possédait dans les comtés de Warasque et de Scodingue, Salins, le val de

Mièges, etc., sous la charge de payer chaque année un cens annuel de 41 sols, et celui de 15 sols pour chaque église ; le roi Conrad approuve cette cession qui fut faite la 5e année de son règne ; Albéric prend possession de ces riches et vastes domaines qui désormais ne sortiront plus de sa famille.

Nous avons déjà dit que la terre de Foncine et tout le reste du canton des Planches faisaient partie de cette concession. « Les termes de cette inféodation, dit M. Bourgon, comme « ceux des actes d'hommages, ne sont pas assez précis pour « pouvoir dire tout ce que l'abbaye d'Agaune avait cédé aux « sires de Salins, et l'histoire de ce monastère dans ses rap- « ports avec nos montagnes ne nous est d'ailleurs pas assez « connue pour retracer tous ces détails avec exactitude.

« Le val de Mièges, dit M. Ed. Clerc, dépendait aussi des « sires de Salins, ainsi que les terres qui ont formé la seigneu- « rie de Château-Vilain et qui s'étendaient jusqu'à la terre de « St-Claude. »

Nous avons déjà dit que ces mots de la charte de conces- sion, *medietatem fostingio, frostingio* ou *frestingio*, nous sem- blaient s'appliquer à notre pays qui faisait partie des terres cédées à Albéric par le prieur d'Agaune ; d'une part la simili- tude du nom, de l'autre la haute antiquité de Foncine pour- raient bien faire douter que cette opinion n'est pas tout à fait invraisemblable.

Albéric mourut en 945, les terres de notre pays passèrent dans les mains de son fils Humbert Ier avec toutes celles in- féodées par l'abbaye d'Agaune. Humbert Ier mourut vers l'an 957, laissant pour seul héritier Humbert II, qui transmit cette seigneurie à Gaucher Ier, du nom de son fils. Gaucher Ier fut père de Gaucher II ; il mourut vers l'an 1088. Humbert III, son fils, mourut dans une croisade en 1089. Gaucher III, fils de ce dernier, décéda le 15 août 1175, ne laissant qu'une fille nommée *Maurette*, héritière de ses biens et de ses possessions. *Maure* ou *Maurette* épousa Gérard de Vienne, comte de Mâcon, qui commença la seconde race des sires de Salins. Humbert IV, fils puiné d'Humbert III, eut pour son partage des rentes sur les salins, et le vaste territoire qui s'étendait depuis Champagnole jusqu'aux Hautes-Joux, par conséquent tout le canton des Planches. Humbert IV vivant en 1173, eut pour fille unique Nicolette, qui épousa Simon, sire de Commercy. Cette alliance fut la source de l'établissement de la maison de Commercy dans le comté de Bourgogne, elle y tint un rang distingué et y posséda jusqu'au xixᵉ siècle les terres de Château-Vilain et de Mont-Rivel.

En 987, 989, 990 et 992, nos pays furent désolés par la famine. Les auteurs s'accordent à dire que dans le courant du xᵉ siècle, 10 famines et 13 pestes réduisirent le comté de Bourgogne à la plus affreuse de toutes les positions.

CHAPITRE IV. — xᵉ, xiᵉ, xiiᵉ siècle.

Aux approches de l'an 1000 qui devait amener la fin du monde, la terreur se répandit partout ; dans nos pays comme ailleurs on fut dans l'attente, les peuples croyaient déjà entendre le son de la trompette fatale. Quand l'heure terrible eut frappé, on fut étonné de ne pas être réduit en poudre.

De 1002 à 1014 la guerre pénétra plusieurs fois jusqu'au pied même du Jura.

De 1001 à 1014 les historiens comptent 3 famines, dont l'une dura 5 ans.

La famine exerça de si terribles ravages en 1028 que les hommes mangeaient de la terre et se dévoraient les uns les autres.

A quelques kilomètres de Foncine-le-Haut, sur la cime du

Mont-d'Or, élevé de 1510 mètres au-dessus du niveau de la mer, en 1033 fut proclamée la *Trève de Dieu* par les évêques de Lausanne, de Vienne et l'archevêque de Besançon. Sur le lieu même de leur réunion existait une croix de pierre, le signal aujourd'hui en occupe la place. Dans les autres contrées la trève de Dieu avait été proclamée dès 1031.

Dans le x⁰ siècle les prêtres séculiers étaient réduits à un bien petit nombre, parce que toutes les églises étaient au pouvoir des monastères. Il faut dire aussi que, partout, à l'origine des choses, les couvents avaient organisé le service du culte dans les campagnes, et que tout dépendait d'eux ou de leur institution ; à défaut de prêtres, ils desservaient de grands cantons où il n'y avait aucun clerc, mais cela ne marcha pas toujours ainsi, des prêtres séculiers les remplacèrent ; mais les moines se réservèrent toujours une portion notable des offrandes et des revenus. Il y eut des abus de la part des patrons avides, il y en eut aussi de la part des curés qui ne restèrent pas toujours dans les limites du droit, de sorte que si on vit quelquefois les curés soutenir de longues luttes avec les patrons pour le maintien de leur droit, on vit aussi à leur tour, plusieurs curés punis pour avoir voulu absorber, sans partage avec les patrons, les revenus des domaines des curés.

Les revenus des cures n'étaient cependant pas très considérables vu l'époque ; la pauvreté générale réagissait sur la misère particulière ; aussi les curés de campagne étaient plus populaires dans le pays, du moment où ils étaient plus pauvres ; des pièces que nous possédons nous indiquent d'une manière certaine quels pouvaient être les revenus de la cure de Foncine. Pour cet effet nous lisons dans une requête présentée à M. de Blavière par le curé Vuillemain de Sirod que ce que les habitants donnaient au curé consistait dans une gerbe de froment et une d'avoine par tête. Une autre pièce également dans notre possession nous apprend que les habitants de Combe-David payaient pour l'entretien de l'église et de la cure de Foncine, un petit fromage de ménage accompagné du manipule de chanvre, et une écuelle de chenevi, et au prêtre dix sols par ménage, et cinq sous de plus pour ceux qui mettent bête en charrue.

Sans doute à Foncine comme ailleurs, par la suite des temps, ce faible tarif se modifia, et on arriva dans tout le diocèse à une espèce de tarif général qui était presque partout fixé ainsi qu'il suit, et dont on trouve les traces dans nombre de communes, tarif qui se maintint jusqu'à la révolution.

Les oblations ou droits de *chapellenie,* qui consistaient en denrées ou en quelques pièces de monnaie, étaient dues pour l'administration du baptême (six gros), de la communion et la confession ; pour les publications de mariage, pour les fiançailles, il était dû six gros, pour les mariages, 2 francs pour les riches, et 1 franc pour les pauvres ; en outre le curé après les mariages et les enterrements avait droit à un *paste* ou *repas* ; pour la bénédiction du lit nuptial et des nouvelles accouchées, pour les visites aux malades, le port des sacrements, six gros ; aux bénédictions des maisons 6 gros et un pâté ; aux bénédictions des fours, six gros ; quant à la rétribution des bénédictions des croix, des fontaines et étables, au temps des rogations, elle demeurait à la bonne volonté des paroissiens. Pour la récitation de la passion que le curé devait faire depuis l'invention de la sainte croix jusqu'à l'exaltation, le curé avait droit à une gerbe pour chaque ménage ; c'est cette gerbe que l'on appelait la *gerbe de passion,* et dont la quête s'est perpétuée dans quelques villages même après la révolution. Le dimanche, on faisait des offrandes à la messe ;

et les lundis avant la messe, on offrait un cierge et des pièces de monnaie, à la Toussaint et le lendemain, et depuis Noël jusqu'aux confessions de Pâques, le grand vendredi, le jour de Pâques et le lendemain ; les pièces offertes le jour de la fête patronale ou en d'autres solennités, s'appelaient les *bons deniers*.

Les obsèques étaient rétribuées par des dons en cire, en linges, en pain, en argent, selon les localités, ainsi que les offices *d'obeit*, du *trental* et de l'année ; une messe anniversaire devait être payée six gros. Il y avait des oblations annuelles pour les défunts, dans certaines paroisses le port de l'eau bénite dans les maisons, après les vêpres du dimanche, avait aussi sa récompense.

Le prix des messes était tari é à 12 gros les messes hautes, et à six gros les messes basses.

Lorsque la cure possédait des fonds de terre, les paroissiens, propriétaires de charrue, devaient tous être appelés pour les labours, *afin que les uns ne soient pas plus foulés que les autres*. Ceux dont les charrues n'auraient pas été utilisées, devaient à Foncine, aux Planches, à Foncine-le-Bas, quinze sols.

L'hiver de 1032 fut très froid.

En 1060 il y eut une très grande famine ainsi qu'en 1076 et 1077.

En 1076 St-Simon se rend à Mouthe probablement en passant depuis St-Claude par les Foncines.

La peste de 1080 fut très intense, on fit des efforts inouïs dans tous les genres pour apaiser le courroux du ciel.

Une terrible maladie en 1094 désola la Bourgogne et une partie de l'Europe.

Dans ces siècles presque toutes les maisons étaient des granges bâties en bois, même dans les villes ; si par hasard

on vendait une maison de pierres, on avait soin de déclarer dans l'acte cette circonstance qui alors était remarquable,
il semble qu'on conserva encore quelque chose des anciennes
habitudes des Gaulois.

1106. Henri V ayant usurpé le trône de son père, cet acte
révolta toute la province, ce qui fit que Renaud III s'affranchit
de la suzeraineté des empereurs, et des auteurs ont cru que
notre province reçut de son indépendance de l'empire le nom
de *Franche-Comté*, qui cependant ne lui est donné pour la
première fois que dans les chartes de la fin du xive siècle.

Fondé en 1123, l'ordre des Templiers a compté au nombre
de ses grands maîtres Renaud de Chauvirey, issu de cette
famille qui possédait Château-Vilain et nos villages.

1124. A cette époque des pleureuses à gages étaient appelées dans les maisons des morts pour y faire entendre des
cris et des lamentations, et après les funérailles le clergé qui
les avait célébrées était invité à un repas que lui donnaient
les parents du défunt. Dans notre canton l'usage de ce repas
s'est conservé jusqu'à ce jour, seulement pour les parents et
amis du défunt qui l'ont accompagné à sa dernière demeure
et des voisins qui ont aidé à la sépulture.

Un autre usage qui remonte à la même époque ; une fille
de nos montagnes, au moment de la bénédiction de son mariage, lorsqu'elle reçoit l'anneau béni par le prêtre de la main
de son époux, plie ordinairement le doigt pour que cet anneau ne dépasse pas la seconde phalange ; car selon l'idée
qu'y attache la coutume, moins l'anneau est enfoncé, plus
elle conservera de liberté et de maîtrise.

Le 17 des calendes d'août 1151, Humbert, archevêque de
Besançon, donne à l'abbé Adon de St-Claude l'église de Sirod
et plusieurs autres. *Sourosch, Sirod,* était tout à la fois
prieuré et paroisse, et fut compté comme tel par le pape In-

nocent IV, en 1245, au nombre des dépendances de St-Claude, auquel il fut réuni lors de l'érection de l'abbaye en évêché ; cette église, sous le vocable de St-Etienne, premier martyr, fut dès le xvi⁰ siècle, administrée par des prêtres séculiers. Sirod était église mère, les églises mères sont celles dont le démembrement a contribué à en former d'autres appelées *filiales, vicariales*, entre autres celle de Foncine, qui leur paient chaque année des redevances en reconnaissance de l'ancienne dépendance et de la maternité ; les unes et les autres avaient des succursales tel que Foncine-le-Bas et les Planches, qui n'étaient que de simples chapelles soumises en toute chose à l'église paroissiale. Le curé par lui ou par ses vicaires, y faisait quelquefois les offices et les instructions, à l'exception des grandes fêtes, car alors la population ressortissant de ces succursales devait se rendre à la paroisse, soit pour les offices, soit pour la réception des sacrements.

De 1150 à 1155, sur les confins du canton des Planches, avait été fondé le prieuré d'Illay, par la maison de Montmorot, sous le vocable de St-Vincent et de St-Martin, il était habité par un prieur et un religieux. De 1170 à 1172 furent fondées les deux chartreuses de Vaucluse et de Bonlieu, et surtout celle de Grand-Vaux sur nos confins.

(1172.) Frédéric Barberousse établit sa cour de justice à Dole qui connaissait sur l'appel des sentences des légats ou des justices seigneuriales ; elle connaissait aussi : des simples différents des serfs contre leurs seigneurs, qui cessèrent ainsi d'être les juges absolus de leurs hommes. Un ordre régulier succéda à l'anarchie féodale, au grand contentement de tous nos villages qui n'avaient jamais vu la justice si bien rendue, le paysan en paix dans sa cabane, n'eut plus à craindre les vexations de son seigneur. Chaque année dès lors le prix du blé était fixé dans l'intérêt du misérable ; excéder ce prix, c'était violer la paix publique.

1184 Un diplôme de Frédéric Barberousse du 16 novembre 1184 confirme à l'abbaye de St-Oyan les nombreuses possessions, spécialement les églises de Mouthe et de Sirod, dont dépendaient les églises et chapelles de notre canton.

(1190.) L'abbé de Buènc ouvrit le tombeau de St-Claude. Vers la fin du xiie siècle, on trouva son corps entier et bien conservé ; cette cérémonie attira un grand concours des habitants de nos montagnes, ainsi que le dépôt de ce corps saint dans une chasse d'argent qui eut lieu en 1243.

L'éclat des miracles opérés par son intercession, établit un pèlerinage constant des habitants de nos montagnes vers la ville de St-Claude, et chaque année la paroisse de Foncine s'y rendait en procession.

Pendant que la terre de Foncine et le canton des Planches dépendaient de l'abbaye d'Agaune et des sires de Salins, dans son voisinage étaient nés en 855 le prieuré de Sirod, celui de Mouthe en 1075, et celui de Sainte-Marie en 1199. Duquel de ces établissements la chapelle de Foncine pouvait-elle dépendre ? Il est évident et certain que ce n'était pas de Mouthe. Devons-nous croire une vieille tradition qui porte que les habitants de Foncine allaient faire leurs devoirs religieux à l'église de saint Théodule de l'ermitage situé sur le mont des Fours, érigé en 1119, et auquel ermitage a succédé 80 ans plus tard l'abbaye du mont Ste-Marie ?

Cette opinion n'aurait pour se soutenir que la raison que la terre de Foncine et celle du mont Ste-Marie dépendaient toutes les deux des sires de Salins qui avaient érigé et doté cette abbaye, que par charte de 1251, les dîmes des meix des Foncines et des Planches furent cédées par l'archevêque de Besançon à Adon, abbé de St-Oyan, qu'ainsi jusqu'à 1251

Foncine et les Planches avaient pu être administrés religieusement par l'ermitage du mont des Fours et ensuite par l'abbaye
de Ste-Marie qui lui avait succédé. Sirod dépendait aussi des
sires de Salins, mais en rien, pour le religieux, de l'abbaye de
Ste-Marie.

Des titres certains démontrent que l'église de Foncine dépendait dès le principe de Sirod, et Sirod de l'abbaye de
Condat, voir les chartres de 855, de 1184 et de 1251. En
888 parurent les Normands, sous le gouvernement des abbés
de St-Claude, Achinard et Norbald. Le Grandvaux fut ravagé,
Moirans pris et pillé, toute la terre de St-Claude eut à souffrir
de leurs excursions. Ayant depuis Saint-Claude pénétré dans le
Grand-Vaux, ils suivirent la voie romaine qui passait aux
Planches pour se diriger sur Salins, et notre pays, comme la
terre du Grandvaux, fut victime de leur invasion.

Dès le xie siècle, les châteaux forts viennent s'asseoir sur
les croupes de nos villages; cette terre jadis libre, se courbe
sous le joug de la main-morte; le dur collier du servage est
rivé au cou de nos pères et y restera jusqu'à ce que les révo-
lutions aient broyé la féodalité et ses donjons. Maintenant le
soc de la charrue vient heurter leurs fondements; des champs
cultivés se déploient sur les voûtes des souterrains, et les épis
dorés de riches moissons se balancent mollement au gré des
vents dans les lieux mêmes où s'agitaient autrefois les lances
et se donnaient les tournois; on ne voit plus de ces nids
d'aigles que le peuple abattit au jour de sa colère, que quelques pans de murailles à demi-écroulées, vieilles reliques où
vont encore en pèlerinage les amateurs de ruines.

Le canton des Planches n'offrira à leur curiosité que les débris du château de la Chaux-des-Crotenay, duquel dépendaient
Entre-deux-Monts, Mont-Liboz, le Châtelet, Crans et Cize. Le
nom de Cize rappelle celui de *Ciza*, divinité des anciens peu-

ples du Nord. A l'extrémité du vallon de Foncine fut construit le château de Châtel-Blanc par Etienne Ier, soixante-quatrième abbé de Saint-Claude, vers l'an 1293, on fortifiait la terre de Saint-Claude, pour la défendre contre l'agression des Sarrasins, aussi voit-on à la même époque construire les châteaux de Châtel-Blanc, Roche, Jean Dorlan, Oliferne, Abent, Moirans, on entoura Saint-Claude de murs, on construisit un château à Saint-Claude.

Entre Foncine-le-Bas et Fort-du-Plasne, vers chez les Roland, on voit encore aujourd'hui une pierre à la maison de Just Martin, en démolition qui porte le milliard de 1061.

En 1181, la châsse de saint Claude fut apportée à Champagnole et y séjourna. Il est hors de doute qu'étant ainsi rapprochée de nos pays, elle reçut les hommages de nos pieux habitants dont la dévotion envers saint Claude était si grande qu'ils avaient obtenu des abbés de Saint-Claude l'autorisation d'aller en pélerinage à Saint-Claude, et que même plus tard ils érigèrent un oratoire en l'honneur de ce saint, oratoire qui existe encore, et où se pratique constamment le pèlerinage dans les calamités qui affligent le pays.

CHAPITRE V. — Château-Vilain.

Les Foncines, les Planches et le reste du canton dépendaient de Château-Vilain, l'une des forteresses les plus formidables de la province, bâtie en 1186 par Simon de Commercy.

Les habitants du canton des Planches devaient-ils faire guet et garde devant Château-Vilain, et avaient-ils droit de montre d'armes devant leur seigneur? Il est certain que s'ils ne remplissaient pas ce devoir ils avaient suivi l'exemple de plusieurs communes qui avaient abandonné cette charge et la remplaçaient par une prestation annuelle. Après la conquête de la province, Louis XIV ayant fait ruiner les châteaux forts, les communes crurent être déchargées du tribut, l'effet devant disparaître avec sa cause. Le parlement jugea le contraire et les vasseaux continuèrent de payer en argent ce qu'ils cessaient de devoir en nature.

Château-Vilain est désigné dans les titres sous le nom de *Castrum Villanum in Jura* ou de Château-Vilain, juché sur la crête d'un roc âpre qui s'élève avec une hideuse nudité perpendiculairement de quatre ou cinq cents pieds au-dessus du vallon. Ce château présente une sombre majesté qui glace l'âme que vient encore assombrir le souvenir des scènes dont ses donjons ont été les sombres témoins. Ce nid d'aigles abritait autrefois messire Hugues de Châlons, sire d'Arlay, qui, ligué avec d'autres barons du haut pays, avait toujours méconnu la juridiction du duc de Bourgogne, et saisi toutes les occasions d'insulter ce prince. Un jour, notre rebelle, au mépris du parlement ducal, par devant lequel il soutenait une contestation contre son beau-frère, Gui de Vienne, s'avisa de s'emparer par surprise dudit beau-frère, et tranchant de vive force, de l'emmener prisonnier.

L'affront était d'autant plus sanglant, que le chevalier de Vienne venait de léguer la terre de Chevreau à la femme du duc Philippe. Hugues de Châlons, sur le refus du captif, l'entraîna à Château-Vilain où il le fit languir un an.

Parfois ce farouche vainqueur tirait son beau-frère du fond de son cachot, le faisait suspendre par les pieds au sommet d'une des tours, et le faisant tournoyer dans l'espace sur cet effroyable précipice le menaçait une épée nue à la main de couper la corde qui le retenait dans les airs, s'il ne s'avouait devant témoins, coupable de certain crime, et s'il ne rétractait sa donation. L'infortuné voyait à ses pieds les cieux et le soleil, sous sa tête les brouillards qui s'élèvent de la rivière, qu'il entendait mugir au bas de la montagne , et malgré ses terreurs, il résistait toujours. Il existe encore parmi ces ruines , un tronçon de murailles hérissé de ronces, et que, depuis cette aventure, l'on désigne sous le nom de la *Tour de Vienne*.

Le principal manoir féodal d'où ressortissait notre pays , mérite une description particulière.

Le château occupait une surface de 220 mètres de long sur 60 de largeur, et dominait tout le pays. Cette forteresse était entourée d'un mur d'enceinte construit exactement au bord du rocher. L'entrée était parée d'une belle avenue de tilleuls dont plusieurs vivent encore et défendue par deux tours qua-drangulaires adossées à un donjon. L'une avait 4 mètres 50 centimètres de largeur et l'autre 9 mètres. C'est sous cette dernière qui servait de salle des gardes , qu'était pratiquée la porte d'entrée. Après avoir traversé cette porte on rencon-trait un chemin de six mètres de largeur et long de 35 mètres, bordé d'épaisses murailles conduisant à une première cour qui renfermait un manoir fortifié. Derrière ce bâtiment était une cour de 20 mètres de largeur, puis un donjon carré de 20 mètres de côté. Derrière le donjon se trouvait une autre tour de 80 mètres de longueur sur 60 de largeur. Le mur d'en-ceinte flanqué de tours complétait la défense. Le premier bâtiment d'habitation était séparé de la cour renfermant le donjon principal par une muraille très-haute et très-épaisse, munie à ses deux extrémités de deux trous percés de meur-trières.

Gilbert Cousin dit que de son temps , il y avait deux châ-teaux. Il y avait effectivement deux corps de bâtiments, mais ils faisaient partie de la même enceinte. Il ne reste aujourd'hui que les ruines de quatre tours, quelques pans de murs, deux citernes et un abreuvoir circulaire de six mètres de diamètre, dont le bassin de 70 centimètres de hauteur est construit en pierres de taille. Au moment de sa destruction, arrivée de 1808 à 1810 , ce château offrait l'image fidèle d'une place de guerre du moyen-âge bien conservée ; l'intérieur de l'enceinte présentait trois objets curieux : 1° la prison creusée dans le rocher et où l'air ne pouvait pénétrer qu'à travers une triple porte.

Léquinio nous en donne une description exacte. « La prison est creusée dans le rocher au-dessous des bâtiments, on y descend par un escalier qui n'a pas un pied et demi de large, à peine le corps peut-il y passer. Dans la voûte se trouve une petite entaille toute noircie de fumée, « c'est à cette entaille que se » collait indubitablement le bout de chandelle du geôlier quand » il descendait pour apporter la nourriture aux squelettes » qui respiraient encore dans ce tombeau, qui respiraient ? » Par où ? Trois portes épaisses en défendaient l'entrée à la » lumière ; nulle fenêtre, nul tuyau, nul canal ne permettait à » l'air de s'y introduire ; nulle fissure même dans le rocher ne » laissait y pénétrer les sons. »

2° Le puits. — Dans une des cours se trouve un puits qui n'a que huit pieds de profondeur, et c'est autant qu'il en faut. C'est une source qui ne tarit jamais et qui sans doute constituait un de ces syphons naturels alimentés par la capilarité.

3° A l'intérieur, on remarque dans l'appartement de la princesse une armoire fort commune et dont on ne s'aviserait pas de soupçonner la destination, c'est le vestibule de l'appartement des *jeunes demoiselles ;* les battants étant même ouverts, on ne voit qu'une armoire encore, un secret fait ouvrir une partie du fond et vous avez le passage dans un petit escalier par lequel on grimpe à deux cabinets boisés qui se communiquent, et dont les fenêtres sont disposées de manière à ne pouvoir donner d'espérance aux plus hardis des galants.

Le chemin qui conduit à Château-Vilain tourne ce château vers le sud, vous suivez une pente longue et médiocrement rapide qui vous mène au corps avancé des fortifications ; c'est une sorte de tour carrée qui se trouve aux deux tiers de la hauteur du mont, elle en remplit la coupure primitive ; elle sépare en même temps qu'elle unit les deux parties du rocher ; cette gorge était le passage ouvert par la nature, vous ne pouvez traverser nulle autre part. La tour est percée d'une arcade de l'épaisseur, hauteur et largeur d'une porte de ville, c'est la vraie porte d'une citadelle. Il semble que vous allez entrer, que vous montez dans une place forte et dans une cité d'importance. Mais une fois la porte franchie, vous jouissez d'une belle perspective ; votre vue s'étend sur le val de Sirod, atteint Nozeroy et le val de Mièges. Quelques pas encore et vous êtes près d'une petite chapelle qui remonte au x⁰ siècle ; deux tilleuls s'élèvent de chaque côté de ce monument dédié à l'Assomption de Notre-Dame. Le portail de la porte d'entrée porte la date de 1616. Une voie de 8 à 9 pieds de large, entaillée dans le flanc de la roche vous fait descendre dans la plaine de Sirod, en décrivant du sud vers le nord une parallèle à la ligne que vous avez décrite en gravissant du nord vers le sud, c'est-à-dire que le chemin contourne la montagne où est assis le vieux manoir féodal.

Simon de Commercy eut pour fils Hugues qui vivait en 1,200 ; Hugues eut pour fils Gaucher.

En 1236, il fit les devoirs de fief à Hugues, duc de Bourgogne, pour la terre de Château-Vilain ; il en remit les clefs au duc qui avait le droit de s'emparer de ces châteaux et de les garder pendant quarante jours après lesquels il devait les lui rendre dans le même état où il les avait trouvés, à l'exception de ce qui lui était nécessaire pour la nourriture de ses chevaux. Jean, comte de Bourgogne, ayant acquis la seigneurie de Salins en 1237, Gaucher de Commercy se reconnut son vassal l'an 1240 et promit de ne point construire de nouvelles forteresses dans sa seigneurie de Château-Vilain. C'est sans doute à cette promesse que le canton des Planches a dû de ne pas voir les crêtes de ses montagnes couvertes de nouveaux donjons. Gaucher II° de Commercy, chevalier, troisième fils de Gaucher I°ʳ, eut dans son lot la terre de Château-Vilain, dont il fit hommage en 1260, à Laure de Commercy, sa nièce, épouse de Jean, comte de Bourgogne, et en 1282 à Jean de Châlons, Arlay I°ʳ, fils de ce dernier. La même année, en 1282, Gaucher de Commercy, reconnaissait tenir en fief de l'abbé de St-Claude, les dîmes des Planches *villa de Pontibus*. D'où venait aux abbés de St-Claude ce droit sur les dîmes des Planches. Nous ne pouvons le dire ; ce qui nous paraît le plus probable, c'est à l'abbaye d'Agaune que Saint-Claude en était redevable.

Du mariage de Gaucher II° avec Marguerite de Belle-Vêvre, naquit Gaucher III° de Commercy. Ce seigneur reprit en fief au mois d'avril 1293, de Jean de Châlons, sire d'Arlay, la seigneurie de Château-Vilain par la volonté de Gaucher, son père ; il entra en 1301 dans la ligue des barons du comté de Bourgogne qui firent la guerre à leur prince, et il fut compris dans le pardon que Philippe-le-Bel, roi de France, leur accorda en 1297. Gaucher II° avait renouvelé l'hommage de sa terre de Château-Vilain envers Jean de Châlons et·avait fait répéter ce devoir par son fils, Gaucher III°. En 1303, Gaucher III° remit entre les mains de Jean d'Oiselet, représentant le seigneur d'Arlay, sa forteresse de Château-Vilain pour la garder pendant quarante jours, suivant la nature de ce fief et l'exemple que ses prédécesseurs lui en avaient laissé. En 1503, la terre de Château-Vilain étant tombée dans le cas de renouveler un hommage, Gaucher III° se transporta au château de Nozeroy où, en présence d'un grand nombre de seigneurs, Jean de Châlons lui enjoignit conformément à la nature du fief rendable, de remettre sa forteresse de Château-Vilain à Jean d'Oiselet, son officier, à quoi Gaucher IIIe ayant obéi, le fief lui fut rebaillé sous les anciennes conditions.

Hugues de Châlons, premier de ce nom, fils de Jean l'Antique, reprenant du comté de Bourgogne la baronnie de Salins et autres, inséra dans son dénombrement de 1388, sans blâmer la mouvance de Château-Vilain, ce qui fut imité et toujours sans blâme par Louis de Châlons, premier du nom, fils d'Hugues en 1440. Gaucher IIIe avait épousé avant 1284 Isabelle de Montaigu. De cette alliance sortirent deux filles qui, après la mort de Gaucher IIIe portèrent pour moitié la terre de Château-Vilain dans la maison du Quart et de Chauvirey, et cette division qui n'a cessé qu'au commencement du xviie siècle, ne fit que multiplier pour les seigneurs de Nozeroy, les occasions de marquer leur suzeraineté.

Maintenant ouvrons les archives de Saint-Claude et nous trouverons dans le *liber aureus* de cette royale abbaye que dans les années 1307, 1309, 1310, 1311, il y avait à Foncine une chapelle qui appartenait en fief à cette abbaye, et le bénéfice de cette chapelle était à la nomination du seigneur abbé. Dans l'ancien pouillé de cette abbaye dont nous possédons un extrait authentique, on trouve la mention de la chapelle de Foncine, ainsi que dans la copie que Dunod a imprimée de cet ancien pouillé. Le pouillé ou catalogue des bénéfices de la collation des abbés de Saint-Claude, contenus dans une bulle du pape Innocent IV, fut obtenu par Humbert III de Buenco (bulle de 1245). Cette chapelle primitive était commune à Foncine-le-Haut, Foncine-le-Bas et aux Planches, qui ne formaient avant 1796 qu'une seule commune et dont les partages définitifs ne se sont terminés qu'en 1830.

Si le temps précis où cette chapelle a été érigée est inconnue, l'époque fixe où elle a cessé d'exister pour donner naissance à l'église actuelle, l'est également ; cependant nous
serions autorisés à penser que c'est dans le cours du xv^e
siècle, ainsi que nous le dirons plus loin.

On lit dans un mémoire cité au procès entre Foncine et
Sirod qu'une pierre sortie de l'ancienne chapelle, et portant le
milliard de sa fondation, avait été placée à la voûte de la
nouvelle église pour perpétuer le souvenir de cette chapelle
primitive, mais elle fut détériorée dans les mauvais jours de
la révolution. L'ouvrier employé à cette œuvre de Vandalisme,
ainsi que nos vieillards qui ont été témoins de cet acte sans
nom, n'ont pu nous indiquer d'une manière certaine, la date
inscrite sur cette pierrre. L'emplacement de cette ancienne
chapelle est non-seulement connu par la tradition, mais il y a
peu d'années qu'un cultivateur a découvert les vestiges de
cette construction qui se trouvait à peu de distance d'un oratoire érigé en l'honneur de St-Roch avec les débris de cette
chapelle et à l'entretien duquel oratoire est consacrée une
rente, produit de la vente du sol de cette ancienne chapelle
et du terrain adjacent. Point de pièces ne nous indiquent en
quelle année fut construite l'église actuelle ; nous savons seulement qu'elle fut incendiée en 1639, et les titres qui parlent de
cet incendie, portent qu'elle était fort ancienne, ce qui la ferait
remonter au moins au xive ou xve siècle ; car si elle était fort
ancienne en 1639, la conséquence naturelle c'est qu'elle re-
monte au moins à l'époque que nous assignons. En 1865, on
refit le couvert de l'église et on trouva sur le mur de la
voûte une poutre à demi brûlée qui portait le milliard de
1613. L'incendie avait donc eut lieu après 1613, l'existence
de l'église remonte par conséquent au xve siècle au moins. De
plus l'acte d'affranchissement de Foncine par Gérard de Chau-

virey en 1419, traite Foncine de ville de Foncine. Or le nom
de ville, *villa,* ne s'applique qu'à des lieux de quelque importance. En 1303, Mouthe ne portait encore que le nom de
Locus de Mutua. Cette chapelle de Foncine, dès le xiiie siècle,
avons-nous déjà dit, était un fief de St-Claude ; il est probable
qu'elle fut une des églises comprises dans la donation qu'Humbert, archevêque de Besançon, fit à Adon, abbé de St-Oyan ,
le 17 des kalendes d'août 1151. Auparavant, si elle existait,
comme cette terre dépendait de l'abbaye d'Agaune, la chapelle
devait aussi en dépendre.

Comment l'église de Foncine, des mains de l'abbaye de St-
Claude est-elle arrivée dans celles du prieuré de Sirod ? Aucun
acte ne nous indique ni ce transport, ni l'époque où il eut
lieu ; ce qui nous paraît probable, c'est que cette réunion ne
fut jamais officielle, mais bien le résultat du malheur des
temps et des guerres qui désolèrent le comté de Bourgogne,
ou même que Sirod étant un prieuré dépendant de St-Claude,
fut chargé à cause de l'éloignement de St-Claude, de desservir
Foncine d'où il était plus voisin et qu'ensuite de l'idée qu'ont
toujours eue les prieurs de Sirod de s'affranchir de St-Claude,
ils s'arrogèrent ce droit dont la possession sanctionna la légitimité. Nous lisons cole 3 de nos archives, dans un extrait
du Pouillé de Besançon au sujet de Sirod : « Comme la nomi-
« nation des prieurs de Sirod était à la simple disposition de
« l'abbé de St-Claude, que dans ces temps reculés il était en
« droit d'instituer et de destituer à volonté, il arriva enfin que
« ces personnes instituées en qualité de prieurs de Sirod, pour
« s'assurer de n'être point destituées, s'avisèrent de prendre
« des institutions audit prieuré tantôt de l'ordinaire diocésain
« et tantôt du pape. Ainsi, Guillaume de Chauvirey prit insti-
« tution de l'ordinaire de Besançon, le 28 avril 1556, et
« même après une contestation au sujet du prieuré, s'en fit

« pourvoir par arrêt du parlement. Pierre Charton fut insti-
« tué par bulles de 1630, François Hugonnet par bulles d'In-
« nocent X. en 1647. »

Comme l'église de Foncine dépendait des prieurs de Sirod,
les prieurs qui l'ont gouvernée du xiiie au xve siècle, sont :
1° Simon de Vaudrey, de 1326 à 1335 ; 2° Poinçard de
Darbonnay, en 1660 ; 3° Claude d'Arbon, en 1414 ; 4° Jean
Legrand, en 1423, 1447 et 1448 ; 5° Fromond d'Arbois, en
1429 ; 6° Guillaume de Chauvirey, en 1520. La lèpre qui
date principalement des croisades, se répandit tellement en
France que sur la fin du xiie siècle, presque tous les bourgs
ou gros villages furent obligés d'avoir un établissement où
les lépreux étaient séquestrés de la société. Rien n'indique
que de semblables établissements aient existé dans le canton
des Planches ; mais on voit que Clairvaux fut le lieu le plus
voisin qui posséda un établissement de ce genre.

Dès 1228 une familiarité s'était établie à Sirod et dans d'autres localités, les prêtres familiers étaient constitués bien
antérieurement.

En 1230, le val de Miéges continuait à dépendre des sires de
Salins, ainsi que la seigneurie de Château-Vilain, dont les terres
de notre canton faisaient partie ; dans cette vaste étendue,
ces puissants seigneurs ne voulaient pas souffrir de voisins.
Dans leur opinion, jusqu'à la frontière, les parties habitées
ou non habitées leur appartenaient.

En 1237, Jean de Châlons échangea avec le duc de Bourgogne son comté d'Auxonne, et reçut en retour la baronie
de Salins, le val de Miéges, ainsi que les fiefs de Château-
Vilain et de Mont-Rivel. Dès cette époque, nos pays auront
pour seigneur suzerain le célèbre Jean de Châlons l'Antique
et ses descendants.

En novembre 1266, Guy, abbé de St-Claude, inféoda à Jean

de Châlons une partie des terres de cette abbaye avec la moitié de leurs revenus, l'abbaye conserva le patronage des églises, les droits de sépultures et d'oblations.

En 1258, Jean de Châlons épouse Laure de Commercy, dont l'oncle Gaucher de Commercy, possédait Château-Vilain et notre canton.

(De 1265 à 1269.) Dans le partage de la succession de Jean de Châlons l'Antique, son fils, Jean de Châlons, sire d'Arlay, reçut avec Arlay et d'autres seigneuries, Nozeroy, le val de Miéges et les Hautes-Joux ; possesseur du tiers de la fortune de son père, il acheta des fiefs dans le Haut-Jura, obtint des sires de Commercy l'hommage de la baronie de Château-Vilain et terres voisines qui comprenaient depuis Vannoz, Champagnole, St-Germain, tout le terrain qui s'étend jusqu'aux Hautes-Joux, et une partie des Hautes-Joux elles-mêmes (chartes de 1280), et finit par devenir le seigneur suzerain de toutes nos montagnes.

CHAPITRE VI. — Treizième siècle.

(1300.) Au commencement du treizième siècle, le pays était sans commerce, entouré de provinces étrangères ou ennemies. Il ignorait encore la valeur de ses bois et de ses mines. Le droguet même n'avait pas une manufacture. Les bêtes sauvages, les ours, les loups principalement, étaient encore communs on s'habillait de peaux de bêtes. Un tailleur s'appelait encore *pelletier*. Cette expression s'est conservée jusqu'à nos jours, nos villageois ne disent jamais dans leur patois, il faut aller chercher le tailleur ou la tailleuse, ils disent il faut aller chercher la *pelletière*. Tout était grossier dans les habitudes de la vie. Les maisons des villes étaient généralement en bois, et les tristes cahutes des serfs, enterrées dans le sol , percées au centre d'une ouverture pour le passage de la lumière et de la fumée, ressemblaient dans nos montagnes surtout, aux réduits misérables des sauvages.

Tout le commerce était entre les mains des juifs qu'on appelait *Lombards ;* ils arrivaient la balle sur le dos , vendaient à de hauts prix, ils parcouraient le pays en suivant les anciennes voies celtiques ou romaines , qui ont pris depuis eux le nom de *Fosses à Merciez.* Partout où l'on rencontre une espèce de route appelée *Fosse à Merciez ,* il est présumable que c'est une ancienne voie celtique ou romaine, nous avons aux Planches la *Fosse à Tibéré.* M. de la Croix qui l'a visitée avec nous, pense que c'est une ancienne voie romaine.

Pendant l'hiver de 1302, le froid fut excessif, nous voyons en 1306 un Huguenin, barbier de Châlêmes, figurer à Besançon parmi les chefs du mouvement populaire ; or, comme M. Ed. Clerc nous apprend que parmi les gens appelés à repeupler la ville de Besançon, chacun avait conservé le nom de son village , il est à penser que cet homme était réellement originaire de Châlêmes, village de notre canton.

(1307.) Dans la guerre que le sire d'Arlay faisait à Besançon , il avait ordonné de descendre de leurs montagnes aux vigoureux enfants de Nozeroy et des hautes montagnes, nos pères étaient donc rangés sous les murs de Besançon sous l'étendard rouge à la bande d'argent du baron d'Arlay.

Philippe le Bel créa le parlement du comté de Bourgogne de 1306 à 1307 et le fixa à Dole en 1333.

En 1315 des pluies générales et continuelles détruisirent les récoltes et amenèrent la famine et la peste.

Lettres d'affranchissement de Jean de Châlons Arlay de 1313, pour Nozeroy, Châtel-Blanc et Roche-Jean. Nous trouvons une charte de franchise pour Châtel-Blanc de 1303, nous n'en présenterons point l'analyse, nous remarquerons qu'elle est favorable à l'étranger venant s'établir à Châtel-Blanc. Le bourgeois de *Châtel-Blanc* a le droit de vendre, d'échanger ou de donner ses biens à qui il voudra, excepté ceux qu'il possède dans le ressort de la seigneurie, qu'il ne peut aliéner qu'en faveur des sujets du seigneur de Châtel-Blanc, ou de celui qui voudrait devenir bourgeois de ce lieu.

(1347.) La peste régna en 1347, 1348, 1349, 1350, 1360, 1361. Le duc de Bourgogne succomba aux atteintes de la fièvre qui dévorait ses états ; il mourut au mois d'avril 1349. Nos montagnes elles-mêmes, où les eaux et l'air plus purs rendent la vie plus forte et plus longue, éprouvèrent comme les plaines basses et humides, l'atteinte de la contagion : là aussi, les villages se dépeuplèrent, les terres devinrent incultes et le nom de cette année terrible s'y conserva sous celui *d'année de la grande mort : Tempore magnæ mortis,* disent les chartes de la terre de St-Claude ; cette peste qu'on appela la *maladie noire,* dépeupla nos villages et les réduisit presque en solitude.

Pour donner une idée de ces ravages, un auteur contemporain a dit : « *En l'an mille trois cent quarante-neuf, de cent n'en demeuraient que neuf.* »

Châtel-Blanc et les lieux circonvoisins, disent les auteurs, furent des plus maltraités, nul doute donc que les Foncines et tous les villages du canton des Planches ne furent aussi victimes de cette cruelle maladie; le peu d'habitants de Châtel-Blanc, épargnés par ce fléau, *fere destructus propter pestem mortiferam,* pensaient à s'éloigner. *Taliter quod habitantes se ad aliena loca tranfere volentes,* dit la charte, c'est pour les retenir et pour soulager leur misère que l'abbé Guillaume de la Beaume, le 6 juin 1351, leur accorda des priviléges ; ils sont déclarés libres et exempts de toute collecte, prise, corvée, exaction, et de toute mauvaise coutume, par exemple la main-morte.

Quelque temps après, des villages et des hameaux se formèrent dans les dépendances de Châtel-Blanc, et sous prétexte que les franchises du bourg ne les concernaient pas, le sire de Châlons et l'abbé de St-Oyan voulurent les réduire en servitude, mais ces nouveaux habitants prirent le parti de s'enfuir, ce qui obligea les seigneurs par les chartes du 18 mai 1364 et l'autre du 27 mai 1384, à accorder les mêmes franchises qu'au bourg de Châtel-Blanc, *villa castri albi*, aux villages de Chaux-Neuve, Chaux-Choulet, Bois-d'Amont, Belle-Fontaine et une partie du territoire de Morbier et des Rousses.

En 1345, la terre de St-Claude reçoit plusieurs colonies de Dauphinois, exilés volontaires de leur pays cédé à la France ; le Dauphin, touché de l'attachement de ses sujets, et cependant fidèle à la parole qu'il avait donnée au roi, engagea l'abbé de St-Claude, Jean II, à recevoir dans ses villes et villages les Dauphinois qui voudraient s'y retirer. Rien n'indique qu'il s'en soit retiré dans nos villages.

(1355 et 1356.) A cette époque, nos montagnes comme la Comté, ne connaissaient encore ni impôts ni gabelles, les princes vivaient du revenu de leurs terres. En 1356, un violent tremblement de terre agita les chaînes du Jura.

En plein hiver de 1362, la peste se réveilla avec fureur, plusieurs villages étaient sous le poids de la maladie, d'autres, déserts. *Eodem anno, fuit magna mortalitas et moriebantes homines de infirmitate bossæ passim et indifferenter.* Cette peste s'appelait dans le patois de nos villages *la murie de la bosse*, ici on dit *mourie* au lieu de *murie, la mourie de la bosse*.

Par charte du 28 février 1372, Hugues de Châlons IIe et Guillaume, abbé de St-Oyan, accordèrent aux habitants de

Foncine le droit d'usage dans la terre de Châtel-Blanc, depuis les confins de la seigneurie de Mouthe jusqu'à ceux de la terre de St-Claude, moyennant la cense annuelle de cinquante livres de cire. Cette pièce mérite d'être copiée, car elle sera souvent invoquée dans les procès qu'a eu à soutenir la terre de Foncine.

« Nous, frère Guillaume, par la grâce de Dieu, humble
« abbé du monastère de St-Oyan de Joux, et le couvent dudit
« monastère, et nous, Hugues de Châlons, sire d'Arlay, fai-
« sons savoir à tous ceux qui verront et ouïront ces présentes
« lettres, que de notre bonne volonté, avons baillé et octroyé
« à toujours, mais des habitants et demeurant en Foncine et
« non à autres, usage en nos bois et Joux qui sont communs
« ça si après par écrit, c'est à savoir dès le bois et prioré de
« ville de Mouthe, quanque dès le bois du prioré de Grand-
« Vaux, et dès Foncine, tendant quanque à la roche du Ri-
« zout, et qu'ils usent et puissent user de nosdits bois et Joux
« pour leur chauffer, maisonner et faire tout autre nécessaire.
« Item qu'ils puissent exploiter lesdits bois et Joux pour faire
« ancelles et tout autre marinage, pour quelque nom qu'ils
« puissent être nommés. Lesquels ancelles et marinages, ils
« puissent mener et porter, charroyer en quelque lieu qu'il
« leur plaira, pour vendition ou pour faire leur profit à mieux
« que bon leur semblera, retenant à nous la seigneurie, telle
« comme nous l'avons accoutumé d'avoir, sans rien aller à
« l'encontre dudit usage que nous leur avons baillé, ni que
« notre sergent-forestier, ni autres officiers sussent de leur
« détourber, ni mettent nul empêchement en l'usage des bois
« et Joux et l'imitation étant baillé par nous ès-dits habitants
« de Foncine, et à leurs hoirs baillés, soient tenus de nous
« donner et payer tous les ans perpétuellement, le jour de la
« fète St-Michel, *cinquante livres de cire loyale* et marchande,

« c'est à savoir à nous, abbé de susdit, et à nos successeurs,
« vingt-cinq livres de cire, à poids de la ville de St-Oyan et
« les doivent bailler et délivrer en la ville de Grand-Vaux, au
« prévost dudit lieu qui est du présent ou qui sera de temps
« à venir, et à nous, Hugues de Châlons, sire d'Arlay et à nos
« hoirs, doivent bailler et délivrer les autres *vingt-cinq livres*
« *de cire,* en notre chatel de Nozeroy, au poids dudit lieu, à
« notre receveur qui est de présent ou qui sera pour le temps
« à venir, et être payées lesdites cinquante livres de cire, par
« lesdits habitants de Foncine, lesdits prévôts de Grand-Vaux
« et receveur de Nozeroy, enfin comme dessus est dit, soient
« quittes lesdits habitants de l'année qu'ils auront payée. Pro-
« mettant nosdits abbés et couvent de St-Oyan, par nous,
« notre successeur, en bonne foi et sur le vœu de notre reli-
« gion, et nous, Hugues de Châlons, sire d'Arlay, par nosdits
« hoirs, par notre serment, promettant garder, conserver et
« maintenir toutes les choses par la manière que dessus sont
« écrites, en témoignage de vérité, nous avons mis à notre
« grand scel en ces présentes lettres. Fait et donné, présents :
« messires Henri, seigneur de Tune, maître Gils de Montar-
« gis, maître Etienne Ravigny, secrétaire de St-Oyan, maître
« Pierre Dusié, chevalier, et maître Varichier de Chandres,
« écuyer à Oberne, en l'hôtel dudit maître Hugues de Châlons,
« le dernier jour du mois de février de notre seigneur cou-
« rant, mille trois cent septante et deux. »

Ce titre étant revêtu de trois sceaux, l'un de cire verte de
l'abbé de St-Oyan, l'autre de cire rouge des armes de Châlons,
et l'autre en cire blanche des armes du prieuré de Grand-
Vaux, lesdits sceaux à double gaine de parchemin pendante.

Dans le titre particulier donné par Hugues de Châlons, on
trouve en plus que dans celui qui précède, les dispositions
suivantes :

Item, voulons et commandons à tous nos forestiers, sergents ou autres officiers, quels qu'ils soient, qu'ils doivent aux habitants confort, conseil et aide, si mestier est, et requis en sont, et aussi de ce qu'ils les requièrent.

Item, promettons par notre serment que si leurs mestions empêchement ès-habitants des susdites, en l'usage que nous leur avons baillé en nos susdits bois et Joux, que nous devrions aide et confort et en paix maintenir à nos propres missions et dépens.

Item, et afin que nous ne devrions ni puissions contraindre lesdits hommes et habitants, à nous payer nulle autre servitude qu'à payer lesdites vingt-cinq livres contenues ey autres lettres, et toutes les choses dessus écrites.

Les choses dessus écrites sont :

Item, voulons que ces lettres soient collationnées toutes, et quant fois que besoin sera des prud'hommes et habitants dessus, la substance gardée sans faire aucun empêchement, et promettons par notre serment donné et touché corporellement sur le saint Évangile de Dieu, par nous et nos héritiers, garder, maintenir et garantir toutes les choses dessus à nos propres missions et dépens, et de ne venir à l'encontre aux présentes lettres, ne consentir que nul autre vienne par quelque cause que ce soit. En témoignage de vérité nous avons mis notre grand scel en ces présentes lettres faites et données à Nozeret, le second jour du mois de mars, l'an de Notre-Seigneur, mil trois cent septante-deux.

Item, voulons et octroyons pour nous et nos héritiers, qu'ils aient et prennent leur usage par la manière que dessus est dit, en tous nos bois et Joux, que nous avons et devons avoir dès le vaux de Sirod et quanque à la rivière de l'Orbe, tout du long et du large sans nul empêchement que par nous ni nos héritiers leur y soit mis par le temps à venir. Donné

comme dessus scellé d'un scel en cire rouge, armoyé des
armes de la maison de Châlons à double gaine de parchemin
pendante par extrait.

CHAPITRE VII. — Les bois du Rizou.

Nous venons de voir que la charte de 1372 concédait aux
habitants des Foncines (demeurant en Foncine), des droits
d'usages dans les bois *depuis le val de Sirod jusqu'à la rivière d'Orbe ;* aujourd'hui les Suisses possèdent tout le terrain qui s'étend depuis la rivière d'Orbe jusqu'au sommet du
Rizoux ; voyons quels sont les titres en vertu desquels ils
possèdent , tandis que nos communes sont privées de cette
propriété qui cependant leur avait été concédée.

Assis comme une muraille entre l'Helvétie et la France, le
Mont-Jura servait dès les temps les plus reculés de limite immuable entre les deux États. César dit dans ses commentaires :
*altera ex parte, monte Jura altissimo, qui est inter Sequanos
et Helvetios.* Cette limite fut constamment respectée sous les
Celtes , sous les Romains, sous les rois du premier royaume
de Bourgogne, et cette limite reçut une nouvelle et solennelle
consécration par la charte de Charlemagne de 790, qui concédait à l'abbaye de Condat toutes les terres qui s'étendent jusqu'à la rivière d'Orbe. *Silvam quæ vocatur Juris , a termino
Braciole aquæ vocabulo Orba.* L'Orbe est la limite de la Suisse.
Sicut Orba exit e lacu quincenonis, le Mont-Jura et ses deux
versants sont à la France, la nature elle-même s'était chargée
de la délimitation, et on s'inclinait devant ses lois.

Des diplômes de l'empereur Lothaire (855), de l'empereur
Frédéric Ier (1175 et 1184), de Frédéric II (1238), d'Henri VII
(1311), de Charles IV (1300), de Sigismond (1415 et 1434),
confirment à l'abbaye de Condat la donation de Charlemagne.

A qui l'abbaye de Condat a-t-elle concédé des droits sur cette vaste terre? En novembre 1200, Guido, abbé de Condat, donna en fief à Jean de Châlons l'Antique, ce vaste terrain, à charge d'y appeler des habitants, de le mettre en culture et de le protéger, *habitari, tueri, et ad culturam redigidit,* la charte qui a bien soin de rappeler exactement les limites : *Sicut Orba exit e lacu quincenoneys, et currit versus lacum de Guarucia, usque ad Marenses, et a Marensibus usque ad terminos de Mutua.* Les véritables propriétaires de ces terrains étaient donc les abbés de St-Claude et les descendants de Jean l'Antique ; les Foncines et les Planches tenaient donc leurs droits des véritables et anciens propriétaires représentés par l'abbé de St-Claude et Hugues de Châlons. Les communes de Chaux-Neuve, Châtel-Blanc, Chapelle-des-Bois, Bois-d'Amont, Belle-Fontaine, les Rousses et toutes les communes en deçà du Jura, à qui des concessions semblables avaient été faites tenaient aussi leurs droits des légitimes propriétaires. Nous allons voir que les Suisses ne doivent les leurs qu'à la fraude, la violence et l'usurpation.

Ce ne fut que vers 1126 que les premières contestations sur les limites commencèrent ; elles furent même si vives que le St-Siége et l'empereur eurent à en décider, enfin la transaction de 1157, ratifiée par l'empereur en 1184, mit fin pour un temps à ces dissentions. Les prétentions des Suisses furent bien réduites ; il leur fut défendu à perpétuité de faire aucun abergement dans le Rizou, entre le lieu de dom Poncet et Mouthe ; les Suisses ne pouvaient défricher au-delà d'un jet d'arbalète, lancé en suivant le sentier qui longe la rive occidentale du lac, le mont Rizou restait donc tout entier la propriété de l'abbaye de St-Claude.

Cette transaction fut respectée jusqu'en 1536, époque à laquelle les Bernois, ayant pris possession de la vallée du lac de

Joux, commencèrent à l'enfreindre, les baillis de Nyon et de Morges ordonnèrent d'enlever les habitants, de saisir leur bétail, de piller et de brûler leurs maisons, car les habitants de nos montagnes résistaient autant qu'il était en eux, et on trouve dans les archives de Romain-Mouthier, des procès-verbaux de ces collisions dans lesquelles plusieurs fois a coulé le sang de nos concitoyens qui défendaient avec énergie les chalets qu'ils avaient construits jusqu'au sommet du Noirmont et par conséquent sur leur propriété très-incontestable d'après leurs titres.

Le roi d'Espagne chargea ses délégués de s'entendre avec ceux du canton de Berne pour terminer à l'amiable une querelle qui pouvait amener une conflagration après une vue de lieu qui était loin de conserver les prétentions des Suisses, leurs commissaires déclarèrent n'avoir pas d'autres pouvoirs que celui de faire un rapport, ils arrivaient ainsi à leurs fins qui étaient d'ajourner d'un terme à l'autre. Il fallait cependant en finir et des arbitres nommés de nouveau, 2 pour chaque partie, le 3 août 1575, à la suite d'opérations préliminaires assez longues, dressèrent un procès-verbal portant réglement des frontières. Nos députés l'acceptèrent, mais ceux de Berne ne voulurent point l'accueillir, en motivant ce refus sur l'insuffisance de leur mandat. Cependant la diète arrêta, dans sa séance du 13, que pour le maintien de l'amitié et du bon voisinage, il serait pourvu, de part et d'autre, à ce que l'on n'attentât ni innovât aucune chose, quant aux limites, et qu'en cas d'entreprise ou nouvelleté, la connaissance lui en serait dévolue pour juger par sentence définitive, soit par une autre voie plus agréable aux deux états souverains. Les voies de fait se continuaient.

Le souverain du comté de Bourgogne, dont toutes les tentatives de conciliation avaient échoué, montrait une juste impatience d'arriver au terme de cette lutte déjà si longue, il semblait disposé à en finir à tout prix.

Les envoyés à la diète du mois de novembre 1585, Jean de Gilley, seigneur de Marnoz, et l'écuyer Vincent Benoit, offrirent de sa part d'abandonner la contestation au jugement de cette assemblée. Cette proposition fut renvoyée à une nouvelle diète qui l'accueillit l'an suivant. La diète proposa en 1588, au roi d'Espagne, de désigner trois ou quatre personnages de la confédération, à son choix, que l'état de Berne ferait le semblable ; qu'ils visiteraient les territoires contestés et auraient le pouvoir de vider le différend par amiable composition ou par sentence judiciaire. Les Bernois entravèrent cette négociation par toutes sortes d'influences ; ils firent valoir une foule de moyens dilatoires, mirent en jeu d'indignes pratiques, renouvelèrent les attentats et les voies de fait les plus graves.

C'est ainsi que le 17 juin 1493, cinquante hommes armés, du balliage de Nyon, envahirent inopinément la vallée des *Landes avec tambours et fifres sonnants ;* non contents de se livrer au pillage, ils mirent le feu à 17 maisons : 20 habitants, dont plusieurs avaient été blessés en se défendant, furent garottés et emmenés prisonniers par ces misérables qui annonçaient l'intention de faire pis encore, si la population de la vallée persistait à méconnaître la souveraineté de Berne. Les excès se renouvelèrent jusqu'en 1505 ; par un traité de 1524, on avait relâché tout ce qui était prétendu par les Bernois dans une ligne d'environ 10 lieux. La perte que l'on souffrait par ce traité était si évidente, que Marguerite d'Autriche, qui jouissait alors du comté de Bourgogne, dit, en le ratifiant, qu'elle ne le faisait que pour complaire à messieurs des ligues, et dans le dessein de bien vivre avec eux. Les Suisses avaient arraché les anciennes bornes plantées dans leur voisinage, abattu des croix et coupé plus de 8,000 pieds d'arbres sur le comté de Bourgogne, ce qui amena les conférences et l'accord du 1er juin 1542 et un traité du dernier août 1552, on céda tout ce que les Bernois voulurent, depuis Jougne à St-Croix. Peu contents, les Suisses formèrent ensuite des contestations sur les limites depuis Rochejean, par Mouthe, Châtel-Blanc, la rivière d'Orbe, les Rousses, Bois-d'Amont et Mijoux et traitèrent les comtois en ennemis, car ils enlevèrent leurs personnes et leurs bestiaux, pillèrent et brûlèrent des maisons dans le territoire qui appartenait à la comté et qu'ils contestaient avec tant de mauvaise foi. Le village des *Maisons-Brûlées*, qui appartient aujourd'hui au canton de Vaud, et qui était alors à la comté, ainsi que le *Chalet-Brûlé*, qui appartient à M. Jobez, la *Grange-Brûlée*, ont pris leurs noms de cette violation du territoire franc-comtois.

L'archiduc Albert, gouverneur des Pays-Bas, voyant ce qui se passait, manda à la diète qu'il fallait nommer des arbitres pour mettre fin à ces contestations. Le choix de Berne tomba sur les bourguemestres de Zurich et de Schaffouse, celui de l'archiduc s'était porté sur les avoyers de Fribourg et de Lucerne. Ces arbitres taillèrent sur la pièce adjugeant St-Cergues qui appartenait à l'abbaye de St-Claude (chartes de 1279 et 1299), aux Bernois leurs compatriotes désignèrent des lieux où l'on planterait cinq bornes, notoirement insuffisantes pour une opération qui embrassait quinze lieues d'étendue, mais ce qui fait voir la mauvaise foi avec laquelle ils avaient rendu leur sentence, c'est qu'ils eurent l'imprudence d'y insérer cette clause que la Bourgogne ne pourrait jamais se prévaloir à l'avenir d'un titre pour recouvrer le terrain dont elle était dépouillée par cette inique délimitation, ainsi quelles que fussent l'authenticité et la légitimité des titres produits ou qui pourraient être retrouvés, la Bourgogne était déchue du droit de s'en servir. Il fallait des arbitres pris en Suisse pour essayer de s'inscrire en faux contre cette maxime consacrée par la raison et par le droit, *error non facit jus ;* aussi l'histoire à toutes les époques n'a cessé de flétrir cette décision, (voir Dunod, des pages 267 à 270, Faton, annuaire 1863, des pages 83 à 112.) Les Suisses ne s'en tiennent pas même à cette décision, ils continuèrent de nouvelles usurpations, ceux qui possédaient des domaines dans cette frontière les étendirent à leur gré, et ils furent soutenus par les baillis de Nyon. Le dommage causé aux propriétaires de la frontière troublés dans leur repos et dans leur fortune, les déprédations dans les forêts, les anticipations sur les communaux, les violences de toute nature, provoquèrent des plaintes si énergiques et si unanimes, que les états de la province se firent un devoir d'adresser à la veuve d'Albert (Isabelle d'Espagne), qui gouvernait la Franche-Comté, l'instante prière d'apporter un remède à tant de maux ; ce qui détermina même de plus ardentes plaintes, c'est que les Suisses agissaient avec tant d'audace qu'ils ne reculaient pas devant le meurtre des comtois sur leurs propriétés mêmes, nous pouvons voir tout l'odieux de leur conduite dans un procès-verbal du 31 juillet 1635, inséré dans les archives de Romain-Mouthier, nous lisons dans ce procès-verbal que Claude Brocard, de Chaux-Neuve, avait envoyé deux ouvriers de Foncine dans sa propriété couper du bois, les Suisses tirèrent dessus, en tuèrent un et arrêtèrent l'autre qu'ils emmenèrent prisonnier.

Des conférences s'ouvrirent aux Rousses en 1631, le baron d'Oiselet et le président Boivin représentaient la Comté, elles durèrent trois ans sans rien produire, parce que les députés de Berne ne voulaient ni déférer aux titres des comtois, ni s'en tenir à la possession de trente ans, ni partager ce qui était en contestation comme on le leur offrait. Les Bernois avaient tout à gagner en temporisant, c'est effectivement ce qui eut lieu par le traité du 8 septembre 1648, rempli de concessions arrachées à l'épuisement du pays. Cet acte qui devait fixer irrévocablement la ligne des frontières, fut suivi d'une plantation de bornes effectuées le 21 juillet 1649 par les commissaires des deux états. Le père Salivet, supérieur du prieuré de Mouthe, réclama fortement et fit une opposition vigoureuse à cette plantation de bornes qui enlevait à son couvent une trop vaste étendue de forêts. Bien que les bornes eussent été plantées au gré des Suisses, encore ne s'y fiurent-ils pas, car ils arrachèrent une partie de ces bornes et firent de nouvelles entreprises qui donnèrent lieu à une seconde délimitation faite en septembre 1658. Bien que les transactions eussent positivement convenu que la délimitation ne porterait aucune atteinte aux droits des particuliers, et que les propriétaires continueraient de jouir de leurs héritages comme par le passé, cependant le bailli de Romain-Mouthier autorisa les nobles et bourgeois de Morges à faire déguerpir tous les comtois qui habitaient le revers occidental du Noirmont, et ils furent sur toute la ligne impitoyablement chassés de leurs maisons.

Les Suisses s'emparèrent par force d'une partie des biens des particuliers de Bois-d'Amont qu'ils donnèrent en avénement, en 1661. Les Loges et Petits Plats se trouvèrent ainsi confisqués. En 1704 le conseil de Berne ordonna de laisser les comtois jouir en paix des biens qui étaient dans les limites suisses, mais ces ordres restèrent sans exécution, car le 15 septembre de la même année, 30 hommes à pied et 8 cavaliers de Morges s'emparèrent d'un troupeau de 18 vaches appartenant à un propriétaire de Bois-d'Amont, et du berger qui les gardait. Les gens du voisinage accourus pour s'opposer à cet enlèvement, furent maltraités ; cinq d'entre eux furent conduits aux prisons de Nyon. Le 8 avril 1727, trente habitants de Bois-d'Amont achetèrent la montagne des Petits-Plats, ils en furent dépossédés en 1775.

Les habitants de la frontière du comté de Bourgogne n'ont jamais manqué de protester contre les violences et les usurpations des Suisses, en réclamant leur propriété et l'exécution des traités. Le roi, de temps en temps, nommait des commissaires chargés de recueillir leurs plaintes et leurs titres ; parmi ces commissaires, celui qui a le plus étudié la question est le sieur Faton, subdélégué de Quingey, nommé en 1765, ainsi qu'on peut s'en convaincre par son mémoire publié *in extenso* dans l'annuaire du Jura pour 1863.

Son mémoire fut déposé le 25 juin 1789. M. le comte de Montmorin, alors ministre de France, lui écrivait à la date du 12 août 1788 :

« J'ai reçu, monsieur, le mémoire que vous m'avez adressé « relativement aux usurpations des Bernois sur les limites du « Noirmont et les pièces de cette même affaire qui y étaient « jointes ; je ne puis qu'être satisfait de la manière dont « vous exposez la suite des entreprises et des procédés par « lesquels messieurs de Berne ont cherché à obscurcir ou « dénaturer les expressions du traité de 1648, pour en tirer « avantage, ainsi que les moyens que le roi peut employer « pour rentrer dans ses droits.

« Mais la saison étant trop avancée pour qu'on puisse se « transporter sur les lieux avant l'hiver, je pense qu'on ne « peut se dispenser d'attendre jusqu'au courant de l'année « prochaine. »

Par son mémoire, M. Faton justifie que la sérénissime république de Berne a usurpé *dix-huit cents journaux de terre labourable et sept mille arpents de bois.*

Le baron d'Erber, bailli de Romain-Mouthier, était tellement convaincu de la justice et de l'exactitude du travail de M. le commissaire du roi, qu'il écrivit à l'Etat de Berne que les prétentions suisses étaient insoutenables, que tôt ou tard il faudrait revenir à la vérification des titres.

Mais ce n'était pas là l'intention des Bernois. Pour s'assurer leurs usurpations, ils avaient eu soin en 1780 de creuser un fossé, d'établir un mur à la limite de leurs usurpations. Ce mur, à Bois-d'Amont, est à 3 kilomètres des bornes de 1648, qui subsistent encore dans quelques endroits, entre autres la borne dite des Trois-Fichons.

Le 25 juillet 1778, M. de Vergennes, alors ministre de France, écrivait à M. Faton :

« Diverses circonstances, monsieur, ont empêché de s'oc-
« cuper de la limite du Noirmont, depuis le temps où vous
« avez remis un mémoire à ce sujet. J'ai pris connaissance de
« la nouvelle copie de ce mémoire et je viens d'en faire part à
« M. le vicomte de Polignac. J'ai fait parvenir en même temps
« à cet ambassadeur les ordres du roi pour qu'il obtienne de
« messieurs de Berne qu'ils suspendent la construction du
« mur qu'ils élèvent à la frontière. »

Ainsi la France protestait contre cette usurpation, et elle avait raison de protester, car les limites n'étaient fixées que par le traité de 1648, et on les franchissait sur toute l'étendue de la frontière.

Voici ce qu'écrivait M. Montmorin, à la date du 11 septembre 1787 :

« Je serais d'autant plus satisfait, monsieur, de connaître le
« travail que vous avez fait sur les limites de la frontière de la
« Franche-Comté, qu'il ne reste presque plus que ce point à
« mettre en ordre pour que les limites du royaume soient
« fixées de manière à ne plus faire naître aucune contesta-

« tion. J'espère que Messieurs de Berne ne voudront pas sou-
« tenir des usurpations au préjudice des sujets du roi. »

Loin d'interrompre le cours de ces discussions, la révolution de 1789 leur communiqua l'ardeur que l'on mettait en ce
temps-là en toutes choses. Les habitants de la frontière ne
manquèrent pas d'insérer leurs plaintes à ce sujet dans les
cahiers des députés des baillages d'aval.

Au nom des habitants des hautes montagnes du Jura, M. le
curé Grandmottet alla même jusqu'à offrir à l'assemblée
nationale, comme don patriotique, la valeur des produits des
terrains usurpés par les Suisses depuis le traité de 1648, et
s'élevant selon lui, à la somme de 188 millions, à condition que
l'assemblée les ferait rétablir dans leur patrimoine usurpé.

Une correspondance active s'établit à ce sujet entre
M. Faton et l'avocat Christin, de St-Claude, membre de l'assemblée constituante, une lettre du 2 mars 1790 écrite à ce
député par M. Faton, donne une idée du jour nouveau sous
lequel la question était envisagée à cette époque, cette lettre
imprimée dans l'annuaire du Jura de 1863, entre autre constate que M. de Vergennes, alors ministre, était dans l'intention
de donner aux Bernois les levées faites par eux au Rizou en
compensation de notre dette envers eux, cependant, et malgré
l'offre avantageuse faite par les habitants des villages limitro-
phes de la Suisse aux représentants de la France, l'affaire
n'eut pas suite.

La question fut ajournée, elle mit sept ans à revenir sur
l'eau.

Ce fut le citoyen Rapina, commissaire du Gouvernement
près de l'armée de la République en Helvétie, en demandant à
l'administration centrale du Jura des renseignements sur les
limites respectives de ce département et de la Suisse qui la fit
renaître.

Par arrêté du 3 messidor, an vi, l'ingénieur en chef du département du Jura, Aubert, fut donc commis par l'administration centrale : 1° pour se transporter sur la frontière et désigner les points d'après lesquels on pourrait fixer les limites du département vers la Suisse ; 2° pour tracer la ligne de séparation entre les deux états ; 3° pour indiquer la communication la plus avantageuse du département du Jura ; en même temps on lui adjoignit une commission pour l'aider de ses renseignements, elle était composée des citoyens Baud de St-Claude, Christin ex-constituant, Aubert ingénieur, Reverchar juge de paix, et Perrad négociant ; quant à la première question il fut répondu tant par l'ingénieur Aubert que par la commission : « Qu'une limite immuable posée par la nature « entre la France et la Suisse, est la sommité de la chaine du « Jura, la plus proche du lac Léman. »

Quant à la seconde, après l'avoir parcourue sur tous les points tels que les Suisses l'ont constituée par leurs anticipations successives, leur arbitraire plantation de bornes, le creusage d'un fossé, et l'indue construction d'un mur dont nous avons parlé, il fut répondu : « Qu'une semblable délimi« tation qui laisse aux Suisses toutes les hauteurs et une « grande partie des revers, suffirait seul pour prouver antici« pations ; que ce n'est pas par des bornes arbitrairement « posées, et qui peuvent être facilement déplacées, mais par « des points fixes et immuables, tels que les sommités les « plus élevées, que les États doivent être séparés (annuaire « 1863, page 108.) »

Sous l'empire, Napoléon qui refaisait la carte de l'Europe, son épée à la main, n'avait pas le temps de s'occuper à peser les droits et à lire les titres de nos montagnes, seulement le 13 août 1802, le sénat helvétique céda à la France une partie de la montagne des Tuffes et la vallée des Dappes.

En échange de la vallée des Dappes, l'Empereur détacha de la Souabe, pour le donner aux Suisses, le Frickthal, vallée d'une importance considérable, il constitue encore aujourd'hui le onzième district du canton d'Argovie, a pour chef-lieu la ville de Sauffenbourg, qui renferme 1,000 habitants, le gros Bourg-de-Frich qui en a 700 et qui donne son nom à la vallée qui contient 20,000 habitants. Ainsi les Suisses obtenaient en échange de leurs prétentions sur la vallée des Dappes (observez bien leurs prétentions), un beau pays et 21,000 habitants tandis que la vallée des Dappes n'a que 704 hectares de terrain, 16 maisons et 50 habitants.

Malgré cet avantage incontestable et dont ils jouissent encore, les Suisses ont bien pensé à profiter de nos désastres pour reprendre la vallée des Dappes, mais ils n'ont jamais songé à rendre le Frickthal, qui appartient à la France et non à la Suisse. Si elle veut la vallée des Dappes, qu'elle rende ce qu'elle a reçu en échange. Si les traités de 1815 ont brisé l'échange, chacun est rentré dans ses droits avant l'échange, car nous ne voyons pas que les traités aient accordé le Frickthal et la vallée des Dappes à la Suisse.

A quel titre lui auraient-ils donné ces deux pays ? Sans doute parce qu'ils avaient violé le traité de neutralité. Eh bien, ces traités n'ont pas eu ce mauvais procédé.

Ou la Suisse veut conserver le Frickthal, alors elle ne peut élever des prétentions sur la vallée des Dappes, ou elle veut briser le traité d'échange, alors elle doit rendre le Frickthal à la France; elle n'a aucun titre pour le conserver. Il n'y a pas de milieu; dans ce cas, la France aurait encore à examiner quels sont les titres de la Suisse à la possession de la vallée des Dappes, car il ne suffit pas d'élever des prétentions, il faut les justifier en face du traité de 1814, qui pose en principe que la France doit rentrer dans les limites qu'elle avait au 1er janvier 1790.

En échangeant, par le traité du 8 décembre, la vallée des Dappes contre une partie des communes de Bois-d'Amont et les Rousses, la Suisse fait un traité nul, car il est de principe en droit que pour échanger il faut être propriétaire, et de quelque côté que se tourne la Suisse, elle n'est pas propriétaire de la vallée des Dappes ; en vain la Suisse pense-t-elle s'appuyer sur la déclaration du 20 mars 1815, article 2, et sur l'article 75 du traité de Vienne du 9 juin 1815, qui dit que « la vallée des Dappes, ayant fait partie du canton de Vaud, lui est rendue ; » mais jamais la vallée des Dappes n'a fait partie du canton de Vaud, c'est là une erreur, et l'erreur est un vice radical qui anéantit le consentement dans son principe même. Nous l'avons déjà dit : *Non videntur consentire qui errant*. Mais par la conséquence du même principe, le Frickthal, qui faisait partie de la France, quel droit la Suisse avait-elle pour le conserver ? Elle n'a d'autres titres que l'échange ; s'il est rompu, chacun rentre dans ses droits. Les traités précités n'ont donc pas brisé l'échange, ils n'ont fait que le consacrer. Mais les Suisses voudraient :

1° Garder le Frickthal, qu'ils ont reçu en échange ;

2° Au moyen d'une erreur, en gardant ces pays, reprendre la vallée des Dappes ;

3° Obtenir encore une partie des communes de Bois-d'Amont et des Rousses.

Mais si les Suisses interprètent ainsi les traités, la France ne les a jamais interprétés de cette manière, non plus que les puissances étrangères.

Le duc de Richelieu, alors ministre de France, persuadé, d'après les titres anciens, et d'après l'acte d'échange de 1807, que la vallée des Dappes n'avait jamais cessé d'appartenir à la France, par lettre du 11 juin 1816, ordonnait expressément aux autorités du Jura de ne pas l'évacuer.

Mais les Suisses avaient guidé et aidé les bandes du général Firmon, que l'héroïque défense des gens des Rousses et de Bois-d'Amont arrêtait à la frontière et près de cette Cure-des-Rousses, par où passe la ligne limite du traité du 8 décembre (c'est là qu'un jeune colonel autrichien, le neveu du général en chef comte de Bubna, recevait la mort), et dont le petit nombre dut céder devant 25,000 autrichiens, renforcé encore par les violateurs du traité de neutralité.

Pendant six mois, les Suisses occupèrent les Rousses et le villages voisins ; ils avaient arraché les bornes de la vallée des Dappes et pris possession de cette vallée, qu'ils ne voulaient plus quitter.

Le duc de Richelieu réclama, et les ministres des puissances alliées qui avaient assisté au Congrès ne tardèrent pas à prendre l'engagement de concerter leurs démarches pour assurer la possession de la vallée des Dappes à la France ; ce n'était là que justice, car la Suisse avait reçu et conservait en échange un beau pays habité par 21,000 habitants.

On le voit, la Suisse, avant 1815, n'avait aucun droit sur la vallée des Dappes ; elle n'en a point acquis depuis 1815 ; elle n'a jamais été propriétaire, elle est sans qualité pour faire un échange.

Depuis 1815, la France a toujours empêché la Suisse de faire acte d'autorité dans la vallée des Dappes, d'y percevoir l'impôt ; chaque année, depuis 1831, Louis-Philippe y faisait passer un ou deux bataillons de troupes et faire l'exercice dans la vallée des Dappes.

En 1842, le canton de Vaud ayant essayé d'ouvrir une route partant de la limite orientale de la vallée et devant aboutir aux Cressonnières, l'autorité française fit sur les lieux un déploiement de forces et fit cesser les travaux.

La France a toujours entretenu à ses frais la route de Paris à Genève dans la traversée de la vallée des Dappes, ainsi que celle de Saint-Cergues.

Les fourrages, les produits du sol et de l'industrie de la vallée des Dappes ont toujours été reçus en France comme produits français non soumis à la douane et à l'acquit des droits d'entrée que paient les produits suisses.

Les habitants de la vallée des Dappes remplissent leurs devoirs civils et religieux aux Rousses et à Prémanon, s'y marient, s'y font enterrer, y prennent part à la loi du recrutement ; ils ne sont jamais considérés comme Suisses et ont constamment exécuté le décret du 10 février 1811.

La Suisse, à aucun titre, ni ancien ni moderne, n'a ni la propriété ni la jouissance de la vallée des Dappes jusqu'à ce jour.

Une commission de démarcation entre la France et les cantons de Genève et de Vaud, ayant pour président M. le lieutenant-général comte Guillemenot, avait été créée en 1816. Mais ses opérations durèrent huit ans, et les commissaires avaient été priés par leur gouvernement respectif, de laisser de côté « l'affaire des Dappes, dont l'ambassadeur de France « en Suisse devait traiter directement avec la diète ; » ces commissaires étaient pour la France, M. Marion de Beaulieu, représentant du comte Guillemenot, et le capitaine d'état-major Lostende ; pour la Suisse, le colonel Guigner de Prangin et le capitaine Royer, ingénieur fédéral, représentant le général fédéral Finsler. Tous les abornements furent successivement mesurés et reconnus, mais les choses en sont restées là.

Aussi depuis 1823, la question a été plusieurs fois reprise et discutée, soit dans les assemblées nationales, soit dans les conseils des gouvernements français et helvétiques, et toutes les communes intéressées et injustement spoliées par les usurpations des Suisses, n'ont cessé de solliciter les différents gouvernements qui se sont succédés en France depuis 1789 jusqu'à ce jour de leur faire restituer les terrains usurpés par la violence. Pour ne citer que la dernière réclamation, quinze communes du Doubs et du Jura ont adressé une pétition à S. M. l'Empereur, le 21 mars 1858. Cette pétition a été transmise par M. le Préfet du Jura et publiée par tous les journaux du département.

Aujourd'hui que le dernier traité, celui du 8 décembre, donne à la Suisse 703 hectares de terrain pris à Bois-d'Amont et aux Rousses, en échange de 704 hectares que renferme la vallée des Dappes, ces communes ont le plus grand intérêt qu'on rétablisse la ligne qui les sépare de la Suisse, car le traité du 8 décembre n'a statué que pour la vallée des Dappes, et cette ligne séparative doit être établie conformément aux titres de propriété et aux traités consentis entre la Suisse et la France ; le traité du 8 décembre ne déroge en rien aux traités antérieurs, il ne fait que les confirmer. Il est fondé sur les traités du 20 mars 1815 et du 9 juin 1813, qui disent en termes formels et bien précis que les limites entre le canton de Vaud et la France seront telles qu'elles étaient avant l'incorporation de Genève à la France ; cette incorporation a eu lieu en 1794. Quelles étaient ces limites alors ? Celles fixées par le traité de 1648, car entre 1648 et 1794, il n'y a eu aucun traité de délimitation entre la France et la Suisse, mais bien de nombreuses anticipations de la part de la Suisse sur la frontière de la France, anticipations que condamnèrent et les oppositions des ministres de France, comme on l'a vu plus haut, et les traités de 1815. Car ces traités, au lieu de dire que ces limites seront telles qu'elles étaient au moment de la confection de ces traités, disent qu'elles seront telles qu'elles étaient avant l'incorporation de Genève à la France, ce qui est bien différent. Ces traités n'ont pas voulu consacrer les usurpations de la Suisse sur la frontière de la France, ils ont voulu respecter le traité de 1648.

Il est donc bien temps que les nombreuses communes du Doubs et du Jura qui bordent la Suisse, obtiennent la justice qu'elles sollicitent depuis si longtemps et en vertu des titres les plus clairs et les plus authentiques.

CHAPITRE VIII. — SUITE DU XIII SIÈCLE.

Le premier titre connu qui mentionne spécialement Foncine, est la charte de 1282 par laquelle Gaucher II duc de Commercy sire de Montrivel, donna à l'abbaye de St-Claude les dîmes qu'il percevait dans les différents lieux de la seigneurie de Château-Vilain.

L'année 1289 avait été exceptionnellement pluvieuse.

Mais l'hiver de 1289 à 1290 se montrait d'une bénignité qui tenait du prodige, les arbres (1) avaient feuilles et fleurs avant Noël, les nichées des oiseaux étaient écloses depuis les premiers jours de janvier, et à la même époque on avait vu les enfants se baigner en eau courante : *Hiemus calida : herbœflores, arbores flores et folia ante nativitatem domini produxerunt.*

A la fin du x\ :superscript:`e` siècle, la société féodale est définitivement formée (2): dans le XIII\ :superscript:`e` siècle elle a atteint la plénitude de son existence. La terreur des souvenirs et la crainte de nouvelles invasions avaient, dès la fin du siècle précédent, suggéré aux seigneurs bourguignons l'idée de se construire sur les montagnes des forteresses où ils pussent se mettre à l'abri

(1) Mémoires inédits, 4\ :superscript:`e` volume, page 836.
(2) Girod, page 182.

eux et leurs familles. « La guerre était partout à cette époque,
. « dit M. Guizot, partout devait être aussi les instruments de
« guerre, les moyens de la faire et de la repousser. » Non-
seulement on construisait des châteaux forts, mais de toutes
choses on se faisait des fortifications, des repaires et des habitations défensives; chaque escarpement, chaque colline,
chaque rocher eut sa tour crenelée; on fortifia les métairies,
les villas, les manoirs, les abbayes.

Quoique nos montagnes, par leurs reliefs orographiques,
se prêtaient merveilleusement à la destination des châteaux
forts, nulle contrée ne posséda moins de ces forteresses, en
effet on ne compte que celles de Château-Vilain, Chaux-des-
Crotenay et Châtel-Blanc. Quelques personnes pensent que
c'est l'âpreté du climat qui s'opposa à leur construction ; mais
nous, nous pensons que c'est à la promesse que Gaucher de
Commercy fit en 1240 à Jean, comte de Bourgone, de ne
point construire de nouvelles forteresses que le canton des
Planches a dû de ne pas voir les crêtes de ses montagnes couvertes de nouveaux donjons. La charte du 12 août 1301
avait déjà imposé cette condition à Jean de Châlons-Arlay;
voici les termes : *quod in illis juribus novo datis, non debet,
nec potest forta licium seu castrum construere vel etiam œdi-
ficare.*

Bien que Dunod (page 111) mentionne parmi les châteaux que possédait l'abbaye de St-Claude celui de Châtel-
Blanc ; quelques personnes doutent qu'il ait jamais existé, car
on n'en trouve aucune trace aujourd'hui.

Mais les archives d'Arlay renferment un titre important et
qui doit dissiper les doutes; en effet, le 22 mai 1499, des
commissaires furent envoyés à Châtel-Blanc, pour reconnaître
l'état de cette seigneurie, et ces commissaires observent,
dans leur rapport, que la ville de Châtel-Blanc n'était point et

n'avait jamais été fermée de murailles comme on devait le supposer d'après une des clauses des franchises qui met à la charge du seigneur les réparations des murs, leur construction, l'ouverture et l'entretien des fossés. La charte du 2 mai 1303 dit en termes formels : *Dominus autem dicli debet in clausulà murorum et fossatis firmatum reddere, et manu tenere dictum burgum.*

Les commissaires ajoutent « qu'à l'endroit de sa dernière « maison, du côté du vent à Jurant, avons vu une montagne « ronde assez haute, sur laquelle on voit bien loin, tant du « côté de Mouthe que du côté de vers Foncine, et au-dessus « de laquelle on dit communément qu'il voulait avoir un chas-« téal, et au-dessous il y a des cicatrices, enseignes et appa-« rences de franchis et édifices ; pour raison de quoy ladite « ville de Châtel-Blanc a pris son nom, comme on le voit et « croit communément, » les commissaires déclarent en outre « que ladite ville est assise en assez haut lieu (dans la vallée) « dont environ la moitié prend contre bise : l'eau qui vient « d'un côté tire au Doubs et celle qui tombe de l'autre se « rend à la rivière d'Ain. »

Si les châteaux étaient rares dans nos montagnes ainsi qu'on vient de le voir, dans l'intérieur de la province chacun voulut avoir sur la crête des rochers ou sur la cime des monts son épais et sombre manoir où il put se protéger.

Mais les manoirs féodaux n'étaient pas seulement des retraites pour la sûreté personnelle ; ils devenaient des repaires pour le brigandage. Les châtelains protégés par leurs donjons, et depuis là, habitués à ne craindre ni lois, ni justice, s'abandonnaient audacieusement à toutes les violences, ils descendaient à main armée sur les routes, dévalisaient les voyageurs, enlevaient hommes, femmes, bestiaux, marchandises, et comme les oiseaux de proie ils remontaient avec leur butin sur la cime où ils avaient bâti leur aire. C'étaient des guerres journalières, le brigandage à l'état permanent, la violence et l'anarchie en tout et partout. Il n'existait plus ni sécurité ni protection pour les personnes comme pour les propriétés. On n'osait ni voyager, ni se rapprocher, et la conséquence inévitable de cette situation était la ruine du *commerce*, de *l'industrie*, de *l'agriculture*, il n'y avait aucune unité dans le gouvernement général de l'état ; le gouvernement se divisait en autant de membres qu'il y avait de provinces. Le roi était cependant reconnu comme le chef suprême, mais sa puissance était illusoire.

Les seigneurs châtelains n'avaient donc rien à craindre de l'autorité royale. Toute la puissance se trouvait entre les mains des deux aristocraties de l'époque : les seigneurs et les prélats. A eux les propriétés, les chateaux-forts, les armes, à eux l'indépendance, les privilèges, le droit de justice, et pourtant un pareil système était basé sur la fidélité. L'inférieur se nommait *vassal* et le supérieur *suzerain* ou seigneur. Le roi, comme roi, n'était le vassal de personne, si ce n'est de Dieu, comme on disait, et ses vassaux avaient sous eux d'autres vassaux dont ils étaient seigneurs ; ces subdivisions s'étendaient à l'infini, le fief était une sorte d'usufruit ; le seigneur donnait le fief au vassal, et en retour il lui garantissait sécurité et protection.

Sa force sociale résidait tout entière dans les possesseurs de fiefs, qui seuls avaient des libertés, des pouvoirs, des jouissances. Chaque seigneur était maître absolu de ses terres, c'est-à-dire qu'une foule de petits despotes pouvaient ériger en lois leurs intérêts, leurs passions, leurs fantaisies les plus iniques, même les plus absurdes, et ils n'y manquaient pas. On vit surgir de toutes parts ces redevances arbitraires qui réduisaient le peuple à la plus douloureuse misère, ces droits humiliants et infâmes, flétris de nos jours sous les noms de *Droits du Seigneur,* qui outrageaient la moralité et la dignité humaine. Qui ne se rappelle que quand les seigneurs de Maîche étaient à la chasse en hiver, ils avaient le droit de faire *éventrer deux de leurs serfs pour se réchauffer les pieds dans leurs entrailles fumantes !* Car hélas ! au pied de cette échelle de gens nobles et libres, il y avait les degrés des humiliations, des labeurs et des souffrances ; c'étaient ceux *des hommes libres, non possesseurs de fiefs, des vilains et des serfs.*

Les premiers attachés aux domaines seigneuriaux, étaient presque des esclaves ; à peine jouissaient-ils du droit de se marier et de disposer de leurs biens ; ils étaient accablés de charges intolérables, soumis à des obligations vexatoires, et aucun pouvoir ne les protégeait.

Les vilains (du mot *villa,* ferme), campagnards étaient attachés à la glèbe, c'est-à-dire à la terre, comme un immeuble est fixé au sol, et le seigneur auquel ils appartenaient, les taillait, les imposait à son gré. Comme souverain, comme propriétaire, il pouvait les revendiquer sur quelque part du territoire étranger qu'il les trouvât. La loi que l'article 2102 de notre code civil, applique au bétail, était pour le droit féodal applicable aux hommes, et encore la loi civile limite à 40 jours ce privilége sur le bétail de la ferme, tandis que l'homme pouvait toujours être revendiqué.

La condition du serf était peu différente de celle du bétail, et c'était celle de presque tout le peuple, chacun pouvait frapper, mutiler ou même tuer un serf impunément. Presque tous les hommes libres avaient renoncé d'eux-mêmes à leur liberté, afin d'être moins vexé par les seigneurs. Mais ceux-ci jugeaient, pillaient, rançonnaient cruellement leurs vassaux. L'axiôme féodal : *nulle terre sans seigneur,* était établi partout. Les gens d'église et les laïques se dépouillaient tour à tour et ruinaient le peuple ; la force physique ou l'autorité religieuse pouvaient seuls prévaloir. Menés de force à la guerre, où ils combattaient à pied et uniquement pour river leurs fers, vilains et serfs ne pouvaient produire qu'au profit de leurs seigneurs.

De leur côté, les seigneurs se battaient entre eux à outrance ; les déclarations de guerre atteignaient les parents, les alliés. Enfin ce carnage en permanence finit par lasser la férocité elle-même. On imagina, dans un concile, d'imposer à ces furieux ce qu'on appela la *Paix de Dieu,* puisqu'on ne pouvait l'obtenir des hommes. Les évêques ordonnèrent des jeûnes et des pénitences pendant lesquels l'humanité respira ; mais cette paix, ainsi que la *Trève de Dieu,* qui défendit seulement de combattre du samedi soir au lundi matin, tomba bientôt en désuétude.

Nous avons déjà dit qu'à quelques kilomètres de Foncine-le-Haut, sur la cîme du Mont-d'Or, fut proclamée la *Trève de Dieu.* M. Girod (1), malgré le témoignage de bien des historiens de la province et les anciennes traditions qui placent sur le *Mont-d'Or* la réunion des évêques qui établirent au xie siècle la *Trève de Dieu,* pense que c'est une erreur. Le synode, dit-il, relatif à cet établissement, fut tenu l'an 1032 par les archevêques de Vienne, Besançon, l'évêque de Lausanne et autres prélats, sur une colline isolée en forme de pain de sucre, entre Lausanne et Ouchy, appelée *Mont-Riond,* (*in monte Rotundo, qui est sub Lausanna*), quelques écrivains du moyen âge fixent la date de ce synode en l'an 1041.

Enfin, remarque le président Clerc, le Jura ne devint esclave qu'au xiie siècle, lorsque des serfs, amenés du dehors pour en peupler certains cantons, y portèrent avec eux les

(1). Girod, histoire de Pontarlier, page 188.

chaînes de la servitude ; ceux qui peuplèrent le canton des Planches étaient tous originaires de la Suisse, du Bugey et de la Savoie, ainsi que nous le verrons plus loin. En 1126, l'usage général proclamait encore que le Jura était au premier occupant, c'est-à-dire que *tout individu qui défrichait un terrain en devenait propriétaire,* tant les montagnes étaient encore peu cultivées, quelque respect que l'on eût d'ailleurs pour le vaste legs fait en 792 par Charlemagne aux religieux de Saint-Claude.

Nous avons déjà vu que Philippe-le-Bel créa le parlement du comté de Bourgogne et qu'il fut fixé à Dôle en 1333. Dès le xiie siècle, plusieurs villes et villages du comté de Bourgogne avaient obtenu des franchises, avec l'exercice de certains droits municipaux. C'était un grand pas sans doute dans la voie de la liberté et du progrès. Mais à cette époque, dit Rougebief, page 322, où les familles seigneuriales disposaient de tant d'éléments de puissance, cela ne suffisait pas ; les affranchis, isolés dans leurs enclaves respectives, et se trouvant à peu près sans recours contre l'oppression venue d'en haut, ne vivaient guère qu'au prix de sacrifices continus. Le réseau féodal avait des mailles si multipliées, comme nous l'avons démontré plus haut, qu'ils n'échappaient à l'une d'elles que pour être enlacés par une autre. Il leur manquait un tribunal supérieur qui leur assurât l'exercice des droits acquis, ou plus souvent achetés, un tribunal devant lequel il leur fut permis d'avoir raison. Philippe-le-Bel institua ce tribunal qui devint l'appui naturel du droit contre le privilége, de l'intérêt des masses contre l'intérêt de caste. Ce fut pour nos pays le plus grand bienfait de son règne, nos montagnes en ont ressenti toute l'heureuse influence.

La peste ayant enlevé une grande partie de la population du val de Foncine, en 1349, les sires de Château-Vilain firent tous leurs efforts pour y attirer de nouveaux habitants.

Au mois de juillet 1372, Henri du Quart, seigneur de Château-Vilain, en partie affranchit ses sujets de la mainmorte réelle et personnelle. Sur sa demande, Hugues de Châlons-Arlay IIe et Guillaume, abbé de St-Oyan, accordèrent par une charte du 28 février 1372 (1), ainsi que nous l'avons déjà mentionné, aux habitants de Foncine, demeurant en Foncine, des droits d'usage dans tous les bois communs entre les seigneurs concédents, « à prendre ceux, dit la charte, « dès le prioré et ville de Mothe jusqu'au prioré de Grandvaux « et Fort-du-Plasne, et depuis Foncine jusqu'à la roche du « Rizol, et ce tant pour chauffer, maisonner, que pour toutes « autres nécessités, même le droit d'expoigner les bois et « Joux, pour y faire ancelles et tous autres marénages, pour le « même porter et charroyer où bon leur semblera, pour en « faire leur profit moyennant toutefois la cense de cinquante « livres de cire payables auxdits seigneurs concédants. » Cette cense a été régulièrement payée jusqu'à la révolution de 1789, ainsi qu'il résulte de nombreux reçus que nous avons vus aux archives.

Ces droits furent confirmés le 22 août 1611 par Albert et Isabelle, avec explication qu'ils s'étendaient dès le prieuré de Mouthe à celui du Grandvaux et dès le Mont-Risoux au val de Sirod.

Le 10 mars 1373, une transaction intervint entre l'abbé de St-Oyan et les habitants de Foncine, par la médiation de Pierre d'Eschalon, prieur de Sirod, ces derniers reconnurent qu'ils devaient à l'abbé le cens annuel de 25 livres de cire, pour la concession des droits d'usage dans les bois du Grandvaux. Ils ne le firent toutefois qu'après avoir obtenu l'assentiment d'Henri de Joux et de Gaucher de Chauvirey, leurs seigneurs.

(1) Archives de la Préfecture du Doubs; Mouthe, tiroir numéro 8, côté 6e.

On vit figurer dans cet acte une trentaine de chefs de famille composant alors toute la communauté. Ils étaient presque tous originaires de la Suisse, du Bugey et de la Savoie. Ainsi on y remarque les noms de *Girard* dit le Genevois, de *Perrin-Jeannet* dit de St-Gall, d'*Humbert* dit de St-Valbert, de *Gérard* dit de Gex, de *Perrin* dit Valois, des *Davonet*, des *Brunet*, des *Savonnet*, des *Berthelet*, des *Corbet*, des *Fuillermet*, des *Pernet* et des *Oudet* ou *Odet*. Les meix concédés à ces nouveaux colons, prirent le nom de leurs censitaires, et plus tard les grands meix devinrent des hameaux, qui aujourd'hui en partie, portent encore les noms des premiers censitaires ; ainsi nous avons le hameau de chez *Sauvonnet*, les *Berthet*, les *Doudiers*, les *Valles*, les *Vallet*, les Rutillet, les Petetin, chez Gentilet, chez Petit Pierre, chez Copet, les Fumey.

Un membre de cette famille du Quart, qui posséda les seigneuries de Château-Vilain et de la Chaux-des-Crotenay, le célèbre *Aimé ou Aymon du Quart,* fut évêque de Genève de 1304 à 1312. Une question fort importante est celle de savoir quelle règle suivaient nos seigneurs lorsqu'ils appelaient en guerre leurs serfs.

Un monument des plus anciens et des plus curieux est le code des Visigots, qui enjoignaient à ces peuples, lorsqu'ils étaient mandés pour quelques expéditions, d'amener avec eux la dixième partie de leurs serfs bien armés. *Quiquis horum estin exercitum progressurus, decimam partem servorum suorum in expeditionem bellicam ducturus accedat : ita ut hæc ipsa pars decima servorum non inermis existat, sed vario armorum genere instructa appareat* (1).

A cette époque, comme dans les siècles suivants, on n'avait point d'armée permanente en Franche-Comté comme en Bourgogne. Le souverain mandait à ses barons, c'est-à-dire

(1) Mémoires inédits, tome 4, page 126.

à ses vassaux immédiats, de se rendre en un lieu désigné avec un certain nombre d'hommes proportionné aux fiefs qu'ils tenaient de lui. Chaque baron répartissait entre ses propres vassaux le nombre d'hommes dont il était chargé. Nous voyons dans un acte du 19 juillet 1465 que le contingent était fixé à un homme armé par vingt feux ; comme nous ne connaissons pas le nombre des feux qui existaient dans chaque commune du canton des Planches, nous ne pouvons fixer le nombre d'hommes fournis par ce pays qui, vassal de Chalons, a pris part à la *guerre dite de Chalons* et à la guerre de *chatel Guyon* et à toutes les luttes de cette puissante famille.

Nous voyons le seigneur de Château-Vilain marchant sous la bannière du seigneur d'Arlay fait prisonnier lors de l'assassinat du duc de Bourgogne au château de Montereau en 1419, nos pères furent donc eux-mêmes témoins de ce crime et le virent de leurs propres yeux.

Nous avons déjà dit que le parlement de Dôle, dont nos pays dépendaient, fut avec la chambre des comptes, établi par le duc Eudes le 9 février 1333. Tel est l'origine de ce fameux parlement si curieusement recherché jusqu'à ce jour. En 1320, Hugues de Châlons, fils et successeur de Jean d'Arlay Ier, permet aux habitants de Champagnole de chasser aux bêtes rousses et noires dans ses forêts, c'est le second droit de ce genre concédé en Bourgogne ; il existait encore en 1567, à cette époque les habitants prirent un cerf et trois biches. La charte de novembre 1266 avait bien accordé le droit de chasse aux habitants de nos montagnes, mais s'ils trouvent de gros animaux : des *faucons*, des éperviers ou d'autres oiseaux de proie, ils en auront le tiers, l'abbé et le comte les deux autres, voici les termes de la charte : *Si vero aliquis invenerit ancipitres, falcones, vel hujus modi grossas aves, tertia pars cedat inventori et duæ partes comiti et abbati.*

Les années 1342 et 1343 et suivantes virent les luttes de nos seigneurs et du duc de Bourgogne, et comme toujours les enfants de nos montagnes furent obligés de les payer de leur sang.

Au milieu du XIVe siècle, les franc-comtois ne connaissaient ni impôts publics, ni gabelles. Borné aux revenus de ses domaines qu'il consommait dans le pays, le prince n'assemblait point encore les états pour voter le don gratuit ; en cas d'événements pressants ou inattendus, il envoyait ses officiers prier gracieusement les habitants de lui faire *don aide* ou *prêt* selon leur pouvoir (1). Voici comment s'explique à ce sujet Don Planchet (2) : « Elle a été appelée Franche-Comté » parce qu'elle n'était point sujette aux charges ordinaires, » établies et exigées dans les autres provinces ; qu'elle ne payait point de tributs pécuniaires forcés, c'est-à-dire imposés par l'autorité de souverains auxquels elle ne devait que le service militaire : à quoi si elle ajoutait quelques secours pécuniaires, ils étaient libres, volontaires et gratuits, réglés et déterminés par les assemblées d'Etats généraux de la même cour. Le roi Jean fut le premier qui s'écarta de ces régles antiques qui cependant ont duré jusqu'à la conquête par Louis XIV. L'assemblée des Etats jusqu'à la fin de la domination espagnole votait la somme annuelle de cent mille livres que le pays accordait au souverain à titre de don gratuit, le conquérant la porta de suite à la somme annuelle de huit cent quatorze mille livres, les Etats refusèrent de s'assembler pour la voter, le roi la fit taxer d'office par l'intendant de la province. Mais la *franche et libre terre de Bourgogne* avait perdu le beau nom qui avait fait sa fierté et sa gloire, elle avait pour souverain celui qui écrivait dans ses mémoires

(1) E. Clerc, 2e vol., 104.
(2) Don Planchet, livre Ier, page 218, et Chevalier, page 223,

à son fils (1) : « Vous devez être persuadé que les rois sont
» seigneurs absolus et ont naturellement la disposition pleine
» et libre de tous les biens qui sont possédés, pour en user
» en tous temps comme de sages économies, suivant le besoin
» général de l'Etat. »

Les ducs de Bourgogne travaillaient avec persévérance à la
destruction des privilèges de la noblesse. Ils résolurent l'abolition des justices seigneuriales et décidèrent que toutes les
causes qui y étaient portées seraient jugées par leurs baillis.

Eudes IV, vers le même temps qu'il créait le parlement, 9
février 1333, divisa la province en deux ressorts principaux,
Amont et *Aval* et les soumit l'un et l'autre à un *bailli* particulier ; ainsi le comté de Bourgogne divisé autrefois en deux
parties, la haute au septentrion et la basse au midi, était
soumis à deux patrices, ducs ou gouverneurs qui y rendaient
la justice. (Tels furent dans le xiie siècle les ducs *Vandalène* et
Amalgaire) se retrouvait de nouveau divisé de même, et
chaque partie ayant à sa tête un *bailli* au lieu d'un *patrice*. Le
bailliage d'aval étendait sa circonscription dans la partie méridionale de la province ; son siége était à Poligny, notre canton ressortissait du *bailliage d'aval* comme autrefois le scoding dépendait du patrice *Vandalène*. La résidence du bailli
d'Aval était fixée à Poligny par ordonnance de Philippe-le-Bon.
L'année 1440, cette magistrature était considérée comme si
importante qu'elle n'était confiée qu'aux plus grands seigneurs
du pays : voyons donc parmi nos concitoyens ceux qui se sont
élevés à cette haute magistrature, en 1511 Charles de Poupet
seigneur de la Chaux, de 1533 à 1566 Jean de Poupet seigneur
de la Chaux. Gérard de Cize, né de gens obscurs et sans fortune, s'éleva par son mérite à la charge de lieutenant général
du bailliage de Poligny de 1472 à 1477, il avait obtenu des

(1) OEuvres de Louis XIV, tome 2, page 121.

lettres de noblesse en 1467. Louis de Cize, maître des requêtes de l'archiduchesse Marguerite, occupa les mêmes
fonctions de 1505 à 1534. Cize dépendait de la seigneurie
de la Chaux-des-Crotenay, les habitants étaient soumis au
guet et garde et aux réparations du château de la Chaux ; ils
furent affranchis de la main-morte par Etienne d'Arbon, seigneur de la Chaux en 1356 et par Charles-François de la
Baume en 1702. En 1750 Jean-Baptiste Fremiot, seigneur de
la Chaux, leur abandonna la forêt de la Liège. Cize fut brûlé
par Weimar en 1639, le nom de *Cize* ferait supposer qu'un
temple dédié à *Ciza,* divinité en grande vénération chez les
anciens germains, donna naissance à ce village.

La gabelle fut établie par la comtesse Marguerite en 1367 ;
elle atteignait spécialement le peuple qui fut obligé de payer
deux sols de plus 100 livres de sel. Un murmure de mécontentement ne se fit pas seulement entendre dans nos montagnes, mais dans toute l'étendue de la province. A cette
époque, les terres n'étaient pas cultivées, parce qu'il n'y avait
pas de cultivateurs. Le commerce était inconnu, le numéraire
très rare. Il n'y avait pas d'autres chemins que les voies romaines non réparées depuis des siècles, dans ce pays désolé,
la grande misère avait conduit au brigandage, et à tel point
qu'un traité solennel contre le brigandage fut conclu par tous
les seigneurs et la comtesse Marguerite au mois d'octobre
1366, afin *d'obvier aux mauvaises volontés de ceux qui vou-*
draient faire et donner dommage, tous doivent s'aider pour
faire restituer ce qui aura été dérobé, sans recevoir dans leurs
terres aucun malfaiteur.

Les deux premières horloges connues en Bourgogne, furent
achetées à Arras, où elles avaient été fabriquées et envoyées
à Dijon en 1376. Guillaume de la Baume, en 1384, accorda
aux hommes de la prévôté du Grandvaux les mêmes fran-

chises qui avaient été accordées aux habitants de Châtel-Blanc en 1351.

Le duc de Bourgogne ne put venir dans la comté que dans l'automne de 1384, il reçut au château de Gy l'hommage de ses vassaux du bailliage d'Aval et par conséquent des seigneuries de notre pays, Château-Vilain, la Chaux-des-Crotenay, la Baronnie des Foncines et les Planches.

Philippe-le-Hardi fit toute une révolution dans nos pays, il créa le tiers-état, grandit la bourgeoisie, arrêta les guerres privées. Il affranchit les campagnes et leur fit rendre justice, pauvreté générale, finances en désordre, et pour surcroît de misère, la peste qui régnait avec intensité. Ce qui n'empêcha pas, en cette année 1401, les sires de Châlons de prétendre asservir toutes les montagnes au péage de Jougne et pour qu'aucun marchand ne put leur échapper, d'établir un péage supplémentaire à Champagnole, ce qui etait fort onéreux pour notre canton dont les villages ne peuvent se rendre dans l'intérieur qu'en passant par Champagnole, d'autant plus que les sentiers de la terre de St-Claude furent même interdits aux marchands qui montaient leurs marchandises à dos de bêtes. La querelle des péages avait commencé en 1391. Jean de Châlons fit arrêter comme soumis à ses tributs tout marchand entrant au midi ou à l'est du comté, même à sept ou huit lieues de Jougne, mais le parlement par arrêt, resserra dans la gorge de Jougne, les péages de ce puissant seigneur au passage du Jura.

A dater de cette époque et dès le commencement du xve siècle, on voit dans notre diocèse les ecclésiastiques remplir seuls les fonctions de notaires publics, de secrétaires auprès des grands personnages, ou devenir souvent arbitres dans les procès (1).

Dès 1410, certains prêtres, habitués des paroisses, por-

(1) Richard, tome 2, page 85.

taient le titre de *vicaires*. On voit aussi à cette dernière époque le nom de *vicarial*, attribué aux églises qu'on démembrait pour en faire des paroisses séparées. Telles sont celles de Chaux-Neuve, Foncine-le-Haut (1).

Le 8 novembre 1410, Jean de Châlons-Arlay obtint du duc de Bourgogne une concession funeste au commerce de Bourgogne et toujours refusée par le duc Philippe : c'est que les sentiers de St-Claude seraient interdits et que la gorge de Jougne deviendrait l'unique passage du Jura entre Genève et Châlons-sur-Saône.

Le 30 mars 1413, le duc de Bourgogne ordonne au seigneur de Château-Vilain et aux autres seigneurs d'assembler en son nom le plus de troupes qu'il sera possible, notre canton comme tous les autres, eut à fournir son contingent, mandement du duc, 5 février 1413, ordonnant au bailli d'Aval de faire réparer les places et forteresses de son bailliage, *pour que les ennemis ne se mettent dedans,* ou sur le refus des possesseurs, de *les faire démolir* et *dérocher ;* les châteaux de la Chaux-des-Crotenay et Château-Vilain furent sans contredit remis en état, *Guihermenier*, qui était alors bailli d'Aval, n'eût garde d'oublier ces deux importantes forteresses.

CHAPITRE IX. — XIVe SIÈCLE.

Les forêts séculaires de nos montagnes qui jusque-là avaient été sans valeur, commencent à acquérir un prix inconnu jusqu'alors, pour la première fois, en 1403, des flottes de sapins descendent par les rivières. L'hiver de 1408 fut très froid et très rigoureux, les rivières étaient gelées.

(1410.) Le duc de Bourgogne avait établi une taille qui par-

(1) Richard, tome 2, page 105.

7

tout fut levée avec rigueur ; il est certain que nos hautes montagnes ne furent pas épargnées.

La peste régnait en 1418, elle était survenue à la suite d'horribles chaleurs ; en deux mois, cent mille personnes avaient été inhumées dans les grandes fosses des cimetières. Au mois d'août, elle atteignait Jean de Châlons qui succomba. Les serfs de nos montagnes s'étaient rendus à Nozeroy pour accompagner les dépouilles mortelles de leur seigneur à l'abbaye Ste-Marie, lieu de sépulture de la famille des Châlons.

(1419.) Les seigneurs d'Arlay et de Château-Vilain étaient à Troyes lorsque la paix s'y négociait entre la France et l'Angleterre, et ils accompagnaient le duc de Bourgogne Jean-sans-Peur, lorsqu'il fut assassiné à Montereau.

On craignait la famine en 1421, les États défendirent l'importation des grains.

(1422.) Le sire de Château-Vilain était demeuré prisonnier à Paris.

(1423.) L'Université est créée à Dole, le duc fait aussi lever un nouvel impôt de guerre.

Nous trouvons parmi les conseillers du prince d'Orange, en 1424, un *Jean de Champagnole*, nous voyons aussi, en 1465, un *Pierre de Crans* au siége des forteresses de Belmont, de Montagny et d'Echallan, entreprises par Hugues de Châlons; nous retrouvons le même *Pierre de Crans* à la prise de Grandson, il commandait le corps des allemands.

Par mandement du 13 août 1426, tous les jeux étaient interdits dans nos provinces.

La peste désolait le comté de Bourgogne en 1429.

(1431.) La Comté paya cette année 12000 de subsides au duc de Bourgogne.

La terre de Château-Vilain, qui est à la frontière de la seigneurie de Nozeroy, était aussi un fief de la maison de

Châlons ; elle comprenait, de 1437 à 1439, le chastel et for-
teresse de *Château-Vilain,* le *Bourg* appelé le *Richebourg,*
Sirop, Conte, Gillois, Gilleret, Lens, Siam, les Planches, les
Foncine et Sapoy (1).

(1441 et 1442.) La peste avait régné ces années dans tout
le comté de Bourgogne. En 1442, le prince avait ordonné à
tous ses sujets de chasser sous peine d'encourir sa colère ;
aussi toutes les forêts de nos montagnes avaient été mises à
contribution à l'occasion du mariage de Guillaume de Châlons
avec Mlle de Bretagne ; aussi biches et cerfs, perdrix et faisans
arrivaient de toutes parts au château de Nozeroy. Rien ne
nous indique si les chasseurs de notre canton furent heureux.

Les fêtes de ce mariage se terminèrent par un voyage du
duc et de la duchesse à St-Oyan-de-Joux, en passant probablement par l'ancienne route qui traversait notre canton, par
Bief-des-Maisons, les Châlêmes, les Planches, le Châtelet et
Morillon. A l'égard de ce chemin , voici ce que dit M. Rousset : « Le chemin Gaulois ou Gallo-Romain, tracé dans nos
« hautes montagnes et qui communiquait de St-Claude à Salins
« par *les Planches, Villa des Pontibus,* la Perrena, traversait
« aussi les Châlêmes ; au bord de cette route, on trouve un
« canton appelé les *Chazeaux.* » Cette dénomination indique
évidemment des habitations détruites depuis plusieurs siècles.
Plus loin, le même auteur dit encore : « Nous croyons qu'une
« voie qui pourrait bien remonter jusqu'à l'époque celtique,
« longeait le pied du Jura et relia plus tard St-Claude à Salins
« par le val de Grandvaux et celui de Sirod passant par Bief-
« des-Maisons. »

Pour nous, nous croyons que ce chemin, soit qu'il partît de
Nozeroy, soit qu'il partît du val de Sirod, venait passer au-
dessus de la source de l'Ain, à la borne placée en 1484 pour

(1) Archives de Châlons, enquêtes de 1451.

séparer les seigneuries de Château-Vilain et Nozeroy. Ce n'est
pas sans raison que ces deux seigneurs avaient fait placer une
borne à la *Doy-Dain*. Chacun sait que la source de l'Ain a
donné son nom au canton de *Scoding*, mot formé de *sco, co* et
de *in*, et signifiant tout simplement la contrée de lain (1). Le
chemin de la source de l'Ain venait à Bief-des-Maisons, où on
trouve un champ qui porte le nom de *Champ-Salins* et un
autre en *Beauregard*. A Châlesmes, un lieu au bord de la
route porte le nom de *Châtelet* ; nous trouvons encore aux
Planches, sur la même route, le Châtelet. Or, M. Clerc nous
dit qu'à l'époque romaine on avait placé des *châtelets* au bord
des routes pour les protéger. Les deux châtelets, au bord de
la même route, à quelques kilomètres l'un de l'autre, confirment donc parfaitement l'opinion de M. Rousset et la nôtre.
Mais ce n'est pas tout ; d'autres preuves aussi convaincantes
viennent s'ajouter. M. Rousset pense que le lieu dit sur les
Murgers, à la Perrena, indique un autre fortin sur la même
route. Nous trouvons à la Perrena le château *Sarrazin*, et
d'après l'opinion déjà citée de M. le président Clerc, tous les
lieux à dénominations sarrazines sont dans le voisinage des
voies romaines. La route contourne la roche du Cuard (2) et
vient tourner aux Planches, à la *Fosse à Tibéré*, les routes
anciennes portent le nom de *fossès*, fosses à Mercier, de là elle
va à Malvaux, *mala via*, et va rejoindre à Foncine-le-Bas la
vieille vie du Grandvaux, déjà mentionnée dans un titre du
XIIIe siècle, vient passer sur le pont de Lemme pour se rendre
à l'abbaye du Grandvaux, il est certain que c'est la route que
suivirent Pierre de Jougne avec Huguenin de Châlons,

(1) Chevalier, tome 1er, page 19.
(2) M. Désiré Monnier, annuaire de 1852, page 231, parle du *Cuard* et
émet l'opinion que le culte du soleil a été pratiqué sur cette montagne.
M. Clerc, 1er volume, page 5, nous dit : Je dois signaler à l'attention des
savants les rochers, montagnes ou terrains appelés Couard. On les trouve
dans toute la Franche-Comté, même dans les régions les plus élevées de

rendant de Nozeroy à St-Claude, puisqu'ils couchèrent à Foncine et de Foncine à l'abbaye du Grandvaux, ils n'ont pas suivi la *vie neuve qui va Outre-Joux* (1), c'est ainsi que se nommait le chemin de la côte de Châlesmes à Entre-Côtes dans les titres de 1307 et 1474, ils ont suivi l'ancienne voie celtique ou romaine, parce que c'était le chemin suivi depuis les temps les plus reculés, que c'était le parcours habituel des princes de Châlons allant de Nozeroy à St-Claude et de St-Claude à Nozeroy, qu'ainsi ce chemin a dû être suivi en 1442 par le duc Philippe-le-Bon et la duchesse se rendant de Nozeroy à l'abbaye St-Oyan de Joux, par Louis XI, en 1456, se rendant de St-Claude à Nozeroy, en 1461, par le comte de Charolais se rendant de Nozeroy à St-Claude, c'était aussi dans ces derniers temps le chemin que suivaient pour se rendre de St-Claude à Nozeroy, Mgr Mabile, évêque de Versailles, Mgr Fillon, évêque du Mans, Mgr Nogret, évêque de St-Claude.

Jura. Ce nom est d'une très haute antiquité. A Bevigny (Jura), il se trouve à côté de la montagne de Belin ; les dénominations de fées ou *dames* se rencontrent ordinairement au plus près voisinage. On remarque la pierre du *Couard* à la Perrena (canton des Planches, Jura.) M. Monnier en a donné le dessin dans l'Annuaire de 1852. On y allume des feux la veille de la St-Jean.

Le cadastre indique le *couard* au-devant du Iod (dit Chatel-de-Joux, Jura), à Blandans, à Eternoz, à Auxon-Dessous, même à la Grand-Combe et aux Gras, dans le canton de Morteau. On remarque encore la *cuarde* de Beaufort, la *grande cuarde* d'Annoire, le *couard* de Menotey et de Provenchère (Haute-Saône), et les *couards* de Semmadon. — Voy. dans l'Autun archéologique, p. 163, la *Pierre du Couard*, et dans le bulletin monumental, t. IX, p. 239, la pierre appelée *Vieille de la Coard*, près de la métairie de la *Couarde*, en Bretagne. Ce sont là des débris incontestables d'un culte très ancien.

Nous avons oublié à Foncine-le-Haut, près de la source de la rivière, de signaler le chemin du *Patère*. Ce mot de patère a été récemment expliqué d'une manière définitive par M Delacroix, il désigne les druides. — Puisque dans le canton des Planches, tant de traces incontestables attestent que les cultes les plus anciens y ont eu des autels, il est hors de doute, ainsi que nous l'avons démontré, que ce pays a été habité à une époque fort reculée.

(1) Archives de Châlons.

Le sire de Château-Vilain, en 1348, était gouverneur du comté de Bourgogne ; de 1380 à 1392, Jean d'Arbon, seigneur de Château-Vilain, était aussi gouverneur du comté de Bourgogne.

Les seigneuries de Nozeroy et de Châtel-Blanc appartenant à M. d'Ienghien, comme successeur de la maison de Châlons, sont à bise des seigneuries de Foncine et Château-Vilain, qui appartiennent à M. de Walleville, et les confinent soit dans les côtes ou montagnes qui sont en nature de forêts, parmi lesquelles il y en a une qui s'appelle la Joux, soit dans la plaine qui règne au pied de cette montagne de la Joux, dans laquelle se trouvent les villages d'Arsure, Arsurette, la Favière, Gillois, les Châlesmes, Bief-des-Maisons, etc.

Comme Bief-des-Maisons dépendait pour son territoire dans des proportions inégales, des seigneuries de Nozeroy et de Château-Vilain, cela donna lieu à de fréquentes contestations entre les seigneurs et même entre les particuliers, signalons d'abord une position fort anormale pour les habitants de ce village. En 1350, Jean de Châlons-Arlay IIe du nom, affranchit tout le val de Miéges et tous les villages de la terre de Nozeroy. Une partie du village de Bief-des-Maisons profita donc des concessions contenues dans cette charte, tandis que les sujets des seigneurs de Château-Vilain restèrent toujours mainmortables. Dans le commencement du xive siècle, un moulin fut construit à Bief-des-Maisons et donna lieu à une contestation. Le seigneur de Châlons prétendait que cet *engin*, c'est le terme des titres, était placé sur la seigneurie de Nozeroy, le seigneur de Château-Vilain sur la sienne ; ils s'en remirent l'un et l'autre à la décision du seigneur de Bolivan qui prononça en 1307. Le procès était à peine terminé qu'une autre contestation surgit pour la délimitation de la Haute-Joux. Louis de Châlons, prince d'Orange, seigneur de Nozeroy, Jean de Joux et Pierre de Chauvirey, seigneurs de Château-Vilain, firent le 11 juin 1474, un traité pour terminer cette difficulté à l'amiable, les agents des deux seigneuries s'expriment ainsi dans leur procès-verbal de bornage (1), « et ont mis lesdites « bornes es-Joux en la manière suivante : à savoir en l'haut « de la Joux au lieudit en l'haut dù *Crou*, à l'endroit du Prél « Jean Lasseigne, à une grosse pierre qui est en haut de la « seconde côte qui dépend de vers soleil couchant, qui est de « grosseur à savoir, de bise à vent, d'environ un pied et « demi, sur laquelle a une croix dessus, à deux écussons, « l'un de vers bise, celui de mondit seigneur de Châtel-Guyon, « et l'autre de vers vent, celui de mesdits seigneurs de « Châtel-Vilain, et icelle pierre assez près du gelent, lequel « gelent demeure de vers vent, tirant dois ladite pierre à « une autre pierre qui est entre les deux combes sur la *Doy-* « *Dain*, ensuite et selon le contenu dudit traité sur ce fait, « par mesdits seigneurs, le 11 juin 1434. » La forêt se trouvait parfaitement délimitée entre les deux seigneuries, mais la plaine non, une seule borne avait été plantée sur la *Doy-Dain* en mars 1493. Cette délimitation complète et exacte des deux seigneuries ne fut enfin terminée que par l'arrêt du Parlement du 9 février 1509. Trois bornes principales séparaient les deux, une en haut du *Croua*, la seconde à la montagne de la Joux, et la 3e à la Doye-d'Ain, ces trois bornes encore aujourd'hui séparent les cantons des Planches et de Nozeroy.

Une sentence rendue au bailliage de Poligny le 17 mars 1662, ordonne le partage de la côte de Châlesmes et Gillois, les habitants partagèrent en trois parts la côte de la Joux qui règne depuis le bois de la Perrena jusqu'à un gi appelé le *Gi Laurent*, le gi *Jean Gardet;* ceux de Châlesmes eurent

(1) Archives de Châlons, page 6, mémoires de 1731.

pour leur part la côte qui est à vent de la vie neuve, ceux de Bief-des-Maisons la portion suivante tirant à bise, et ceux de Gillois le surplus qui est encore à bise jusqu'au *Gi Laurent*, telle fut l'exécution qu'ils donnèrent à la sentence rendue en 1662 au bailliage de Poligny (1).

La grande communauté des Foncines, qui était décorée du titre de baronnie, qui avait ses officiers de justice particuculiers et son tabellion, droit qui fut confirmé par arrêt du parlement de Besançon du 5 août 1775, qui avait son signe patibulaire dans le lieudit au *Chauffaut*, cette communauté ou baronnie, disons-nous, après la mort de Gaucher IIIe, sire de Château-Vilain, se divisa entre ses héritiers ; une partie fut appelée *seigneurie en la partie du Quart*, et l'autre *seigneurie en la partie de Chauvirey*, la première prit plus tard le nom de *seigneurie en la partie de Joux*, et l'autre *en la partie de Watteville*, par actes des 28 octobre et 7 novembre 1451. Pierre de Chauvirey, seigneur de Château-Vilain, en partie imitant l'exemple qui lui avait été donné par Henri du Quart, affranchit aussi ses sujets de la main-morte réelle et personnelle, moyennant la somme de 300 livres et le cens annuel de 5 sols affectés sur chaque meix.

(1440.) Peste dans tout le comté de Bourgogne.

Le vendredi, 2 décembre 1463, le passage d'un prince mit tout le village de Foncine en émoi. Louis de Châlon-Arlay IIIe, sentant sa fin approcher, manifesta le désir de voir son trésor transporté au-delà des monts, afin d'en assurer la possession au plus jeune de ses fils, Hugues de Châlons, seigneur d'Orbe. Pierre de Jougne, l'un de ses écuyers, se chargea de conduire par le chemin des montagnes du Jura et le trésor et le jeune Hugues. Le vendredi, 2 décembre, avons-nous déjà dit, on amena près du pont du château de Nozeroy, un fort mulet

(1) Archives de Châlons, page 15, mémoire de 1731.

sellé des écuries du prince, et de chaque côté de l'arçon furent suspendus par des crochets, deux coffres ferrés et très-lourds, puis l'échanson posa en travers une malle ferrée, bien remplie et fortement attachée. Le convoi se mit en marche, sans bruit après dîner. Pierre de Jougne montait un grand cheval grison, et Hugues, qu'on appelait M. d'Orbe, un petit cheval, en menant en main un autre coursier de couleur brune. Quelques valets le rejoignirent, ils marchaient vers le Jura. Les lieux qu'ils traversaient étaient assez solitaires. Ceux qu'ils rencontraient dans les chemins, ou ne les reconnaissaient pas, ou bien ils disaient : « C'est M. d'Orbe qui va « en pèlerinage pour Mgr d'Orange vers Mgr St-Claude et aux « Notre Dames du pays ! »

C'était le vendredi, 2 décembre 1463. Les jours étaient courts et le soleil penchait déjà vers l'horizon, quand la petite troupe, dont le mulet marchait fort lentement à cause du fardeau, parvint au village de Foncine. L'hôtelier du lieu aperçut de loin les voyageurs, ses yeux se portèrent d'abord sur le jeune enfant vêtu d'une robe noire avec un petit manteau, qu'il crut âgé de quinze ou seize ans (1), quoiqu'il n'en eût que treize, puis ils s'arrêtèrent sur Pierre de Jougne, habillé d'une robe fort courte de drap frisé et qui descendait de cheval. « Ne voulez-vous pas loger, M. le prince, » dit celui-ci à l'hôtelier, qui s'inclina en répondant qu'il n'avait d'autre vaisselle que des plats et des écuelles d'étain avec un seul lit. « Monseigneur, il nous faut loger céans, continua Pierre de « Jougne, dussions-nous coucher au long du foyer. » Ils descendirent de cheval. Ils disaient arriver d'Orange et avoir laissé dix à douze chevaux à Lons-le-Saunier (2). Les coffres furent détachés et portés avec soin dans la chambre du jeune

(1) L'hôtelier lui-même, 51, tém. de l'enq. de 1464.
(2 et 3) Dép. de l'aub. des Foncine, 1464.

prince. Ils faisaient *joyeuse chère*, soupèrent et couchèrent ensemble, car ils n'avaient qu'un lit, ainsi que l'hôtelier l'avait annoncé. Ils dormirent comme des voyageurs fatigués et, sans dire où ils allaient, ne repartirent qu'à dix heures du matin (1) pour se rendre à l'abbaye du Grandvaux. A l'heure où Hugues et Pierre de Jougne repartaient gaiement de Foncine, le prince d'Orange expirait au château de Nozeroy.

Le trésor replacé sur le mulet, ils suivirent le pied du Jura et se dirigèrent vers l'abbaye du Grandvaux.

Les religieux les accueillirent avec beaucoup de cordialité. Ils remarquèrent que les coffres cachés avec mystère sous la paille et une longue toile cirée, derrière l'huis de l'étable, étaient toujours gardés par deux compagnons ; Pierre de Jougne ne quittait pas Monseigneur Huguenin (2).

Ils attendaient des gens qui devaient arriver de Clairvaux, comme ils ne venaient pas : « Il faut écrire, dit Pierre de Jougne, et ils écrivirent une partie du soir. » Le jeune seigneur d'Orbe se leva tard, entendit la messe, puis repartit: Le palefroi, brisé sous sa charge, n'en pouvait plus. Ils en prirent un autre, passèrent à St-Claude et gravirent les monts (3).

Le riche trésor de Châlons renfermait, selon le bruit public, un boisseau de pierreries et une somme de la valeur de deux millions d'or (4).

Aussi plusieurs fois avait-il tenté la cupidité de nombre de personnes. Vers 1449, Jean Quintet de Nozeroy, se *parforça,* avec M. de Vicoux, de crocheter les murs de la tour de Plomb. Quintet fut pendu aux fourches de Bletterans. Ah ! les mauvais garnements, disait le prince, ils m'ont cuidé dérober. Dès lors le prince fit porter le trésor en la tour carrée, près

(1) Dép. de l'aub. des Foncine, 1464.
(2) Papiers de Châlons, dépense des religieux du Grandvaux.
(3) Histoire de M. le Président Clerc, page 530.
(4) Papiers de Châlons. — Déposition de Jean Vaillant, de Nozeroy.

la chapelle ; c'étaient trois coffres ferrés ; il fallut pour chacun cinq ou six hommes, ces épais bahuts de chêne étaient toujours fermés avec la même exactitude ; sa gibecière d'or renfermant les clefs étaient sur le lit, la clef du trésor sous son chevet, lorsque le bruit courut dans le château que Guillaume de Châlons allait venir la nuit avec une troupe armée, enlever le trésor de son père. Pour le défendre, Aymonet Fallin, châtelain de Jougne, leva vingt compagnons armés dans les terres de Jougne et de Rochejean, les amena au château de Nozeroy, les plaça pendant un mois dans la tour, mais Guillaume ne vint point en ravisseur.

Les sires de Châlons faisaient marcher les gens des communes dans leurs guerres, même à l'extérieur ; nous voyons, en 1443, que Louis de Châlons écrit à son châtelain de Jougne de lever pour lui trente arbalestriers *des meilleurs et plus habiles* à Rochejean, autant à Jougne, ce qui nous indique combien l'exercice de l'arbalète était en usage dans nos terres de montagnes, et combien les sires de Châlons, nos suzerains, car Château-Vilain était de leur dépendance, étaient puissants, puisqu'en 1445 ils comptaient plus de sept mille ménages dans leurs terres (1). Leurs revenus étaient de cinq cents mille francs, valeur actuelle (2), d'après les calculs d'Alix de Châlons. D'après ce tableau, Châtel-Blanc figure pour un revenu de 50 francs, Vers 300, Jougne et Rochejean 800, la Rivière 1000, Nozeroy 4000, etc.

Les guerres incessantes de nos seigneurs avaient fait que le peuple de nos montagnes était toujours en armes. Le paysan lui-même au labourage, portait la dague et le glaive au côté, il était ainsi représenté dans les monuments de l'époque ; aussi M. Monnier, qui a été frappé de ce fait, si souvent

(1) Ed. Clerc, tome 2ᵉ, page 501.
(2) Ed. Clerc, page 472.

observé dans les monuments du xviie siècle, cite dans son annuaire de 1845, ce paysan de Septmoncel qui disait « qu'il « convenait pouter les armes et se défendre à toute heure, n'y « ayant rien de certain ni assuré pour sa vie ; » parmi les monuments du xvie siècle, M. Clerc a vu un dessin original du parc de Nozeroy, où un cultivateur laboure portant l'épée à sa ceinture.

Nous avons vu Pierre de Jougne et le jeune prince de Châlons coucher dans une auberge de Foncine en emportant au-delà des monts le riche trésor de la famille de Châlons, nous devons en expliquer les causes :

Le prince d'Orange avait fait son testament le 8 septembre 1462, un jour, en présence du prieur de Grandvaux, il disait à son fils Hugues : « Mon fils, je ne vous ai pas donné tant de « seigneuries qu'à vos frères, mais je vous laisserai assez « fourni pour en acquérir, » ces paroles rendues à Pierre de Jougne par l'enfant, le frappèrent et, comme on craignait toujours un coup de main de Guillaume sur la tour du trésor, il fut résolu dans un juratconseil, d'en mettre bonne part en sûreté au-delà des monts, et Pierre de Jougne se chargea d'y conduire à la fois par les chemins du Jura, et le riche dépôt et le jeune héritier (1). A peine le prince d'Orange fut-il mort que son fils Guillaume se rendit au château de Nozeroy avec ses amis, au nombre desquels se trouvait Pierre de Chauvirey, sire de Château-Vilain, baron de Foncine ; après les obsèques, les amis de Guillaume allèrent en son nom et sans égard pour les droits de ses deux frères, se saisir de toutes les places et châteaux de la succession. Nicolas de Joux, aussi seigneur pour partie de Château-Vilain et baron de Foncine, fidèle à la mémoire de son maître, refusa seul de les accompagner.

(1) Ed. Clerc, page 522.

En 1411, Guillaume de la Beaume faisait bâtir à St-Claude l'église de saint Pierre, aujourd'hui cathédrale ; c'est le plus bel édifice religieux de nos montagnes.

En 1410, Guillaume de Vienne, sire de Joux, acheta le château de Joux, que lui vendit une vieille parente, Jeanne de Blonay, veuve de Vauthier de Vienne, seigneur de Mirebel ; le même château de Joux fut vendu au duc Philippe-le-Bon par le plus prodigue des sires de Vienne.

En 1454, le duc Philippe était si avide qu'il fit payer à ses sujets 10,000 francs pour son acquisition du château de Joux, ce fut le préliminaire d'une tentative plus hardie, il demanda une levée d'hommes considérable et la contribution de deux francs par ménage dans toutes les terres de ses seigneuries.

En 1415, il y eut de longues pluies et le débordement des rivières.

En 1418, l'église et l'abbaye de St-Claude devinrent la proie d'un vaste incendie.

En 1421, Louis de Châlons, nommé vicaire de l'empire par Sigismond, ouvrit une cour impériale à Jougne, y battit avec privilége monnaie d'or de la valeur de celle du roi de France. M. le conseiller Jeannez, dans son ouvrage sur les monnaies du comté de Bourgogne, parle de la monnaie de Louis de Châlons IIIe, frappée à Jougne, page 101, mais dans ses planches n'en donne pas le modèle, ce qui fait présumer qu'il n'en existe plus nulle part.

Le sire de Château-Vilain, longtemps prisonnier à Paris, fut délivré par le roi Henri en 1422, sur la demande de son neveu le sire de St-Georges ; ainsi, pendant de longues années, il ne put visiter les villages de notre canton dont il était seigneur.

On voit figurer parmi les notables qui assistaient, en 1422, à Besançon, à la réception du duc de Bourgogne, un nommé *Etienne de Grandvaux*. De Besançon le duc se rendit à Salins, à Orgelet, à St-Claude, à Genève chez son oncle, revint par Jougne où il coucha, puis Louis de Châlons le conduisit à son château de Nozeroy, ce qui ne l'empêcha pas, trois mois après de supprimer la cour impériale de Jougne ; quelques officiers de cette cour impériale qui avaient voulu résister, furent condamnés à demander grâce et à une forte amende.

L'Université de Dole s'ouvrit dans le mois de juillet 1424, au milieu d'un immense concours.

En 1427, la peste désolait notre pays ; il en était de même en 1436 et 1437.

En 1444, nos montagnes ont leurs tisserands de draps de laine.

Les Juifs avaient été expulsés de la comté en 1420.

En 1451, la peste exerçait ses ravages dans nos campagnes, il en était de même en 1456.

Dans le xive siècle, les ours étaient fréquents dans nos montagnes, à tel point que pendant qu'on rédigeait l'acte de vente du château de Joux en faveur du duc de Bourgogne, on entendit un grand bruit à la porte du château, c'était une troupe de joyeux chasseurs des terres de Pontarlier qui venaient de prendre une ours, ils l'amenaient, vivante et bien muselée, aux pieds du nouveau possesseur de ces forêts (1).

Les archives de la maison de Châlons offrent, à cet égard, de curieux récits ; vers cette époque, une *ourcesse* faisait de grands dommages non loin des bords de l'Ain, sa tête fut apportée aux officiers du château de Mirebel (2). Elles se sont même conservées dans le canton des Planches jusque dans le xviiie siècle, en effet le père Romain Joly, né à St-Claude en

(1) Ed. Clerc, 2 vol., page 496.
(2) Ed. Clerc, page 497.

1715, mort à Paris en 1805, à la page 7e de ses lettres sur la Franche-Comté, écrit : « Pendant que je desservais la paroisse « de la Chaux-des-Crotenay, les habitants du village de Crans « apportèrent au seigneur de cette paroisse, qui est aussi le « leur, deux petits ours qui venaient de naître. On les avait « trouvés dans une tanière que la mère s'était pratiquée sous « les racines d'un gros buisson. Je les vis le jour même. Six « mois après, étant retourné dans le lieu, on me fit voir un « de ces petits qu'on avait apprivoisé, c'était une femelle, qui « était bien supérieure en grosseur, à cet âge, au plus gros « des ours qu'on promène dans les rues de Paris.

« La mère avait été découverte par un jeune garçon de « Crans qui coupait des broussailles ; il était accompagné d'un « chien qui aboyait contre un buisson de houx en reculant. « Si le jeune homme avait été prudent, il n'aurait pas appro-« ché d'une retraite d'où son mâtin s'éloignait avec frayeur. « Mais ne soupçonnant pas le danger, il enveloppa sa main « de son mouchoir, à cause des piquants, et ayant détourné « les branches, il vit une ourse monstrueuse qui lui mordit le « bras et voulait l'étouffer. Le chien défendait son maître et « le délivra enfin. Les gens du village ayant appris cette aven-« ture de la bouche de celui à qui elle venait d'arriver, allèrent « en troupe et bien armé au lieu indiqué. Ils n'y trouvèrent « que les deux petits que j'ai vus, dans une espèce de caverne « que la mère s'était creusée sous les racines de l'arbrisseau ; « mais elle avait décampé, la peur l'ayant mise en fuite. »

Aussi le capucin Romain Joly appelle-t-il le canton des Planches le pays des ours ; il dit, en effet, à la page 38 : « les « rivières de l'Ain et de la Seine arrosent le pays des ours. »

(1456.) Louis XI se rendit de St-Claude à Nozeroy, nous présumons qu'il suivit le chemin gallo-romain qui passait par notre canton et dont nous avons déjà parlé.

(1460.) Cette année 1460 fut publiée la coutume de Franche-Comté, c'est le plus ancien recueil de nos vieux usages civils.

(1461.) Cette année, le comte de Charolais fit un pèlerinage à St-Claude et revint par Nozeroy, sans doute que lui aussi suivit l'ancien chemin de notre canton, passant par Bief-des-Maisons et les Planches.

(1464.) Pierre de Crans et Pierre de Jougne accompagnent Hugues de Châlons. Pierre de Crans, le 6 août 1464, à la tête des allemands, pénètre de force dans le bourg de Granson.

Ce fut le samedi, 2 mars 1476, que les Suisses remportèrent leur grande victoire sur Charles-le-Téméraire qui, pour reformer son armée, leva un homme sur six, un denier sur six, donc la 6ᵉ partie de la population de notre canton et le 6ᵉ de son revenu, fit fondre les cloches de nos églises pour en forger des canons ; aussi bientôt le duc se trouva à Morat, à la tête d'une armée aussi nombreuse que la première, mais pour éprouver le même sort à Morat qu'à Granson, le 22 juin 1476, et aller ensuite mourir à Nancy le 5 janvier 1477.

Pour recommencer la guerre, il fallait de l'argent et des soldats, il demandait à ses sujets une armée de quarante mille hommes et taxait chacun de ses sujets au quart de leur avoir ; chacun fut épouvanté des extrémités auxquelles le duc voulait entraîner ses sujets, n'ayant rien pu obtenir, il alla ensevelir son mécontentement et sa colère au fond du vieux château de la Rivière. Après sa mort, Louis XI chercha par la ruse à s'emparer de ses états et ne put y réussir. Ces guerres avaient tellement décimé la population, qu'une foule de villages restèrent de longues années sans habitants, et qu'en plusieurs endroits des terres labourables se changèrent en forêts, faute de cultivateurs, ce qui eut lieu spécialement dans nos montagnes ; nous verrons qu'elles se repeuplèrent lentement et difficilement, car nous signalerons successivement d'où sont partis les habitants qui sont venus repeupler les villages du canton des Planches.

(1480.) Louis XI démolit Château-Vilain qui fut restauré par la famille de Watteville.

Parmi les ministres de Marie de Bourgonce nous voyons figurer *un Hugonnet*. Serait-il originaire de notre canton auquel cette famille Hugonnet nous semble appartenir, car à toutes les époques nous voyons ce nom y avoir des représentants parmi les hommes les plus importants du pays et ils tiennent aux tout premiers habitants, car ils y étaient fixés avant la liste des habitants de Foncine de 1373 (1).

Marie de Bourgogne mourut le 27 mars 1482, laissant deux jeunes enfants, Philippe et Marguerite, cette dernière fut fiancée au Dauphin de France, fils de l'astucieux Louis XI, mais le Dauphin épousa en 1491 Anne de Bretagne et la guerre recommença en Franche-Comté ; elle se termina par la paix du 23 mai 1493, ensuite de laquelle le roi de France rendait à Maximilien sa fille Marguerite qne l'on gardait encore à la cour de France et la dot de la jeune princesse.

(1485.) On a toujours dit que la première imprimerie établie dans notre province le fut à Salins, ce fait n'est pas exact. L'imprimerie de Salins ne fut que la deuxième, la première fut établie à Balerne par Jean de Cirey, abbé de Balerne, mort en 1476, ce fait prouve que dans nos montagnes l'intelligence n'a jamais fait défaut.

La noble famille de Poupet, qui possédait la seigneurie de la Chaux-des-Crotenay, dans nos montagnes du canton des Planches, a donné deux évêques de Châlons, Jean et André de Poupet, de 1461 à 1480. La seigneurie de la Chaux-des-Crotenay a aussi fourni deux prieurs au prieuré de saint Just, à

(1) Rousset, tome 3°, page 122.

Arbois, savoir Claude Darbon, en 1418, et Girard de Chauvirey, en 1444.

Un autre Jean de Poupet fut évêque en 1504, enfin Guillaume de Poupet, qui ne fut pas évêque à la vérité, mais qui, décoré de la mitre et du titre d'abbé de Baume, Balerne, et de plusieurs autres monastères, a tenu le rang le plus distingué dans l'église par sa dignité personnelle et par sa naissance. *Jean de Poupet* devint seigneur de la terre de la Chaux par l'effet de son mariage avec *Gérard de Falletans,* fille *d'Anne de la Chaux,* et la transmit à son illustre postérité où les prélats ne faisaient pas défaut ainsi que nous venons de le voir.

Est-ce de la Chaux-des-Crotenay qu'il est question, en 1237, dans l'hommage de feudataire que rendait le comte au duc de Bourgogne, lorsqu'on citait Hugon de Chaux comme vassal. M. Béchet avait vu figurer ce lieu à la date de 1282, dans quelque titre que M. Désiré Monnier, non plus que moi, n'avons pas lu (1).

Du nombre des gentilhommes qui, le 7 mai 1392, sollicitaient l'élargissement de Jean de Châlons, baron d'Arlay, accusé d'avoir fait assassiner *Pagnier,* sergent du duc, et qui s'engageaient à le rétablir dans la prison du château de Voiteur, était *Jacques d'Arbon,* seigneur de la Chaux.

L'organisation du notariat dans le diocèse de Besançon et par conséquent dans les villages de nos montagnes du canton des Planches, qui faisaient partie de ce diocèse, est due à l'archevêque *Quentin Ménart,* il fit plusieurs ordonnances pour son organisation, pour déterminer la forme et le style des minutes, des expéditions. Ce prélat fut en un mot le créateur de la pratique notariale dans nos pays (2), et leur

(1) Annuaire 1854, page 184.
(2) Anciennes archives de l'archevêché de Besançon.

rendit un important service. Aux ordonnances de Quentin Ménart, son successeur l'archevêque de Neuchatel, ajouta de nouvelles dispositions qui fixaient les droits des notaires.

Le 4 mai 1469, la collégiale de saint Anatoile, à Salins, avait été la proie des flammes.

L'archevêque de Besançon autorisa les chanoines à porter la châsse de saint Anatoile dans les diverses paroisses du diocèse, en quêtant pour rebâtir leur église. Ils usèrent largement de cette permission, car l'histoire nous dit que les dons furent si abondants que cet édifice fut rendu à sa destination en très peu de temps ; tout nous fait donc présumer que cette châsse fut apportée dans nos montagnes, et que nos pères, toujours si religieux, contribuèrent au rétablissement de la collégiale de St-Anatoile ; il est en effet impossible qu'on ait oublié de faire la quête dans les villages de notre canton et dans les puissantes seigneuries de la Chaux et de Château-Vilain.

Sur la fin de ce siècle les *confréries* se multiplièrent. Il s'en établit un bon nombre à Foncine-le-Haut.

Dès la plus haute antiquité, chez les Grecs et les Romains, on avait établi des lieux d'asiles, les temples étaient naturellement des lieux d'asiles. Après la prédication du catholicisme, les églises devinrent lieux d'asiles, mais les abus étant devenus trop nombreux sur la fin du xivᵉ siècle et le commencement du xvᵉ, le droit d'asile dans les églises était à peu près aboli, puisqu'on apposait des gardes pour saisir les criminels à leur sortie. L'empereur Maximilien l'avait formellement aboli par décret de 1503. Le plus célèbre de nos lieux d'asiles dans nos montagnes est l'*Oratoire à Pardon*.

Entre le territoire de Fort-du-Plasne et celui de Foncine-le-Bas, est un oratoire appelé l'*Oratoire à Pardon*. C'était un lieu d'asile comme la croix de Miséricorde, à Arlay. Il y en avait un grand nombre répandu dans la province, dont l'origine remontait à l'époque de l'anarchie féodale (1).

Voici ce qu'en dit M. Monnier, annuaire de 1848, page 286.

« D'où vinrent les premiers habitants de Four-du-Plasne. »

La tradition populaire nous l'apprend.

« A la limite septentrionale du territoire de Four-du-Plasne
« existait, avant 1793, l'*Oratoire à Pardon*, que tous les
« vieillards assurent avoir été un lieu d'asile, auquel avaient
« recours les individus qui, s'étant brouillés avec la justice, ne
« voulaient avoir affaire qu'à la miséricorde de Dieu. Les
« seigneurs établissaient de ces lieux privilégiés dans les
« contrées où ils désiraient attirer des colons pour défricher
« les déserts et les peupler de sujets. Il est bien à présumer
« que l'*Oratoire à Pardon* dut son établissement à des consi-
« dérations temporelles et politiques ; nous nous garderions
« bien cependant de prendre pour une famille de réfugiés de
« ce genre, la petite population qui s'est groupée près de là
« et qui est connue de tout le monde sous le nom emprunté de
« la *Famille des Pardons;* il est plus que probable que les
« habitants de toute la commune se sont renouvelés, sans y
« laisser de filiation de la race primitive.

« L'enceinte privilégiée était circonscrite ; il s'en suit que,
« lorsque le transfuge en sortait, rentrant dans la condition
« commune, il avait aussitôt à rendre compte de ses actions
« antérieures, ce n'était qu'à la faveur d'un déguisement que
« notre homme parvenait à se tirer d'affaire ; et dès lors, rien
« de plus simple que de s'affubler des peaux de bêtes fauves.
« Voilà l'histoire des loups-garous de nos montagnes. Les
« loups-garous de Maréchet, hameau de Four-du-Plâne, le
« plus voisin de l'Oratoire à Pardon, sont célèbres dans tous
« les contes des veillées. Les vieux narrateurs de l'âtre enfumé

(1) Rousset, tome 3ᵉ, page 139.

« vous débitent d'un air sérieux comment, pendant les nuits
« d'hiver, des troupes de loups-garous visitaient autrefois les
« villages et venaient s'asseoir autour de votre feu sans quit-
« ter leur horrible fourrure. De là cette locution vulgaire du
« pays pour désigner un habitant de Maréchet : *Tire ta quoua
« Pirou, te la va brûlâ,* retire ta queue, Pierre, tu la veux
« brûler.

« Si ces conjectures ne sont pas trouvées assez solides pour
« tenir lieu de vérité historique, elles sont du moins fort ingé-
« nieuses, et nous nous faisons un plaisir de les accueillir, à
« titre de traditions montagnardes, dans un ouvrage qui ne
« répudie pas les simples traditions. »

Nous avons déjà dit que de 1443 à 1450, nos montagnes
avaient leurs tisserands de draps de laine (1).

Deux prélats italiens ont gouverné l'abbaye de St-Oyan,
savoir : *Pierre Morelly,* qui mourut en 1443 et *Augustin d'Est
de Lugano,* dont le règne a cessé en 1479. Les deux abbés de
Condat avaient fait venir quelques-uns de leurs compatriotes,
pour apprendre aux habitants de cette terre à fabriquer la *toile
et le droguet;* il n'était pas encore question du drap. En
1588, il y avait plusieurs fabriques à Moirans, et même à
cette époque *Hugues Sappel,* dans cette localité, prenait la
qualité de *Roi* ou *maître des drapiers et tisserands* dans toute
l'étendue de la terre de St-Oyan de Joux, et il avait été institué
en cette qualité par Mgr le révérend abbé de St-Oyan, *Joachim
de Rye,* suivant acte de 1584 déposé aux archives de l'abbaye
de Condat. C'était avec le poil de chèvres qu'on fabriquait le
droguet dont s'habillaient les serfs de cette terre et lieux voisins. En 1479, les chèvres avaient été introduites à Foncine
et y étaient fort nombreuses. Elles y avaient été comme à
Moirans amenées pour alimenter une fabrique de droguet dont

(1) Enquête de 1444 (J. 50) Chambre des comptes.

le principal siége était à la Chèvrerie. Leur poil servait de matière première. On ne tarda pas cependant à utiliser leur lait en le mélangeant à celui des vaches pour la fabrication des fromages de Gruyère. Il n'est pas hors de propos de dire que, dans toutes nos montagnes, on va encore aujourd'hui aux foires de Moirans acheter des chèvres et que ce pays a, par suite d'une habitude qui se perd dans les temps passés, continué à élever l'animal qui fut le pivot de son industrie ancienne.

La fabrication du droguet était grossière comme l'époque, mais c'était déjà un grand progrès dans un pays où l'on se revêtait auparavant de la peau des bêtes sauvages, surtout de celle du loup-animal, si commun dans les sombres forêts du Jura. Chacun sait que St-Lupicin se rendit à la cour de Chilpéric, vêtu de peaux de bêtes mal apprêtées et grossièrement cousues, ayant des sabots pour chaussure.

L'usage de s'habiller de peaux de bêtes dans les montagnes du Jura était général, en quelque sorte indispensable, car les droguets même étaient alors si rares, que ceux qui en possédaient, s'en revêtaient seulement dans les circonstances très-importantes ; aussi est-ce à cette rareté que nous attribuons l'usage établi et presque conservé jusqu'à ce jour dans les Foncine de se marier avec les habits de noces de son père et de sa mère, en sorte que le même habit servait à plusieurs générations successives pour cet acte si important de la vie. L'usage de se vêtir de peaux s'est conservé si longtemps qu'aujourd'hui même les tailleurs et tailleuses, dans nos montagnes, portent encore le nom de *pelletiers et de pelletières*.

A propos de mariage, nous nous garderons bien d'omettre de consigner ici une coutume locale qui a cessé d'être suivie et dont le dernier exemple a été donné dans la famille Monnier, des Planches, à l'occasion du mariage de M. le docteur Jeunet.

On conduisait la jeune fiancée à l'église en voiture, et on la ramenait de même. A peine était-elle arrivée à sa destination, chez son époux, que les parents, les amis, menaient le char sur la place publique et qu'ils le livraient aux flammes. C'était un symbole par lequel on faisait entendre à la nouvelle femme qu'elle s'était unie sans retour à sa famille d'adoption, ensuite pour accomplir un grave devoir et pour attacher intimement à la famille le nouveau sujet qui vient l'augmenter et la perpétuer, l'époux conduit la jeune femme au cimetière et la présente à ses ancêtres. Spectacle attendrissant, auquel je ne sache pas que l'on puisse rien opposer de mieux dans les religions les plus naïves (1).

Si cet usage a cessé, on lui en a substitué un autre plus simple, mais également empreint d'un parfum des plus religieux. Le lendemain de la noce, on dit une messe pour les ancêtres, les deux époux y assistent ; après la messe, l'époux conduit la jeune mariée au tombeau de ses ancêtres, tous les deux se mettent à genoux sur la tombe et prient pour ceux dont elle couvre les restes mortels.

En 1473, le seigneur de la Chaux avait un hôtel à Salins.

CHAPITRE X. — XVᵉ SIÈCLE.

Philippe-le-Beau, en 1503, arriva en Franche-Comté pour en prendre possession vers la fin de juin ; il s'arrêta d'abord à la Chaux-des-Crotenay, au château de Charles de Poupet, son premier sommelier ; ensuite il séjourna quelque temps au château de Vers, où Philiberte de Luxembourg le traita d'une manière royale. Charles de Poupet avait déjà reçu dans son château de la Chaux-des-Crotenay, Maximilien, roi des Romains, père de Philippe.

(1) Annuaire 1848, page 285.

Notre modeste canton a donc eu la visite de deux puissants monarques. Si la faveur dont jouissait la famille de Poupet était si grande, elle était due, dit St-Julien de Baleure, à ce qu'une princesse de cette famille revenant de Genève, avait été saisie des douleurs de l'enfantement à peu de distance du château de la Chaux-des-Crotenay, où elle avait fait ses couches ; on croit que c'est la mère de Maximilien. Voici le texte de St-Julien de Baleure :

« Comme il ne faut qu'un homme pour faire grande une
« maison, et au contraire qu'un pour la ruiner ; ainsi en est-il
« advenu à la maison de *Véré*. Un sieur de *la Chaux,* du nom
« de Poupet, en la comté de Bourgogne, eust cest leur qu'une
« duchesse de Bourgogne (aucuns disent une impératrice,
« femme de Frédéric III), feit ses couches en sa maison de la
« Chaulx. Le bon traitement que la princesse reçut céans fut
« cause que led. S. de la Chaulx fut retenu et mis en honorable
« estat chez icelle princesse. Il s'y porta si vertueusement et
« acquit tant d'honneur et crédit que, depuis, luy et succes-
« sivement un sien fils, furent en grands estats chez l'empe-
« reur Maximilien Ier du nom. Et la dame de la Chaulx fut dame
« d'honneur de Mme Marie de Bourgogne, femme dudit empe-
« reur. Ce sieur de la Chaulx, après avoir acquis moyens de
« profiter à ses voisins, tira *Jean* de Véré, depuis dit *la*
« *Mouche,* de sa maison et le mena en cour.

« Or estoit ce *la Mouche* bien né, d'un esprit gaillard et qui
« avoit la parole fort à commandement. Son père (personnage
« fin et accort, et en cette qualité surnommé *la Mouche*)
« avait été nourri es-ordonnances du duc Charles de Bour-
« gogne et dit messire Olivier de la Marche que luy, *la Mou-*
« *che de Véré,* messire Anthoine d'Oiselet, Jean de Montfort
« et aultres furent prins à la journée de Nancy, en laquelle le
« duc Charles de Bourgogne fut tué.

« Depuis, la Mouche de Véré fils, sceut si bien conduire
« ses faveurs en cour que, sous l'archiduc Philippe, roi d'Es-
« pagne, et à l'advénement de Charles V, empereur, il feit
« merveilleux profits. Ce fut un grand riche homme et en-
« graissa fort de sa succession la maison de Courlaoux, où sa
« nièce estait mariée.

« En 1502, l'archiduc Philippe parcourut la Franche-Comté,
« revenant d'Espagne, où son épouse et lui avaient été recon-
« nus héritiers du royaume de Castille. Le prince, aimable et
« chéri de ses sujets, fut reçu au château de la Chaux-des-
« Crotenay par *Charles de Poupet,* son chambellan et son
« premier sommelier (1).

« Charles de Poupet, dit de Clermont à cause du nom de sa
« mère fut aussi chambellan et premier sommelier du roi de
« France, également honoré partout. Il était, en 1511, grand
« bailli d'Aval au comté de Bourgogne, chevalier, seigneur de
« la Chaux, By, Charette, Château-Vilain, Crèvecœur, Ma-
« lans, etc. Charles était, au témoignage de Dunod : « un che-
« valier accompli, également propre à la guerre, à la cour et
« aux négociations. Il aima et cultiva les lettres, forma une
« bibliothèque ample et choisie et recommanda, en mourant,
« à ses enfants qu'il avait fait élever à Paris, de s'appliquer
« aux sciences et d'honorer ceux qui en faisaient profession. »
« C'est de sa bibliothèque que furent tirés la *Chronique de*
« *Flandres* et les *Mémoires d'Olivier de la Marche,* qu'il fit
« livrer au public. Il eut aussi l'honneur d'offrir dans son
« haut manoir de la Chaux-des-Crotenay, l'hospitalité à Maxi-
« milien d'Autriche, alors roi des Romains. Il jouit et méritait
« bien de jouir de toute la faveur de ces souverains. Homme
« d'État, il fut nommé conseiller de la régence établie pendant
« la minorité de Charles Quint et associé à celle du cardinal

(1) Archives historiques sur Poligny, t. 1, p. 244.

« de Ximenès en Espagne. Plusieurs ambassades lui furent
« confiées ; mais la mort arrêta le cours de ses prospérités en
« 1529. Il a reçu les honneurs de la sépulture dans la cha-
« pelle qu'il avait fait ériger à la collégiale de Poligny. Il fut
« déposé dans un fauteuil, une épée à la main, au milieu de
« son hypogée funéraire.

« Charles de Poupet avait épousé en premières noces Tho-
« masse de Plâne et en secondes Philiberte de la Baume. Par
« l'effet d'un mariage de Péronne de Poupet, l'une de ses filles,
« avec Philibert de la Baume, son beau-père devenu veuf, il
« arriva que dans sa famille, on était beaux-pères, gendres,
« belles-mères et belles-filles les uns des autres.

« Le château de la Chaux-des-Crotenay, qui reçut si sou-
« vent des souverains, malgré l'austérité du climat et la dif-
« ficulté de l'accès, à une époque où les chemins devaient être
« encore à l'état sauvage, était d'une certaine magnificence.
« On peut du moins juger de son étendue par le nombre de
« ses cheminées qu'on porte à 301. C'est beaucoup dire, car
« au temps dont nous parlons, il s'en fallait beaucoup que l'on
« fît du feu dans toutes les chambres de maîtres. On a trouvé
« dans les décombres de cet édifice, absolument détruit, une
« grande quantité de briques vernies qui avaient servi au
« carrelage des appartements. Le château était flanqué de
« trois tours rondes, bâties sur le bord d'un rocher perpen-
« diculaire. Un double fossé régnait à l'opposé. On parle d'une
« allée souterraine qui communiquait du château à l'église,
« laquelle est au pied de la colline. Le fort existait encore en
« 1639. Le 21 avril de cette année, le comte de Guébriant, à
« la tête de ses troupes françaises et allemandes, en l'absence
« du duc de Saxe-Weymar, se présenta devant le château,
« dont la garnison se rendit par composition (1).

(1) Girardot de Beauchemin. Histoire de 10 ans, p. 227, édition de
M. Jules Cretin, 1845.

« On remarque par quelques notes éparses dans les archi-
« ves de la commune, que Louis XIV, après la conquête, jeta
« force garnisons françaises au cœur des populations même
« agricoles, afin de consolider sa nouvelle domination. La
« Chaux-des-Crotenay en eut sa bonne part en 1678 et 1679.
« M. de la Bretonnière, capitaine de cavalerie au régi-
« ment du Plessis, certifiait « y avoir logé avec sa compagnie
« de cinquante hommes, du 8 décembre 1678 au 18 juin
« 1679. Et je déclare de plus, ajoute-t-il, n'avoir jamais envie
« d'y retourner, quoique les habitants aient fait ce qu'ils ont
« pu, dans leur pauvreté, pour soutenir le logement. »

« Au-dessous du village de la Chaux et à la distance d'envi-
« ron 300 pas, s'élève une église placée sous le vocable de
« sainte Marguerite. C'était le point central de plusieurs
« communautés composant la paroisse antérieure à la révolu-
« tion, savoir : celles de la Chaux, d'Entre-Deux-Monts, d'une
« partie de Morillon, de la Grange-Grillet, du Châtelet et de
« Mont-Liboz. Quelques années après les dernières guerres de
« Franche-Comté, la paroisse consistait en 110 feux ou 600
« âmes. L'abbé de St-Oyen avait, dans le temps, pourvu à
« cette cure, bien qu'il soit arrivé une fois au prieur d'Ar-
« bois d'y nommer en 1671. Il est certain, porte une note
« manuscrite, que le vaisseau actuel de l'église n'était pas en-
« core bâti en 1400. Il est de style ogival, supporté par deux
« rangs de piliers à colonnettes, éclairé par des fenêtres à
« meneaux et à vitraux peints où l'on distingue encore des
« écussons. Les armes de Poupet, accompagnées de crosses
« abbatiales ou épiscopales, y font reconnaître les construc-
« teurs de cette partie de l'église, c'est-à-dire l'un des trois
« évêques de Châlon que nous avons déjà nommés. Un tableau
« votif en bois représente les anciens seigneurs du lieu, à ge-
« noux devant St-Christophe, avant leur départ pour Jérusalem.

« Il y a deux tombes remarquables dans cette église : l'une
« serait celle de Charles de Poupet, dit-on, et porterait le
« millésime de 1530, quoique l'historien de Poligny dise
« Charles de Poupet inhumé sous sa chapelle dans la collé-
« giale de Poligny et mort en 1529. L'autre tombe serait celle
« d'un *Frémiot* et daterait de 1776.

« Les droits curiaux de cette paroisse, détaillés dans un cas
« posé des habitants, méritent d'être consignés dans des
« notes destinées à faire connaître l'état et les habitudes de
« nos aïeux dans leurs rapports avec leurs pasteurs. Ils con-
« sistaient : 1º dans le revenu d'une ferme au village de la
« Chaux, montant à 123 livres ; 2º le rendage de pièces de
« terre au village d'Entre-Deux-Monts, montant à 19 livres ;
« 3º 6 sous 8 deniers par chaque charrue ; il y en avait environ
« 40 ; 4º chaque laboureur semant pour son compte, devait au
« curé 4 demi-mesures d'orge et d'avoine ; 5º chaque per-
« sonne qui labourait et semait pour le compte d'autrui, lui
« devait 3 demi-mesures, 2 d'orge, une d'avoine ; 6º ceux qui
« béchaient et semaient sans charrue, payaient vingt deniers ;
« 7º ceux qui semaient du froment avec charrue, donnaient en
« outre une demi-mesure. On évaluait à deux cents livres ces
« différents droits appelés la moisson. Passant au casuel il
« était dû à M. le Curé ; 8º pour les offertoires de la part
« de chaque feu, trois pains annuellement, l'un à la Toussaint,
« le second au jour des Morts, le troisième le lendemain de
« Noël ; 9º pour rétribution des trois messes qui se célé-
« braient à l'occasion de l'enterrement d'un chef de la famille,
« savoir : 9 livres s'il était riche, 7 livres s'il avait une demi-
« fortune, 5 livres s'il était pauvre. On devait en outre offrir
« une pinte de vin, un pain, une chandelle au commence-
« ment et à la fin de l'annuel, tous les dimanches de l'année ;
« 10º pour rétribution des trois messes célébrées à l'enterre-

« ment de tout autre membre de la famille, communiant, le
« riche payait 5 livres, l'aisé 4 livres, le pauvre 3 livres. Plus
« le pain d'offertoire au dimanche qui suivait le décès ; 11°
« quant aux enfants qui n'étaient pas encore admis à la table de
« communion, on payait vingt sols, quinze sols, dix sols, sui-
« vant l'état de fortune ; plus, on offrait un pain et une chan-
« delle, le dimanche suivant ; 12° on payait au pasteur 6 sols
« 8 deniers pour les deux flambeaux qu'il allumait sur le corps
« d'un chef de famille, au moment de l'office funèbre ; 13° on
« lui comptait moins pour le seul flambeau placé près d'une
« personne qui n'avait pas été à la tête d'une maison ; pauvre
« ou riche donnait 3 sols 4 deniers ; 14° tout mariage rappor-
« tait à M. le Curé 3 livres, tant pour la publication des bans
« et pour la messe qu'il disait le jour de la noce, que pour la
« bénédiction du lit nuptial et des épousailles ; de plus, le cé-
« lébrant devait être invité à dîner ; 15° pour les lettres de
« récédo, les riches et les pauvres payaient également trois
« livres ; 16° *le Bon Denier* était donné chaque année, à
« Pâques, par tous ceux qui communiaient, savoir deux de-
« niers par chef de famille et un denier par toute autre per-
« sonne ; 17° chaque feu payait annuellement un sol pour la
« passion dite à l'église depuis une Ste-Croix à l'autre ; 18°
« relativement à la bénédiction des gerbiers et des fontaines,
« elle était payée au curé par la délivrance d'un fromage sorti
« de chaque fromagerie de la paroisse; 19° toute femme rele-
« vée de couches comptait 6 sols 8 deniers ; 20° on avait
« coutume de mettre sur chaque corps de défunt porté à
« l'église 20 deniers ; 21° quant au presbytéral, il était com-
« pensé par la cire qu'on livrait à M. le Curé pour les messes
« de fondation, ce qui lui constituait un revenu de deux cents
« livres. »

Par lettres patentes de 1508, l'empereur Maximilien cédait

la jouissance viagère de la Franche-Comté à sa fille Marguerite ; cette princessse aimait beaucoup notre province et chercha à la bien gouverner.

En 1513, les Suisses traversèrent la Franche-Comté au nombre de 18,000 hommes et firent éprouver des mauvais traitements de toutes sortes aux malheureux paysans. Ils incendièrent, pillèrent et poussèrent la cupidité jusqu'à profaner les lieux saints, rien ne nous indique si nos villages furent exempts ou s'ils eurent à subir ces déprédations des Suisses ; il est peu probable que nos montagnes fussent exceptées.

L'année 1523 fut tellement pluvieuse et orageuse que le peuple alarmé de voir un déluge, fit de fréquentes processions dans tout le diocèse.

L'année 1524 vit une sécheresse extraordinaire qui perdit toutes les récoltes, et le blé fut excessivement cher.

Dans l'année 1519, le dernier tournoi se donna à Nozeroy, et la Franche-Comté ne vit plus d'autre fête de ce genre.

La peste régnait en 1526.

A cette époque, les censures ecclésiastiques étaient plus fréquentes que jamais elles n'eussent été, les curés obtenaient des excommunications en blanc contre les paroissiens qui n'avaient pas satisfait au devoir pascal, fréquenté la paroisse, payé le bon denier ; sur les plaintes des vicaires de paroisses, le corps municipal ordonnait aux dénoncés de se faire absoudre sous peine d'expulsion ; ceux qui dans l'intervalle, venaient à décéder, étaient enterrés en pleine campagne.

(1564.) Ordre du gouvernement du comté de Bourgogne d'avoir à publier dans toutes les églises les décrets du concile de Trente et de les faire accomplir et exécuter avec soin.

(1572.) Philippe II imposa le tribunal de l'inquisition à notre province, mais les États lui firent apporter de sages modifications qui empêchaient les abus.

En 1516, Luther était apparu ; si nos pays ne ressentirent pas la commotion aussi vivement que l'Allemagne, c'est que l'archevêque, l'empereur, le parlement, la majeure partie des magistrats firent tous leurs efforts pour empêcher l'adoption de la réforme ; en effet, en 1525, les prélats de la province furent convoqués à Salins pour lutter contre l'introduction de la réforme. En 1524, le parlement ordonna, sous peine de confiscation de corps et de biens, qu'on gardât les interdits lancés par l'archevêque contre la peste luthérienne. Le parlement ordonna encore de publier au prône la défense faite par l'archevêque de fréquenter les protestants et d'en prendre pour domestiques. Nonobstant ces précautions, nos villages ne furent pas entièrement soustraits à ses atteintes, car plusieurs notabilités de la province penchaient pour les idées nouvelles et les protestants qui occupaient le pays de Vaud, qui n'est séparé de nos pays que par le mont Rizoux, firent tous leurs efforts pour y implanter leurs doctrines. Ils s'avancèrent d'abord jusqu'à Morteau et mirent beaucoup de persévérance à conquérir Nozeroy. Ce poste, d'où dépendait Château-Vilain, les logeait au centre de nos cantons ; nous voyons en effet qu'à Nozeroy, un nommé Julien était ministre protestant de 1560 à 1571 ; plus tard, en 1594, deux autres calvinistes, Vautherin et Génébrard prêchaient encore à Nozeroy et y faisaient la Cène dans une cave, ce qui prouve qu'ils craignaient d'être découverts. Cependant, à ce moment, on commençait à compter de zélés partisans parmi nos montagnards à la tête desquels se trouvait un certain abbé, Gilbert Cognat, natif de Nozeroy même, qui avait été employé dans le cabinet de Luther ; après avoir essayé de semer ses doctrines non-seulement à Nozeroy, mais dans tous nos villages, il s'était rendu à Besançon pour ouvrir une école. Saint Pie V, sous le règne de Philippe II, lança contre lui un mandat d'amener. Ce mandat est du 8 juillet 1567, la deuxième année du pontificat de Pie V.

Calvin était lui-même parvenu jusqu'à Nozeroy. On a cru pendant longtemps que la chaire dans laquelle prêcha Calvin à Nozeroy était à Fraroz, tandis qu'elle fut placée pendant bien des années dans l'église d'Arsure ; elle en fut enlevée lorsqu'on apprit qu'elle avait été profanée par les protestants.

Si la doctrine nouvelle ne put s'implanter dans nos villages, son adoption en Suisse amena des émigrations de la part de nombreuses familles suisses qui fuyaient leur patrie devenue infidèle aux dogmes séculaires de l'Église. Les Clarisses d'Orbe furent reçues à Nozeroy, les religieuses de Romain-Mouthier se fixèrent à St-Point. Des familles entières, neufchâteloises et vaudoises, vinrent habiter Morteau, Rochejean et presque tous les villages qui longent le pied du *Mont-Noir*, le *Niger-Mons* des chartes. L'horlogerie était florissante en Suisse, ces émigrants qui possédaient cet état, se rendirent dans les lieux où elle se pratiquait et y donnèrent une nouvelle impulsion. Gaudy-le-Fort, à la page 245 de son ouvrage, nous dit : *Faivre, Febure, Munier, Monnier, Moulin, Monard, Mornin, Monet, Monod, Monneret, Palard, Barbe, Métral, Berthet, Vallet, Valier, Rutillet, Aubain, Chapuis*. On avait à Genève un Berthet de Quarro, 1er magistrat de Genève en 1456 (1). Tous ces noms sont d'origine genevoise. Nul doute à nos yeux que ces familles dont les noms se conservent parmi nous, ne soient venues se fixer dans nos villages lors de la persécution élevée en Suisse au moment de la réforme jusqu'à son acceptation définitive et que dès ce moment l'horlogerie, si elle était déjà implantée à Foncine, ne se soit plus profondément enracinée dans ce pays. Nous en parlerons plus loin.

(1) Recherches sur les noms propres et les noms locaux du pays, par Gaudy-le-Fort. Genève, 1841.

Au mois de septembre 1534, les protestants du canton de
Berne, poussés par le zèle ardent de la réforme, s'avancent par
les défilés de Jougne et le château de Joux, passent par les
Foncine, où l'on pense qu'ils y incendièrent le hameau de
Joux, qui s'est rebâti sous le nom de Ville-Neuve, *Villa Nova*,
et poussent jusqu'à *Four-du-Plâne*. Ils méditaient la conquête
de St-Claude, belle proie à saisir, puisqu'il y avait un monastère à piller et des reliques de saints à jeter au vent. A leur
approche, dont le bruit vole de bouche en bouche, une partie des habitants de St-Claude se retire dans les solitudes voisines ; d'autres plus courageux se réunissent autour de Claude
Blanchot, leur capitaine improvisé et forment avec les habitants de Moirans, des Villars et de la Rixouse, un corps de
400 hommes disposés à marcher contre 500 luthériens et calvinistes. A la nouvelle de ce rassemblement, ceux-ci sont saisis d'épouvante et prennent la fuite. Les catholiques, les
voyant battre en retraite, l'arme au bras, se mettent à les
poursuivre et engagent un combat sanglant. L'ardeur est telle
de part et d'autre que vainqueurs et vaincus perdent beaucoup
de monde. Les Bernois ne suivirent pas en fuyant le chemin
qu'ils avaient parcouru en venant ; au lieu de repasser par
Four-du-Plâne, les Foncine et Jougne, ils cherchèrent à la
faveur des ombres, à gagner le pays de Gex. Ceux des Bernois
qui échappèrent au massacre, s'en retournèrent chez eux couverts de blessures, tombant de fatigue, pour porter la nouvelle
de la malheureuse issue de leur excursion (1).

Cette mésaventure des Bernois ne découragea pas les protestants de Genève, car les enfants de la réforme ne perdaient
pas de vue les reliques de St-Claude. Les plus déterminés
d'entr'eux, au nombre de 120, conçoivent le projet de fondre

(1) Ricard, page 232, annuaire de 1841, page 104. Mémoire de M. Chau-
mard de St-Lupicin.

inopinément sur le monastère. Munis de mousquets, d'armes blanches, de machines de guerre et d'autres pièces d'artillerie, portées à dos de mulets, les voilà qui s'en viennent, par une profonde nuit d'hiver, c'était un lundi 9 décembre 1591, traversant la verte vallée de *Mijoux* et l'aride montagne de *Septmoncel,* faire halte au pied de la côte, à trois quarts de lieue de Saint-Claude.

Or, tandis qu'ils sont à se reconnaître, la grosse cloche de l'abbaye se fait entendre vers les 2 heures après minuit pour annoncer les matines. Un autre bruit se mêle au son de la cloche, c'est celui du tambour, on battait la caisse pour donner le bonjour aux citoyens, comme c'était alors l'usage pendant l'avent. On n'en peut plus douter, toute la ville est debout, la prudence conseille de battre en retraite, on se rend sans tergiverser à son invitation et la puissance belligérante s'en retourna comme elle était venue, sans tambour ni trompette. On pense que la riche châsse de St-Claude excitait encore plus la cupidité de nos héros que le zèle religieux.

(1565). La Franche-Comté est redevable au cardinal de Granvelle de la culture du tabac et de la pomme de terre, il en fit faire les premiers essais en 1565. Ce fut un immense service rendu à nos hautes montagnes.

Une foire et un marché furent établis à Foncine-le-Haut en 1584. L'usage des foires et marché existait depuis longtemps en Franche-Comté, c'était d'habitude dans les centres populeux, dans les villes et dans les bourgs que se tenaient ces marchés publics. Rien n'était plus favorable aux transactions commerciales que la création de ces bazars industriels, et ce fut principalement par la multiplication des foires et des marchés que nos princes entretinrent au sein du pays, une activité vivifiante, une émulation salutaire dont les effets se traduisaient en bien-être pour les masses, cependant la prime onéreuse que le droit fiscal des seigneurs prélevait sur les marchandises, causait un préjudice trop réel aux intérêts des producteurs et des consommateurs. Chaux-des-Crotenay a aussi deux foires fixées au 29 août et au 29 novembre ; elles sont aussi fort anciennes ; nous ne pouvons fixer exactement la date où les seigneurs de la Chaux les ont établies. C'est dans ce siècle que les forges se montrèrent sur plusieurs points de la Franche-Comté, entr'autres la forge de Champagnole qui fut la première qui s'établit dans les montagnes du Jura. Ces forges prirent leur commencement selon les uns en 1492, d'autres disent en 1515, et se développèrent plus sensiblement à partir de 1579. La forge du Bourg-de-Sirod ne fut établie que bien plus tard, car elle remonte à un arrêt du conseil d'État du 1er février 1734. Celle de Syam fut érigée en vertu d'un décret impérial du 6 septembre 1813.

C'est vers 1543 que Charles-Quint s'occupa d'organiser militairement la Franche-Comté et le pays avait grandement besoin de cette organisation ; en effet, lorsqu'il survenait une guerre ou qu'il s'agissait de repousser une attaque, que faisait-on ? Les barons réunissaient sous leur bannière leurs vassaux respectifs dont le nombre variait selon l'importance du fief. Nous avons vu précédemment que, dans nos parages, le contingent était fixé, dans un acte du 19 juillet 1465, à un homme par vingt feux et suivis de cette petite troupe, nos seigneurs marchaient à l'ennemi. Voilà de quelle manière se recrutait l'armée en Franche-Comté, c'est ce qu'on appelait le ban et l'arrière-ban, dont on attribue l'institution à Charlemagne. C'était la convocation que le roi faisait faire à cris publics des gentilhommes et des tenanciers de fiefs pour servir dans les armées. A chaque convocation un édit du roi déterminait la durée du service ; le roi appelle aux armes d'abord les grands feudataires, *c'est le ban*, puis ceux-ci convoquent leurs vassaux, *c'est l'arrière-ban.* Cette organisation avait duré près de huit siècles lorsque notre souverain vint la modifier ; il calcula que sur la population de notre province il pouvait, sans porter atteinte aux intérêts agricoles et commerciaux, prélever une armée entière de 12,000 hommes qui veilleraient constamment à la garde du sol, et voici ce qu'il ordonna : Dix mille cinq cents hommes, pris parmi les artisans, les paysans et les gens sans profession, devraient composer l'infanterie en se répartissant de la manière suivante : 4,000 piqueurs, 3,900 arquebusiers, 2,000 mousquetaires, 300 hallebardiers et 300 rondachiers, ainsi nommés parce qu'ils portaient une espèce de grand bouclier appelé Rondache. Les quinze cents autres choisis parmi les nobles. Les écuyers et les gens de suite devaient former la cavalerie ; les nobles et les écuyers se servaient de la lance ; les gens de leur suite avaient une arquebuse à rouet. En outre un corps de réserve était créé pour tenir toujours au complet le cadre de l'armée active, c'est-à-dire pour remplacer au fur et à mesure des besoins les hommes qui, par suite de maladie ou de mort, manqueraient aux drapeaux. Les châteaux forts étaient défendus par les *Retrahants,* dont le service et les devoirs avaient été fixés par une ordonnance de Jean-sans-Peur, datée de Courtray, 31 août 1408. Cette ordonnance prescrivait à tous sujets et habitants en temps de guerre de se retirer, eux et leurs biens, dans les forteresses de leurs seigneurs et d'y faire chacun à leur tour le guet selon les ordres qu'ils recevraient des capitaines de ces châteaux. Les habitants de Chaux-des-Crotenay, Entre-deux-Monts, Crans et Cize, étaient retrahants des châteaux de la Chaux. Les Foncine, les Planches, les Châlesmes, Treffay, étaient retrahants de Château-Vilain, Bief-des-Maisons était pour moitié de Nozeroy et pour l'autre de Château-Vilain. L'affranchissement des communes avait modifié le ban et l'arrière-ban, car toutes ou presque toutes les chartes d'affranchissement permettent aux bourgeois de se réunir en armes sur l'appel du majeur ou des échevins, d'élire des *dizeniers* ou *centeniers,* ce qui donna lieu aux élus qui étaient de véritables soldats comme l'étaient ceux du ban et de l'arrière-ban et devant le service militaire complet.

Le ban et l'arrière-ban étaient la convocation des nobles et des tenanciers de fiefs, l'appel des élus, celle des communautés qui, lorsqu'il y avait péril de guerre, devaient choisir un ou plusieurs hommes, selon l'importance de la commune. Les communautés ne pouvaient présenter que des hommes reconnus robustes et « *pratiques à la guerre* » ; ils devaient être agréés par les capitaines. C'étaient les communautés qui équipaient et armaient les élus.

Les villes et communautés de la Franche-Comté devaient fournir 5,640 hommes. Chaque bailliage devait fournir un régiment de 1880 élus qui devaient être fournis par les communautés du bailliage, proportionnellement au nombre des feux de chacune. La répartition était faite par quatre commissaires, deux étaient choisis par le gouverneur et deux par le parlement. Il paraît que le contingent de la commune des Foncine et des Planches était de deux élus. Nous voyons figurer comme élus de ces communautés le *Roz de Foncine* et *l'Antoine,* chez *André de Foncine-le-Bas* (1).

L'élu une fois choisi devait servir tant qu'il vivait et pouvait être utile sans pouvoir être excusé ni licencié, si ce n'est par les colonels et encore ne pouvaient-ils le faire qu'après avoir entendu les observations des communautés et sans qu'au même instant l'élu sortant ne fut remplacé par un homme fourni par la même communauté. En cas de désaccord entre

(1) Conte de Vise-lou-Bu ou le soldat de Foncine.

les colonels et la communauté, le jugement était réservé au gouverneur de la province.

Toutefois si l'élu était perpétuellement soldat, il n'était pas perpétuellement sous les armes. Il ne devait prendre les armes et se rendre au lieu où il était convoqué que lorsqu'il y avait péril de guerre légalement dénoncée et son service cessait au bout de six semaines comme celui du *ban et de l'arrière-ban* et il n'était tenu de guerroyer que dans les limites de la province, sans pouvoir être jamais obligé d'en franchir les frontières ; des revues des élus avaient lieu une fois par année.

Chaque compagnie d'élus se composait de deux cents hommes de pied et de dix chevaux. Les élus étaient soldés et équipés aux frais des communautés, elles fournissaient aussi les chevaux ; le service une fois fini, l'élu devait rendre le cheval à la communauté, cette organisation cessa après la conquête par Louis XIV. Les armées se composaient alors de jeunes gens recrutés par des émissaires spéciaux qui reçurent le nom caractéristique de *Raccoleurs*.

Longtemps ce système de recrutement suffit aux besoins des armées françaises et toutes les guerres du règne de Louis XIV furent faites avec des hommes engagés ou censés engagés volontairement, car les *Raccoleurs* avaient à leur service, pour provoquer les engagements, beaucoup de ruses qui font encore l'objet d'un grand nombre d'anecdotes populaires (1).

« Les officiers, dit M. Jobez, page 514, avaient recours à « toutes sortes de moyens pour tenir les compagnies au « complet au meilleur marché possible.

« Le ministre de la guerre était assiégé de réclamations de « jeunes gens qui affirmaient n'avoir consenti à s'engager que « sous l'excitation de l'ivresse ; des pères de famille se

(1) Annuaire de 1868. M. Jobez, 2ᵉ volume.

« plaignaient que leurs fils eussent été enrôlés avant l'âge de
« seize ans. Des recruteurs demandaient qu'on forçât leurs
« recrues à rejoindre leurs régiments. »

Il est facile de comprendre qu'une armée ainsi recrutée n'avait pas droit à beaucoup d'égards ; aussi l'administration avait-elle peu de soucis du bien-être des soldats, qui menaient sous les drapeaux une vie des plus dures ; aussi le soldat français était redouté de ses compatriotes presque autant que des étrangers.

L'établissement des milices provinciales commencé en 1726, est définitif en 1773. Elles présentaient beaucoup d'analogie avec la garde nationale mobile qu'on vient d'établir. Qu'il nous suffise de savoir que le comté de Bourgogne devait fournir deux régiments appelés de *Salins* et de *Vesoul*, composés de 3550, que nos miliciens du canton des Planches faisaient partie du régiment de Salins.

(1550). Dans les montagnes du Jura, la croyance à la sorcellerie était profonde, on portait même sur soi des médailles de St-Benoit pour se préserver des malices des sorciers et cette croyance était encore plus profondément implantée dans nos parages, à raison de leur proximité avec la terre de St-Claude, terre classique des sorciers ainsi que les lieux voisins. Roguet, grand juge de la grande judicature de St-Claude, se vante d'avoir fait brûler quinze cents sorciers ; combien les villages de notre canton comptèrent-ils de malheureuses victimes dans ce nombre ? Nous l'ignorons.

L'ivrognerie était très fréquente dans le comté de Bourgogne, elle était même devenue si commune que le parlement crut devoir, le 20 décembre 1599, rendre un arrêt à cet égard. « Aussi par les grands abus, est-il dit, désordres e[t]
« scandales que l'on voit journellement advenir par le moyen
« de ceux qui *s'engurgitent* et surprennent de vin, dont se-

« raient issus plusieurs inconvénients. La cour pour y remé-
« dier ordonne aux officiers majeurs, échevins et tous autres
« ayant charge publique, de saisir au corps ceux qui seront
« trouvés ivres et faisant bruit et scandale, et les réduire aux
« prisons pour illes les faire jeûner trois jours au pain et à
« l'eau, nonobstant opposition ou appellation et sans préjudice
« d'icelles. » Ce n'est pas seulement chez le petit peuple que
le culte de Bacchus trouvait des autels en Franche-Comté.
Nos bons ancêtres aimaient à l'exemple des Suisses leurs voisins, *Irinken,* dont nous avons fait *trinquer*.

(1552). Jean de Poupet, chevalier de la Chaux, gentilhomme
de la Chambre de l'Empereur, bailli d'Aval, fait visiter et réparer les ponts, planches et chemins.

En 1572, Philippe II fit suspendre les travaux métallurgi-
ques sur toute la frontière de Pontarlier à St-Claude, parce que
les hauts fourneaux consumaient trop de bois, et que les abba-
tis d'arbres rendaient l'accès de la Franche-Comté plus facile.

Le 17 janvier 1595, Henri IV déclara la guerre à l'Espagne
et entreprit la conquête de la Franche-Comté. Il proposa aux
Suisses de partager avec eux la province en leur donnant les
contrées situées au Mont-Jura, St-Claude, Pontarlier, le bailliage d'Aval, les cantons rejettèrent cette proposition. Don
Jean de Watteville, envoyé en Suisse en 1668 pour organiser
une ligne défensive, essaya encore de convertir la Franche-
Comté en cantons helvétiques. Enfin en 1815, la Suisse fit
tous ses efforts pour reporter ses limites jusqu'au Doubs. Par
trois fois donc nos villages ont couru le danger d'être réunis
au canton de Vaud et sont heureusement restés français. Cette
même année 1595, Château-Vilain et le Bourg-de-Sirod furent
pris par les troupes d'Henri IV, ainsi nos montagnes ne furent
point exemptes des déprédations dont la province eût à se
plaindre.

En juin 1556, Jean de Poupet, seigneur de la Chaux, était au nombre des trois commissaires de Philippe II qui venaient de sa part prêter serment en son nom devant les États de Franche-Comté assemblés à Dole.

Une maladie pestilentielle causa d'affreux ravages en 1565.

En 1566, cherté extrême des grains.

Nouvelle épidémie en 1571.

Nouvelle peste en 1576.

En 1586, nouvelle épidémie plus terrible que les précédentes. Cette même année la cherté des grains et des choses nécessaires à la vie est si grande qu'une partie du peuple meurt de faim.

En 1584, on établit à Foncine-le-Haut un marché qui se tenait le vendredi de chaque semaine, il était tombé ensuite, mais il fut rétabli en 1744 et a été florissant et très fréquenté jusqu'en 1840.

L'imprévoyance des populations, en détruisant les forêts, risquait d'amener la pénurie des bois ; aussi pour parer à cet inconvénient, à dater de 1750, les communes mirent en réserve de vastes terrains avec défense d'y couper aucun pied d'arbres pendant un certain nombre d'années, c'est ce qu'on appelait *mettre en ban, bannalyser, bannalité.* Cette mesure que les lois ont régularisée plus tard, a produit dans nos montagnes d'heureux résultats. Toutes les communes de notre canton s'étaient empressées de *mettre en ban* une partie de leurs terrains boisés à Foncine-le-Haut. Le bois bannalisé était situé Sur-le-Croz et constitue aujourd'hui notre forêt communale. Cette bannalisation opérée par les communes, fut l'origine des *quarts en réserve* établis par l'ordonnance de 1669 et notre code forestier.

Maximilien, par lettres patentes du 17 février 1508, cédait la jouissance viagère de la Franche-Comté à sa fille Marguerite. Elle fut heureuse et en paix sous son gouvernement. Aussi Charles-Quint, son neveu, la prit-il en affection et eut soin de la recommander à son fils et s'entoura de francs-comtois qu'il appela aux plus hautes dignités. Aussi Charles de Poupet, seigneur de la Chaux-des-Crotenay, eut-il l'honneur insigne d'être nommé par lui gouverneur de son frère l'infant Ferdinand, depuis roi des Romains et empereur d'Allemagne. Philippe II établit l'inquisition en Franche-Comté.

En 1567, la maladie pestilentielle de l'année 1565 renouvelle ses ravages et se signale, avant de cesser, par une recrudescence si violente que tous les villages de la province en ressentirent les effets. Nous ignorons le nombre des victimes qui succombèrent dans les villages de notre canton.

En 1573, le froid fut si intense que les vignes de la Comté gelèrent.

En 1578, les Français pénètrent dans notre province et répandent partout la désolation.

En 1595, les Lorrains de Tremblecourt, lieutenant d'Henri IV, se répandirent dans les montagnes, détruisant en tous lieux, par le fer et le feu, ce qui ne pouvait devenir objet de pillage.

En 1571, la seigneurie de *Versoye,* au pays de Gex, fut vendue et inféodée au prix de 25,000 écus d'or, par Emmanuel Philibert, duc de Savoye, à Messire Nicolas de Watteville, seigneur de Château-Vilain, baron de Foncine et seigneur de Colombier dans le comté de Neuchâtel, par sa mère. Nicolas de Watteville était petit-fils de Messire Jean-Jacques de Watteville, avoyer de Berne, qui avait commandé les troupes de cette république au siége de Dijon en 1513.

Le duc Charles Emmanuel de Savoye érigea en 1598 la terre de Versoye en marquisat, pour récompenser les services de Nicolas de Watteville et de Gérard son fils. Comme le pays de Gex était devenu français, les Watteville demandèrent à la France de conserver les aliénations faites par le duc de Savoie, mais la décision de cette affaire se faisant trop attendre, Gérard de Watteville eut recours à Charles Emmanuel qui, pour le dédommager, lui céda le 6 mars 1621, la terre de *Conflans* qui fut érigée en marquisat et comme elle n'était pas d'un revenu égal à celui de Versoye, le duc y suppléa par une rente de 1440 écus d'or assignés sur les sols de Chambéry. Voilà pourquoi les Watteville, seigneurs de notre pays, ont dès cette époque pris le nom de marquis de Conflans (1).

CHAPITRE XI.ᵉ. — CHATEAU-VILAIN.

Le canton des Planches-en-Montagne tel qu'il est aujourd'hui constitué, dépendait autrefois de deux seigneuries et même dans le principe d'une seule en effet, car Simon, sire de Commercy, ayant épousé Nicolette, fille unique de Humbert IV, sire de Salins, devint propriétaire de tous les biens des sires de Salins, parmi lesquels se trouvaient les seigneuries de Château-Vilain, de Montrivel, dont la seigneurie de la Chaux-des-Crotenay n'était qu'un démembrement décoré du titre de baronnie.

Simon de Commercy, le premier de cette famille dont les chartes de notre pays fassent mention, fit construire vers 1186, la forteresse de Château-Vilain, l'une des plus formidables de la province (2).

(1) Histoire de Gex, page 410.

(2) Dunod et dom Grappin disent que le nom de la famille de Château-Vilain s'était éteint dans celles de Commercy et de Chauvirey. Cependant malgré l'antiquité bourguignonne qu'on lui suppose, ce château n'apparaît dans les chartes qu'avec la date de 1186 et avec Simon de Commercy. Cependant si l'on en croit Gilbert Cousin, le bourg dont nous parlons serait le seul de notre pays qui aurait conservé son nom original, il en attribue la fondation aux Burgondes, car selon lui, *Burg*, en tudesque et *purgos*, en grec, signifie tour et citadelle. L'analyse des titres nous fait

Gilbert Cousin nous dit : *prope vero id oppidum, in excelsi ori collicuto, sunt duæ arces contiguæ ambæ castrum Villanum dictæ.* Près du Bourg-de-Sirod, sur une colline plus élevée, on voit deux châteaux forts contigus appelés tous deux *Château-Vilain.* Simon de Commercy, en faisant bâtir Château-Vilain, lui donna le nom de *Castrum Villanum* ou *Rusticum,* du nom d'un bourg situé dans le diocèse de Langres, dont son père était seigneur (3).

Simon de Commercy avait parfaitement choisi le lieu où il voulait ériger son château sous tous les rapports.

D'abord pour son importance, à raison des circonstances qui se rapportent à ce qu'était anciennement le lieu où il le fixait.

Si on parcourt l'histoire ancienne, on voit que tout concourt à démontrer l'antiquité de Sirod. Les superstitions qui s'attachent aux *trois commères,* aiguilles de rocher de forme bizarre qu'on remarque en face du village, à l'ouest, et dans lesquelles il est facile de reconnaître les derniers vestiges du culte de pierres ; la croyance à la fée *Mélusine* ; l'omnipotence attribuée aux descendants de St-Hubert pour guérir de la rage ; la

reconnaître que des seigneurs du nom de *Château-Vilain* ont existé postérieurement à la possession de ce château par la race des Commercy, nous n'en voyons point auparavant ; en effet, en 1348, on voit un Jean de Château-Vilain lieutenant (1186) du duc de Bourgogne dans la terre de l'Empire et vers 1450, vivait une Yolande de Château-Vilain, femme de Jean-d'Aumont, dit le Hutin, chevalier.

(3) Le mot Vilain, traduit de *Villanus,* n'avait pas dans l'ancien langage la même acception que dans le français moderne. Ainsi, nous ne dirons pas avec Lequinio, que cette dénomination vient sans doute de la surface sombre des noires forêts qui frappent en cet endroit la vue, de quel côté qu'on la porte. Nous avons déjà dit que sur la même croupe de montagne, il y avait deux maisons fortes, comme nous le reconnaîtrons par les dominateurs de cette double terre. On appelait *Château-du-Bourg* celui qui avait le Bourg sous sa protection, et *Château-Vilain* celui dont dépendait le village de Sirod. Cette double habitation fut sans doute le résultat des querelles entre les gendres de la famille de Commercy soumises en 1332 à l'arbitrage de Guillaume d'Eternoz.

dédicace de l'église à St-Etienne, premier martyr, car on sait
que les premières églises ont été dédiées à St-Etienne ; la
mention de cette dédicace dans un diplôme du roi Lothaire, de
l'an 852 ou 855, et enfin le voisinage du *chemin des Romains*
qui descendait par Charency au Pont-du-Navoy. Ce lieu était
donc connu et était certain par son antiquité, d'attirer de plus
en plus les populations habituées à le fréquenter.

Par sa position, son isolement sur la crête d'un roc âpre et
nu, l'aspect de ses pierres moisies par le temps, sa superposi-
tion au-dessus des étranges rochers de Sirod, masses énormes, dont les unes forment des aiguilles hardies et les autres
des statues monstrueuses. En face de la cascade de l'Ain qui
est une des plus belles du Jura et du *Baru,* torrent qui, dans
les grandes pluies, sort de son gouffre profond en torrent
tumultueux qui bondit en cascades sur les pentes d'une montagne couverte de noirs sapins et se précipite dans l'Ain, près
du point où cette rivière disparaît sous les rochers. Tout lui
donnait un air de sombre majesté qui laissait dans l'âme une
impression ineffaçable.

Il s'élevait à l'ouest du Bourg-Dessous et sur un plateau
très allongé au sommet d'une montagne coupée à pic de deux
côtés ; il occupait une surface de 220 mètres de long sur 60
de largeur et dominait tout le pays d'alentour. Cette forteresse
était entourée d'un mur d'enceinte construit sur les bords du
rocher. On ne pouvait y pénétrer que par le côté sud qui
communiquait avec le Bourg-Dessus. L'entrée était précédée
d'une belle avenue de tilleuls, dont huit se voient encore et
défendue par deux tours quadrangulaires adossées à un donjon : l'une avait 4 mètres 50 centimètres de largeur et l'autre
9 mètres.

C'est sous cette dernière qui servait de salle des gardes
qu'était pratiquée la porte d'entrée ; après avoir traversé cette

porte, on rencontrait un chemin de 6 mètres de largeur et long de 33 mètres, bordé d'épaisses murailles, conduisant à une première cour qui renfermait un manoir fortifié. Derrière ce bâtiment était une cour de 20 mètres de largeur, puis un donjon carré de 20 mètres de côté. Derrière le donjon se trouvait une autre cour de 80 mètres de longueur sur 60 de largeur, le mur d'enceinte, flanqué de tours, complétait sa défense. Le premier bâtiment d'habitation était séparé de la cour renfermant le donjon principal par une muraille très haute et très épaisse, munie à ses extrémités de deux tours percées de meurtrières. Nous avons déjà dit que Gilbert Cousin exprime que de son temps il y avait deux châteaux. Il y avait effectivement deux corps de bâtiment, ainsi que nous venons de le voir, mais ils faisaient partie de la même enceinte. A peine Gaucher III de Commercy fut-il mort, que ses gendres entrèrent en procès pour le partage de sa succession ; la possession de la forteresse était un sujet continuel de discorde. Ces deux seigneurs nommèrent, en 1332, Guillaume d'Eternoz pour arbitre, qui ne trouva d'autre moyen de conciliation que d'engager les époux de Mlles de Commercy à cesser de vivre sous le même toit. C'est alors que fut construit le manoir qui se trouvait au-devant du donjon.

L'intérieur de ce castel présentait trois objets curieux : 1° sa prison creusée dans le rocher au-dessous des bâtiments ; on y descendait par un escalier qui n'avait pas un pied et demi de large, à peine le corps pouvait-il y passer ; dans la voûte se trouvait une petite entaille toute noircie de fumée ; c'est à cette entaille que se collait « indubitablement « le bout de chandelle du geôlier quand il descendait pour apporter la nourriture aux squelettes vivants qui respiraient « encore dans ce tombeau. Qui respiraient ! Par où ? Trois « portes épaisses en défendaient l'entrée à la lumière ; nulle

« fenêtre, nul tuyau, nul canal ne permettait à l'air de s'y
« introduire, nulle scissure même dans le rocher ne laissait y
« pénétrer les sons. »

2° Le puits. Dans une des cours se trouve un puits qui n'a
que huit pieds de profondeur et c'est autant qu'il en faut.
C'est une source qui ne tarit jamais et qui, sans doute, cons-
tituerait un de ces syphons naturels alimenté par la capilla-
rité ; 3° à l'intérieur on remarque dans l'appartement de la
princesse une armoire fort commune et dont on ne s'aviserait
pas de soupçonner la destination, c'est le vestibule de l'appartement des *jeunes demoiselles ;* les battants même étant ouverts, on ne voit qu'une armoire encore, un secret fait ouvrir
une partie du fond et vous avez le passage dans un petit escalier par lequel on grimpe à deux cabinets boisés qui se communiquent et dont les fenêtres sont disposées de manière à ne
pouvoir donner d'espérance aux plus hardis des galants.

Le chemin qui conduit à Château-Vilain tourne ce château
vers le sud, vous suivez une pente longue et médiocrement
rapide qui vous mène au corps avancé des fortifications ; c'est
une sorte de tour carrée qui se trouve aux deux tiers de la
hauteur du mont ; elle en remplit la coupure primitive ; elle
sépare en même temps qu'elle unit les deux parties du rocher ;
cette gorge était le passage ouvert par la nature, vous ne pouvez traverser nulle autre part. La tour est percée d'une arcade
de l'épaisseur, hauteur et largeur d'une porte de ville, c'est la
vraie porte d'une citadelle. Il semble que vous allez entrer,
que vous montez dans une place forte et dans une cité d'importance. Mais une fois la porte franchie, vous jouissez d'une
belle perspective ; votre vue s'étend sur le val de Sirod, atteint
Nozeroy et le val de Miéges. Quelques pas encore et vous êtes
près d'une petite chapelle qui remonte au xIIᵉ siècle. Deux
tilleuls s'élèvent de chaque côté de ce monument dédié à

l'Assomption de Notre-Dame. Le portail de la porte d'entrée porte la date de 1616. Une voie de 8 à 9 pieds de large, entaillée dans le flanc de la roche, vous fait descendre dans la plaine de Sirod, en décrivant du sud vers le nord une parallèle à la ligne que vous avez décrite en gravissant du nord vers le sud, c'est-à-dire que le chemin des deux côtés contourne la montagne où est assis le vieux manoir féodal.

Le donjon de Château-Vilain, comme tous les anciens. donjons de la Franche-Comté, a ses drames plus ou moins terribles à produire au grand jour, avec cette différence que la plupart sont apocryphes et tiennent du roman, tandis que les faits rapportés dans la chronique que nous allons citer, sont consignés dans les actes de 1349, 1352 et 1368 et ils ont été l'objet des vers si gracieux de notre poëte franc-comtois, feu le député Auguste Demesmay (1).

Le seigneur de Château-Vilain avait quelques contestations avec son beau-frère Guy de Vienne; un jour il s'avisa de s'emparer par surprise de la personne de son beau-frère et, tranchant la question de vive force, de l'emmener prisonnier. L'affront était d'autant plus sanglant pour le suzerain, que le chevalier de Vienne venait de léguer la terre de Chevreau à la femme du duc Philippe. Hugues de Châlons exigea que ce don, retiré à la duchesse Marguerite, passât à la comtesse de Châlons, et sur le refus du captif, il l'entraîna à Château-Vilain, où il le fit languir un an. Parfois ce farouche vainqueur tirait son beau-frère du fond de son cachot, le faisait suspendre par les pieds au sommet d'une des tours et le faisait tournoyer dans l'espace sur cet effroyable précipice, le menaçant une épée nue à la main, de couper la corde qui le retenait dans les airs s'il ne s'avouait devant témoins coupable de certain

(1) Demesmay, Béatrix de Chauvirey, pages 273 et 446. Annuaire 1862, page 39.

crime et s'il ne rétractait sa donation. L'infortuné voyait à ses pieds les cieux et le soleil, sous sa tête les brouillards qui s'élevaient de la rivière qu'il entendait mugir au bas de la montagne et malgré ses terreurs il résistait toujours. Il existe encore parmi ces ruines un tronçon de murailles hérissé de ronces et que depuis cette aventure l'on désigne sous le nom de la *Tour de Vienne* (1).

Mais l'heure de la délivrance allait bientôt sonner.

Après la mort de Gérard de Chauvirey, propriétaire de la moitié de la seigneurie de Château-Vilain, Gérard son fils, pour être unique héritier, avait forcé Béatrix sa sœur, à aller ensevelir ses attraits dans l'abbaye de *Bémont,* au diocèse de Langres, dont sa tante, Marguerite de Chauvirey, était supérieure.

Jeune et belle, Béatrix quittait le monde à regret et, comme dit le poëte :

Château-Vilain et baronnie des Foncines et des Planches.

> Béatrix était belle
> Comme on l'est à seize ans
> Et, noble damoiselle
> Elle avait autour d'elle
> De nobles prétendants.

Aimée dès son enfance de Louis de Joux, leurs cœurs se comprenaient en silence, ils avaient rêvé les douceurs d'une heureuse alliance et la mère de Béatrix, Isabelle de Rans avait applaudi à leurs projets.

> Amis dès leur enfance
> Leurs cœurs se comprenaient
> Et souvent en silence
> D'une heureuse alliance
> Tous les deux ils rêvaient.

Mais le seigneur de Chauvirey était là ; malgré les pleurs de sa sœur et les supplications de sa mère, Béatrix à l'autel

(1) Annuaire de 1862, page 34.

est conduite, le sacrifice est consommé. L'âme remplie de sentiments de vengeance, le fier seigneur de Joux songe aux moyens de l'accomplir ; le hasard va bientôt le servir ; la mère de Béatrix tombe malade et supplie son fils de lui rendre la main de sa fille pour fermer ses paupières déjà appesanties par la mort.

> De Chauvirey la noble douairière
> Par l'âge usée et par un long chagrin,
> Voudrait avant de fermer la paupière
> Revoir sa fille et lui presser la main.

Le sire de Château-Vilain y consent et l'évêque de Langres, ami de la famille, l'envoye près de sa mère mourante. Le sire de Joux veille.

> Là, de sa jeune amante on lui dit que la mère
> S'incline tristement vers son heure dernière.

A peine la jeune recluse a-t-elle franchi le seuil de Château-Vilain, qu'il rêve aux moyens de s'y introduire ; si l'on en croit la chronique du pays, déguisé en serf de Château-Vilain, il suit le prêtre qui porte le saint-viatique. Béatrix et sa mère l'ont reconnu ; la mourante saisit la main de sa fille et la place dans celle du sire de Joux. Mais laissons parler le poëte :

> Fléchissant le genou devant la douairière
> Loïs réclame d'elle, en la nommant sa mère,
> L'honneur de la servir comme aux jours plus heureux.
> Orphelin, elle avait protégé son enfance,
> Il fut son second fils. Dans sa reconnaissance
> Il vient pour la sauver ou lui fermer les yeux.
> Aux pleurs de Béatrix mêlant aussi ses larmes
> Loïs veut partager ses veilles, ses alarmes,
> Ses craintes pour sa mère et ses soins assidus.

Bientôt la mère de Béatrix descend dans la tombe ; profitant du trouble que la mort fait naître, Louis de Joux, avec ses hommes d'armes déguisés, suit le cortége mortuaire ; il se rend avec les personnes qui avaient accompagné le cortége, à Château-Vilain et s'en saisit, on en refuse l'entrée au sire de

Chauvirey ; la chronique dit même qu'il le fit enfermer dans la tour de Vienne, aux lieu et place du sire de Vienne auquel il rendit la liberté.

La noble châtelaine agonise et succombe,

Après une vigoureuse résistance, Jean de Châlons Arlay s'empara de Château-Vilain ; les uns disent qu'à titre de suzerain, il fit emprisonner la belle religieuse et l'amoureux chevalier. Les autres assurent que Louis de Joux prit la fuite, emmenant avec lui Béatrix, et qu'ils se rendirent à Rome pour faire annuler les vœux forcés de la religieuse.

Dans tous les cas, cette guerre se termina par un traité dans lequel on se tint respectivement quitte de *tout retour de prison, otages* et Louis de Joux épousa Béatrix, et comme dit Mme d'Aulnoy dans ses jolis contes : Ils vécurent longtemps heureux et satisfaits. Jean de Châlons Arlay fit désister les époux de toutes les prétentions sur Château-Vilain, pour lesquelles ils obtinrent une faible indemnité de soixante soudées de terre, mais en s'engageant jusqu'à concurrence de 10,000 livres, à ne causer aucun trouble au possesseur de Château-Vilain. Cette transaction est du 22 janvier 1349. Voir aussi une autre charte de 1352. Béatrix testa l'an 1368, élut sa sépulture devant le grand autel de Mont-Benoît, institua pour héritier Humbert de Joux, son fils et le nomma avec son mari exécuteur de ses volontés.

Les chartes rappellent plusieurs barons et châtelaines de Joux dont les dépouilles mortelles reposent dans l'église de Mont-Benoît (1).

Seigneurs qui ont possédé le Château-Vilain et la baronnie des Foncines et des Planches.

Humbert IV, vivant en 1173, eut pour fille unique Nicolette,

(1) Barthelet, page 24.

qui lui succéda dans les vastes terres qu'il possédait depuis Champagnole jusqu'aux Hautes-Joux ; elle épousa Simon, sire de Commercy, qui fit construire vers 1186 la forteresse de Château-Vilain, ainsi que nous l'avons déjà dit. Il laissa de Nicolette de Salins sa femme, Hugues de Commercy, qui vivait en 1200. Il eut pour fils unique Gaucher, qui épousa Laurence de Senecey. En 1236, il fit les devoirs de fief à Hugues, duc de Bourgogne, seigneur de Salins, pour la terre de Château-Vilain et autres châteaux dont il jouissait. Il en remit les clefs au duc, qui avait le droit de s'emparer de ces châteaux et de les garder pendant quarante jours, après lesquels il devait les lui rendre dans le même état où il les avait trouvés, à l'exception de ce qui était nécessaire pour la nourriture de ses chevaux.

Jean, comte de Bourgogne, ayant acquis la seigneurie de Salins en 1237, Gaucher de Commercy se reconnut son vassal l'an 1240, pour les terres de Château-Vilain et de Montrivel. Cette reconnaissance termina les discordes qui s'étaient élevées entre eux. Gaucher, nous l'avons déjà dit, promit au comte de ne point construire de nouvelle forteresse dans sa seigneurie de Château-Vilain et de n'ajouter aucun ouvrage extérieur à son château. En 1241, il engagea à ce comte cette seigneurie pour douze ans consécutifs, sans pouvoir la retirer pendant ce temps, sous quelque prétexte que ce fût. La modeste baronnie des Foncines et des Planches a donc eu pour seigneur, pendant douze ans, un comte de Bourgogne. Il renouvela en 1242, envers le comte Jean, l'hommage de ses quatre forteresses, Château-Vilain, Montrivel, Charbonny et Nant.

Gaucher II de Commercy, chevalier, troisième fils de Gaucher Ier, eut dans son lot la terre de Château-Vilain, dont il fit hommage en 1260, à Laure de Commercy, sa nièce, épouse de

Jean, comte de Bourgogne, et en 1286 à Jean de Châlons, sire d'Arlay Ier, fils de ce dernier. Du mariage de Gaucher II, avec Marguerite de Bellevêvre, naquit Gaucher III de Commercy ; ce seigneur reprit en fief, au mois d'avril 1293, de Jean de Châlons, sire d'Arlay, la seigneurie de Château-Vilain par la volonté de Gaucher, son père ; il entra en 1301 dans la ligue des barons du comté de Bourgogne qui firent la guerre à leur prince et il fut compris dans le pardon que Philippe-le-Bel, roi de France, leur accorda. Il remit en 1303, entre les mains de Jean d'Oiselet, représentant le seigneur d'Arlay, la forteresse pour la garder pendant quarante jours, suivant la nature de ce fief et l'exemple de ses prédécesseurs. Il renouvela, en 1308, l'hommage de cette terre, en présence d'un grand nombre de seigneurs. Il avait épousé Isabelle de Montaigu ; de cette alliance sortirent deux filles.

FAMILLE DU QUART.

1° Marguerite de Commercy, femme de Jacques du Quart, chevalier, seigneur dudit lieu, et mère de Jacquemet du Quart, chevalier, seigneur de Château-Vilain en partie. Jacquemet eut pour fils Henri du Quart, chevalier, qui épousa Pentésiles de Saluces, de laquelle il eut Anne du Quart, qui épousa Jacques d'Arbon.

FAMILLE D'ARBON.

Jacques d'Arbon, chevalier, seigneur de la Chaux-des-Crotenay, qui reprit en fief du seigneur d'Arlay, en 1392, au nom de sa femme, la moitié de la seigneurie de Château-Vilain.

2° H. de Commercy, alliée à Gérard de Chauvirey, chevalier, seigneur de ce lieu, mort avant 1334.

Jacques d'Arbon et Anne de Commercy laissèrent pour

héritiers Jean mort jeune, Jacques, Catherine, Claude ou Claudine et Guillemette d'Arbon, leurs enfants.

Jacques d'Arbon II, écuyer, seigneur de Château-Vilain et de la Chaux, fit hommage de ces deux terres au sire d'Arlay le 19 septembre 1414 et mourut sans postérité avant l'an 1419, laissant la seigneurie de la Chaux aux enfants de Catherine, sa sœur, épouse de Louis de Grandviliers, et celle de Château-Vilain à Claude, son autre sœur, épouse de Jean de Joux, chevalier, seigneur d'Abbans.

FAMILLE DE JOUX.

Jean de Joux fit hommage aux princes de Châlons-Orange de la terre de Château-Vilain conjointement avec son fils Nicolas de Joux, en 1461 ; en 1450, le 8 avril, lui et Claudine d'Arbon, son épouse, reçurent la reconnaissance de *Vauchier du Larderet,* écuyer et de Huguette, sa femme, de tout ce que celle-ci pouvait avoir de leur fief en la chatellenie de Château-Vilain et dans tout le val de Sirod.

Jean de Joux mourut en 1462, dans un âge avancé. Nicolas de Joux, son fils, lui succéda dans les terres de Château-Vilain ; le 11 janvier 1461 il affranchit une famille de main-mortables de Château-Vilain ; en 1470 il avait fait à Guillaume, prince d'Orange, les devoirs de fief pour sa terre de Château-Vilain ; cinq ans après, le 5 avril 1475, il donna des franchises à quelques habitants du village de Syam, sous réserve d'une cense annuelle de trois francs sept engrognes. Il mourut la même année 1475. François de Joux, fils du précédent, seigneur de Château-Vilain, après une main-mise du seigneur de Nozeroy, du 2 juin 1496, fit hommage de cette terre à Jean de Châlons-Arlay IV, prince d'Orange, le 30 juin 1496. Il vivait encore en 1510. Adrienne de Cicon, qu'il avait épousée, le rendit père d'une fille unique, Anne de Joux.

MAISON DE GRAMMONT.

Anne de Joux épousa Jean de Grammont et mourut avant 1540 ; leur fils, Adrien de Grammont, dit de Joux, marié à Rose de Pontarlier, en eut deux filles : Adrienne l'aînée, s'unit en 1561, à Gaspard de Grammont. Anne, héritière de Château-Vilain et dame de Courviers, fit alliance avec Nicolas de Watteville.

Une fille de la maison de Grammont porta en dot la portion des du Quart dans la terre de Château-Vilain à Nicolas de Watteville, qui acheta ensuite la portion des Chauvirey et devint propriétaire unique de la seigneurie de Château-Vilain et de la baronnie des Foncines et des Planches ; avant cette réunion, jetons un coup d'œil sur la maison de Chauvirey.

MAISON DE CHAUVIREY.

Gérard de Chauvirey ayant épousé la fille de Gaucher III de Commercy, devint propriétaire de la moitié de la seigneurie de Château-Vilain. En juin 1347, il avoua tenir de Jean de Châlons en fief lige jurable et vendable son chastel de Château-Vilain et ses dépendances, au nombre desquelles était la baronnie des Foncines.

Pernet, seigneur du châtel de Chauvirey et de Château-Vilain en partie, eut de son mariage avec Isabelle de Rans, Jean de Chauvirey qui épousa Jeanne de Salins, dont il eut Gérard et Jean ; ils avaient pour sœur Béatrix, dont la vie est presque un roman et dont nous nous sommes occupés.

Pierre de Chauvirey, seigneur de Château-Vilain, affranchit de la main-morte les habitants des Foncines, ainsi que nous l'avons déjà dit, réserva le bon plaisir de son très redoutable seigneur Louis de Châlons, de qui dit-il : Je tiens ladite ville de Foncines, dépendance de Château-Vilain, en fief ; cet affran-

chissement et la confirmation en sont portés au terrier même
de Château-Vilain. Il eut de Catherine de Damas sa femme,
Léonard, seigneur de Château-Vilain qui, ayant négligé de faire
hommage avant que de s'immiscer dans sa seigneurie, vit
Jean de Châlons II y mettre la main le 22 juin 1496, et le
lendemain il obtint l'investiture. Jean de Longeville, écuyer,
seigneur dudit lieu, avait épousé en secondes noces Catherine
de Chauvirey, fille de Léonard de Chauvirey, seigneur de
Château-Vilain et de Louise de Colombier.

En 1515, 1534 et 1537, les administrateurs de la terre de
Nozeroy consentirent des rentes assignées spécialement sur
la terre de Château-Vilain.

En 1539, Réné de Châlons investit Antoinette de Mont-
Martin, veuve de Jean de Poupet, de la portion de Chauvirey
par elle acquise à titre d'échange de Pierre de Chauvirey.

La maison de Chauvirey s'éteignit dans la personne de Philibert, seigneur du Colombier et de Château-Vilain en partie
qui avait succédé en 1511, à son père Léonard, dans ses fiefs
et dans son gouvernement du comté de Neuchâtel. Isabeau
d'Achey, veuve de Philibert de Chauvirey, seigneur de
Château-Vilain, testa en 1521.

Antoinette de Montmalin n'eut de son mariage avec Jean de
Poupet qu'une fille Anne de Poupet, qui épousa Jean de Beaufremont. Cette dame testa à Poligny au mois de mai 1564 et
donna sa terre de Château-Vilain à son mari, qui l'aliéna, en
1590, pour 6250 écus d'or au soleil à Nicolas de Watteville
dont les descendants ont possédé cette seigneurie jusqu'en
1789 (1).

(1) D'Amboise, gouverneur de la province sous Louis XI avait renversé
les remparts du bourg et du château, et l'on avait transporté le marché
du bourg à Sirod, ce fut Nicolas de Watteville qui, en 1616, restaura ce
château démoli par Louis XI et ses officiers. On lit sur la porte d'entrée
de l'enceinte du bourg.

MAISON DE WATTEVILLE.

Nicolas de Watteville se détermina à quitter Berne, sa patrie, lorsqu'il vit qu'elle avait proscrit la religion de ses pères, sans espoir de retour, il se fixa dans le comté de Bourgogne, où il épousa, comme on l'a déjà dit, Anne de Joux, dont il eut trois fils : Gérard, Jean et Pierre de Watteville.

Gérard continua la possession de Château-Vilain. Il eut pour fils Philippe-François de Watteville, comte de Bussolin, qui mourut jeune en 1636. Il commandait la cavalerie de secours envoyée à la ville de Dole assiégée par le prince de Condé, il avait épousé Louise-Christine de Nassau. Leurs enfants furent Thomas, Eugène, Louis Jean Charles de Watteville qui suit, Marie Angélique, abbesse de Château-Châlons, Aimée-Désirée, chanoinesse à Mons, et N. de Watteville, mariée à Jacques de Saint-Maurice. Thomas et Jean sont morts sans postérité.

Jean-Charles de Watteville, marquis de Conflans, fut marié à Desse de Beaufremont, il eut de ce mariage Charles-Emmanuel marquis de Conflans, qui suit : Jean-Charles comte de Bussolin, Jean-Cristin marquis de Watteville, et Marie-Desse, abbesse de Château-Chalons. Jean-Charles est mort jeune en 1679, étant capitaine de cavalerie. Jean-Cristin ne s'est pas marié, il était général des armées du roi.

Charles-Emmanuel, appelé le marquis d'Usie dans sa jeunesse et depuis le marquis de Conflans, général de la cavalerie espagnole et chevalier de la Toison-d'Or. Il avait épousé Thérèse-Elisabeth de Mérode, et il a eu de ce mariage : Maximilien-Emmanuel comte de Watteville qui suit ; Charles-Emmanuel-François comte de Bussolin, mort en 1728 ; Anne-

On lit sur la porte de l'enceinte castrale une inscription datée de 1631. Ilidât vicini Glebas et Saxa inoventem quodoz fuit rupes arx fit amœna simul 1631.

Marie-Desse, abbesse de Château-Châlons de 1690 à 1733.
Marie-Anne et Françoise-Elisabeth, religieuses en ladite abbaye.

Marie-Anne religieuse sous sa sœur lui succéda comme abbesse et le fut de 1721 à 1742 ; Françoise-Elisabeth succéda de même à sa sœur et fut abbesse de 1742 à 1789. Anne-Désirée de Watteville mariée à N. baron de Stain, maison de Souabe, major général des troupes de S. M. impériale ; et Charlotte épouse de N. baron de Bouvroi, en Flandres.

Maximilien-Emmanuel de Watteville, marquis de Conflans, baron et seigneur de Château-Vilain, Foncine et autres lieux, épousa N. Phélypeaux de Pontchartrin, affranchit la baronnie de Foncine et des Planches de tous droits seigneuriaux par traité du 6 décembre 1756, dont nous donnerons copie.

Les seigneurs de Commercy, qui formèrent la branche de Château-Vilain, et les seigneurs de Watteville résidaient continuellement dans ce château, le séjour d'hôtes aussi illustres en fit le théâtre de fêtes brillantes. Lors de la démolition des châteaux forts, en 1674, celui de Château-Vilain fut respecté sur la demande de l'abbé de Watteville. Le grand roi n'avait rien à refuser au traître qui lui avait livré la Franche-Comté. Ce château ne fut démoli que de 1808 à 1810, pour reconstruire les usines du Bourg-de-Sirod, incendiées. Il ne reste aujourd'hui que les ruines de quatre tours, celle de Vienne surtout, quelques pans de murs, deux citernes et un abreuvoir. Au moment de sa destruction, ce château offrait l'image fidèle d'une place de guerre du moyen âge, bien conservée, c'est pourquoi cette démolition est très regrettable. En 1789, Château-Vilain appartenait au comte de Stainfeld, maréchal des armées autrichiennes et à Mmes de Grans et de Rodoan, descendantes des Watteville (1).

(1) A l'époque révolutionnaire, il y avait encore sur cette montagne de Château-Vilain, à travers les fortifications, des appartements conve-

Dans l'église de Sirod deux caveaux ou charniers servaient à la sépulture des seigneurs de Château-Vilain et de Montrichard, plusieurs membres de la famille de Watteville y sont inhumés. Contre le pilier, à l'entrée gauche du sanctuaire, est un tableau en marbre portant cette inscription : « ci-gît dame Jeanne-Désirée comtesse de Watteville, douairière de messire Ferdinand-Henri baron de Stain, lieutenant-général de S. M. l'empereur Charles VI, dame d'honneur de Madame l'archiduchesse Elisabeth d'Autriche, décédée le 4 janvier 1731 en l'abbaye royale de Château-Châlons, transférée à Sirod le 5 dudit mois et inhumée le 6 dans le tombeau de ses ancêtres.

Les possessions des seigneurs de Château-Vilain dans le canton des Planches étaient la baronnie des Foncines et des Planches, une partie de Bief-des-Maisons, le Grand-Chalème, la Perrena, une partie de Treffay.

BIEF-DES-MAISONS.

Le territoire de cette commune dépendait, dans des proportions inégales, des seigneuries de Nozeroy et de Château-Vilain. En 1350, Jean de Chalons-Arlay II du nom, affranchit le val de Miéges et tous les villages de la terre de Nozeroy. Une partie du village de Bief-des-Maisons profita des concessions contenues dans cette charte. Mais les sujets des seigneurs de Château-Vilain dans cette commune restèrent toujours main-mortables.

Bien que l'on y trouve peu de traces d'antiquité et que les plus anciens registres de l'état civil ne remontent qu'à 1742,

nables, puisque M. Monnier, dit Talleyrand, amodiateur du domaine de madame la comtesse de Forges (qui succédait aux Watteville, aux Sens, aux Gavre et aux Rohan) y avait sa résidence ; et que son neveu Marie-Etienne Monnier, ancien procureur syndic du district de Poligny, ancien administrateur du département du Jura, ancien membre du conseil général y est né. (Voir annuaire 1862, page 32.

tout démontre que ce village était traversé par l'antique chemin celtique et Romain qui longeait le pied du Jura et dont nous avons déjà parlé.

Ce village dépendait pour le religieux, de la paroisse de la paroisse de Sirod. Une chapelle desservie par un vicaire résident fut érigée en 1663. L'église actuelle, construite sur l'emplacement de l'ancienne chapelle, est dédiée à la Visitation, fut érigée en succursale lors de la réorganisation du culte. Une contrée de cette commune porte le nom de *pardonnière*. Il y avait probablement un oratoire à pardon, servant de lieu d'asile.

Dépeuplé comme tout le haut Jura par les pestes et les guerres du XIVe siècle, ce village a dû son repeuplement aux différentes concessions des seigneurs.

Ce village a eu à subir deux incendies, l'un en 1792, l'autre en 1866.

LES CHALÊMES.

Le grand Chalême dépendait de la seigneurie de Château-Vilain ; le petit Chalême et Sous-Chalamet de celle de Nozeroy, sauf quelques meix et les hommes en dépendant, qui appartenaient aux seigneurs de la Chaux-des-Crotenay. Les sires de la Chaux et de Château-Vilain n'affranchirent jamais leurs sujets de la main-morte.

Malgré que les plus anciens registres de l'état civil ne remontent qu'à 1736, ce village ne le cède point en antiquité à ceux qui font remonter leur origine à une époque fort reculée, et ce serait une grande erreur de croire que les importantes concessions faites par les seigneurs de Nozeroy dans leurs forêts de la Haute-Joux, en 1372, ont attiré des colons sur un sol vierge.

Le chemin Gaulois ou Gallo-Romain dont nous avons déjà fait mention à Bief-des-Maisons, et qui communiquait de Saint-

Claude à Salins par les Planches, *villa de pontibus, la Perrena,* traversait aussi les Chalêmes. Au bord de cette route, on trouve un canton appelé les *Chazeaux.* Cette dénomination indique évidemment des habitations détruites depuis longtemps. Nous avons lieu de croire que le village des Chalêmes est le même que celui désigné sous le nom *Villa Calamæ,* dans une donation faite en 1383, par Gaucher de Commercy, sire de Château-Vilain et de Montrivel, à l'abbé de St-Claude, ce qui le fait supposer, c'est que tous les autres lieux désignés dans ce titre entourent celui qui nous occupe. Après la peste de 1349, qui avait enlevé ou mis en fuite tous les habitants, de nouveaux noms, souvent sans rapport avec les anciens, furent donnés aux villages par les colons qu'attirèrent sur leurs terres les seigneurs de Nozeroy et de Château-Vilain (1). Dans la section de Sous-Chalamet, on remarque une croix en pierre datant du xiiie siècle.

Au sud-ouest du village, on voit, sur une éminence, des tronçons de murs appartenant à une construction dont on ne connaît pas l'origine. Nous avons remarqué que sur le bord de la voie antique que nous avons signalée, on rencontre plusieurs lieux appelés au *Chatelet,* et nous avons déjà dit que M. E. Clerc dans sa savante histoire de la Franche-Comté à l'époque romaine, nous apprend qu'un grand nombre de stations fortifiées furent créées dans les derniers siècles de l'Empire, pour la défense des routes, et que ces retranchements portent souvent le nom de *Châtelet* ou de *Châtelard.*

Après avoir longtemps fait partie de l'immense paroisse du Val-de-Mièges, puis de celle de Sirod, l'église des Chalêmes, simple chapelle d'abord, fut érigée au xviie siècle en succursale de celle de Sirod et desservie par un vicaire résidant.

L'église actuelle conserve quelques belles traces d'antiquité,

(1) Rousset, tome 1er, page 383.

en effet la porte d'entrée est du xiiie siècle, le chœur est du style ogival du xiiie siècle, dans la face à droite on remarque une belle fenêtre de la même époque, tous ces restes remarquables ont appartenu à la chapelle primitive, nous croyons aussi que le beau et gros tilleul qui orne l'entrée de l'église remonte à la même époque.

Cette église possède les reliques de St-Ignace martyr, une vérification faite en 1858 constate qu'elles sont telles qu'elles sont parties de Rome.

La présence à Rome en 1694 d'Etienne Barbaud et d'Antoine Jallon, qui ont obtenu ces reliques pour leur lieu de naissance, nous fait croire qu'ils étaient au nombre des Franc-Comtois qui, ayant le curé de Mont-sur-Monnet en tête, avaient émigré à Rome dès 1638 par suite des malheurs qui désolaient notre province, et qu'ils y étaient lors de la concession faite par le pape Innocent X de l'église et de l'hospice de St-Claude-des-Bourguignons.

Dans l'année 1642, les frères déchaussés de la Sainte-Trinité pour la rédemption des captifs, ayant à leur tête le père Jean de l'annonciation avaient reçu, sous la condition expresse qu'ils puissent être transportés ailleurs et exposés à la vénération des fidèles, les corps de plusieurs saints martyrs, que le pape Urbain VIII avait fait retirer des cimetières ou catacombes de Callixte et de Prixille dans la rue Salaria, à Rome.

De ce nombre étaient les corps de St-Alexandre et de St-Ignace martyrs, qui sont parvenus le 1er à Chatel-Blanc ainsi que nous le dirons plus loin, et le 2me à Chalèmes, ou ils sont vénérés et selon la tradition ont opéré de nombreux miracles. On dit même que l'ancienne chapelle de Chalèmes était ornée de nombreux *ex voto* que le malheur des temps a fait disparaître.

Voyons maintenant comment ces précieuses reliques sont arrivées à Chalèmes.

En 1662, du couvent des frères de la Trinité ou ces reliques étaient religieusement conservées depuis 1642, elles passèrent entre les mains de Robert Plainer ainsi qu'il est constaté par acte authentique, reçu Perrou, d'Arbois, notaire apostolique à Rome, dont la signature est légalisée par les administrateurs de la ville de Rome, sous la date de 1694, six janvier.

En 1694, le trois juillet, sous le règne d'Urbain XII, la troisième année de son pontificat, Robert Plainer à la sollicitation du notaire Perrou, donna les reliques de St-Ignace aux sieurs Etienne Barbaud, fils de Pierre Barbaud de la Perrena, et à Antoine Jallon.

L'un des donateurs, Antoine Jallon les concéda à son père Claude Jallon, l'autre à ses trois frères, Claude, Jean et Pierre Barbaud pour les remettre à l'église de Chalèmes. Cette donation comme les précédentes est scellée du sceau ordinaire de Perrou, notaire apostolique, c'est-à-dire une main tenant une plume surmontée d'une banderolle contenant ces mots : *Veritati et Æternitati*.

Le 25 juin 1695, cette donation et les reliques sont reconnues par M. Gobelot, vicaire général de Mgr Antoine-Pierre de Grammont, archevêque de Besançon. En cette même année 1695, les habitants de Chalèmes présentèrent la châsse venue de Rome à la reconnaissance de Mgr l'archevêque de Besançon, et en juillet 1696 les reliques de St-Ignace après toutes les constatations de l'autorité furent définitivement placées dans l'église paroissiale de Chalèmes dont elles ne sont jamais sorties malgré les temps de persécution (1).

En 1697, le 21 septembre, les échevins et fabriciens de Chalèmes firent un acte notarié de la remise des reliques à

(1) Toutes ces pièces sont dans la châsse ainsi que le constate le procès-verbal de M. le vicaire général Bailly et celui de M. Munier, insérés au même dépôt le 21 janvier 1858.

l'église de Chalèmes et de leur don par Jallon et Barbaud, cet
acte fut reçu par le notaire Fumey, du Chatelet (1).

FONCINE-LE-BAS.

Le village de Foncine-le-Bas n'étant qu'un démembrement
récent de la grande communauté des Foncines, n'a pas d'histoire particulière. Pour tout ce qui concerne son origine et sa
constitution politique au moyen-âge, voir ce qui a été dit de
Foncine-le-Haut. Les plus anciens registres de l'état civil ne
remontent qu'à 1740.

Ce village était traversé par l'ancienne voie gallo-romaine
de Nozeroy à St-Claude, passant par la *vieille vie du Grandvaux,* on a trouvé près de ce chemin, à la maison de Just
Roland, une inscription qui remonte au xiiie siècle.

Il est aussi traversé par la rivière de la Seine, par les ruisseaux du lac à la Dame, des Seignes, des Prés-Mous, de la
Seneta, de la Fontaine-Noire, par le bief du Bouchon et le
ruisseau Simonot.

Ce village compte un grand nombre de hameaux, la Combe,
les Tareillers, les Trougeniers, les Replats, les Serrettes, Rapoutier-Dessus, Rapoutier-Dessous, la Seinge-Renaud, en
Beauregard (nom qui, avons-nous déjà dit, se rattache au culte
du soleil), vers les biefs, vers chez Guedon, au Liamon, vers
chez André, chez Dayet, vers chez Gustin, la Chancenette,
sur le Moulin, chez Douanet, chez les Fumey, au Delvret, le
Mont-à-la-Chèvre, les Côtes, la Grange-à-la-Dame, la Grange-
à-l'Olive (2).

(1) La Famille Fumey a constamment joui de la considération du pays,
elle a produit plusieurs notaires et un de leurs descendants l'est encore,
et des ecclésiastiques distingués : les curés de Crans et de Syam.

(2) Cette ferme appartient à la famille Cordier, qui a constamment joui
de la considération du pays, un de ses membres a été juge de paix aux
Planches, plusieurs notaires, un avocat à Paris.

Foncine-le-Bas a produit un grand nombre d'ecclésiastiques distingués.

Les églises des Foncines et des Planches dépendirent long-temps de la paroisse de Sirod. La chapelle de Foncine-le-Haut fut démembrée de celle de Sirod en 1644, et forma une succursale, comprenant Foncine-le-Haut, Foncine-le-Bas et les Planches ; en 1785 elle fut érigée en cure.

L'église de Foncine-le-Bas ne fut d'abord qu'un petit oratoire très ancien situé au milieu du carré de l'église actuelle et dont l'époque précise d'érection ne nous est pas connue, elle devint ensuite une chapelle. En effet, par suite d'acte en date de 1610, reçu Petetin, notaire, passé entre les habitants de Foncine-le-Haut et Foncine-le-Bas, les habitants de ce dernier lieu obtinrent de l'archevêque de Besançon l'autorisation de bâtir une chapelle et bientôt le service divin y fut célébré par les prêtres de Foncine-le-Haut, sans cependant que Foncine-le-Bas cessât de contribuer à l'entretien de l'église et du presbytère de Foncine-le-Haut, de dépendre de Sirod et de lui payer la dîme et autres redevances. Par traité de 1617, passé entre Foncine-le-Haut et Foncine-le-Bas, les habitants de ce dernier village se reconnaissaient paroissiens de Foncine-le-Haut, promettaient de rester toujours unis et devaient faire tous leurs devoirs religieux audit Foncine, même enterrer leurs morts dans le cimetière de cette commune.

Ils tentèrent en 1733 d'obtenir un décret d'érection de leur chapelle en église vicariale, mais sans succès. Mgr l'archevêque répondit à leur requête par *néchet quant à présent*. Les motifs de ce refus étaient de ne pas charger les décimateurs des frais d'une nouvelle desserte.

Les habitants comprirent bien après cette tentative que s'ils voulaient avoir un vicaire résidant, il fallait qu'ils se chargeassent eux-mêmes de payer la pension congrue de ce vicaire, sans quoi toute supplique serait répondue comme la première.

Ils s'occupèrent donc du soin de pourvoir à la subsistance de ce vicaire sans que les décimateurs ou le curé de Sirod, dont la chapelle de Foncine-le-Bas dépendait, en fussent chargés.

Le prieuré relâcha sa dîme en blé, d'une valeur de 60 livres et environ 10 livres de bons deniers provenant de la chapelle. La fabrique joignit 105 livres de revenus provenant de diverses fondations faites à dessein depuis plus ou moins longtemps ; et deux jardins avec un verger d'environ 20 livres de revenus. La paroisse, par un acte notarié sous la garantie des plus riches particuliers, s'engagea à donner un traitement annuel de cinquante écus.

Le sieur Jean-François Jacquet, patron, comme successeur du prêtre et du chirurgien Jacquet, de la chapelle St-Pierre, érigée et dotée à Foncine-le-Haut, offrit de consentir qu'elle fut unie à l'église de Foncine-le-Bas, pour les revenus être employés au paiement du vicaire qui les désservirait.

Munis de ces ressources, les habitants de Foncine-le-Bas firent une convention avec Gilliard, curé de Sirod, par laquelle ils se reconnaissaient dépendant de Sirod, ledit Gilliard consentait à l'érection de leur chapelle en vicariale indépendante de celle de Foncine-le-Haut ; que dans cette chapelle le vicaire amovible donné par Sirod ferait toutes les fonctions paroissiales et curiales pour prix de cette concession, les habitants de Foncine-le-Bas devaient payer au curé de Sirod la somme de 10 livres en son domicile, le jour de St Pierre, les habitants de Foncine-le-Bas donnèrent pouvoir à leurs échevins Pierre-Henri Munier (1), Pierre-Antoine Jeannin et

(1) La branche de la famille Munier établie à Foncine-le-Bas y a toujours joui de la considération ; son tombeau était dans l'église où on voit encore la pierre sépulcrale qui porte le nom d'Henri Munier, depuis le décret qui supprime les sépultures dans les églises, un autre tombeau a été concédé ensuite d'arrangements pris par mon père et renouvelés par moi cette année.

Henri Munier de poursuivre l'exécution de ce traité et d'en obtenir l'autorisation de l'archevêque de Besançon ; ils s'adressèrent donc de nouveau au diocésain à l'effet d'avoir un prêtre résidant chez eux et pour lui demander l'union de la chapelle St-Pierre à leur église, du consentement du patron. Après information de commodo et incommodo, tant de l'érection de la chapelle existante au bas de Foncine en une église vicariale, que de l'union demandée, le diocésain rendit un décret le 4 novembre 1740, par lequel il permit aux habitants de Foncine-le-Bas de se pourvoir « d'un prêtre pour résider audit lieu et « les y desservir *in-divinis,* y administrer les sacrements et y « faire tous les offices paroissiaux, déclarant leur église vica- « riale et dépendante immédiatement de celle de Sirod, indé- « pendante de celle de Foncine-le-Haut. A charge par eux de « fournir audit vicaire un logement convenable et des fonds « suffisants pour sa pension.

« De même de pourvoir à l'entretien des bâtiments, orne- « ments, luminaire et autres besoins de ladite église. Et en « conséquence et conformément aux offres et soumissions du « sieur Jacquet, patron de la chapelle de St-Pierre, érigée en « l'église de Foncine-le-Haut, et du consentement du sieur « Jacques Vuillermot qui en était pourvu alors, transfert et « unit ladite chapelle, fruits et revenus d'icelle à perpétuité, à « l'église et au maître-autel de Foncine-le-Bas, pour lesdits « revenus être employés à l'entretien et partie de la pension « du vicaire amovible qui desserviroit leur église. »

Cette union eut son effet, et depuis 1740, les habitants du bas de Foncine, obligés de payer le vicaire qui les desservait, ont joui des revenus de la chapelle, sans éprouver la moindre difficulté, jusqu'en 1775, que le sieur abbé Jacquin, s'étant persuadé que la chapelle était vacante par le décès de Vuiller-mot, qui en avait été le dernier titulaire, obtint de l'ordinaire des lettres d'institution *jure devolutionis,* faute par le patron d'avoir présenté dans le temps utile.

Muni de ce titre, le sieur abbé Jacquin prétendit toucher les revenus de la chapelle, alors les fonds de la dotation avaient été affermés par les habitants de Foncine-le-Bas, par bail notarié en date de 1765. Le fermier à qui l'abbé Jacquin avait notifié son titre refusa de payer le terme échu au mois de septembre 1773, ce qui donna lieu à un procès dans lequel on voit :

1° Les habitants de Foncine-le-Bas soutenant la validité de l'union et de l'érection de leur église vicariale indépendante de celle de Foncine-le-Haut ;

2° Le sieur abbé Jacquin appelant comme d'abus ;

3° Les habitants de Foncine-le-Haut appelant comme d'abus ;

4° Le comte de Vaterville et le prieur Despotot, en qualité de décimateurs ;

Ce procès terminé, la paroisse de Foncine-le-Bas s'augmenta successivement. La chapelle, qui ne consistait à son origine, que dans le carré du milieu actuel de l'église, fut agrandie du chœur au levant, par un permis de 1692, puis de la chapelle à bise et de celle au vent vers 1735, puis de l'entrée qui porte le clocher, enfin du chœur actuel en 1837.

L'église de Foncine-le-Bas a été érigée en succursale sous le vocable de St-Pierre.

LES PLANCHES-EN-MONTAGNE.

Le village des Planches est bâti sur les deux rives de la Sène. Son nom, *Villa de Pontibus,* se rencontre pour la première fois dans une charte de 1282, bien que les plus anciens registres de l'état civil ne datent que de 1737.

Les Planches dépendaient en toute justice de Château-Vilain. Les habitants supportaient les mêmes charges et jouissaient des mêmes privilèges que ceux des Foncines, puisque ces trois communautés n'en formèrent qu'une seule, connue sous le nom de *Baronnie des Foncines et des Planches*, jusqu'à la Révolution et que leurs partages définitifs se sont seulement opérés en 1830.

En se fondant sur les diplômes de Lothaire de 852 et 855, ce pays était habité et entra dans le recensement de l'église de Sirod, dont il dépendait.

La chapelle des Planches, érigée en 1724, comme celle de Foncine-le-Bas, était dépendante de Foncine-le-Haut et de Sirod.

Constituée succursale sous le vocable de St-Jean lors de la réorganisation du culte après la révolution, ses archives n'offrent rien de particulier.

D'abord connu sous le nom de Grange-sous-Malvaux, le village des Planches s'est accru après la conquête de la province par Louis XIV ; mais il était encore peu important, puisque pour en faire une commune il a fallu y joindre Mont-Liboz et le Châtelet qui dépendait de la Chaux, et les prés de Crans qui dépendaient de Crans, ce qui fut opéré par un arrêté rendu par le Directoire du département du Jura le 4 octobre 1790. Voici le texte de cet arrêté :

« Ordonne la réunion des communes de Mont-Liboz, Châ-
« telet et les Granges des prés de Crans à celles de Foncine et
« des Planches, à l'effet de ne former qu'une seule et même
« municipalité pour l'avenir, avec déclaration que cette asso-
« ciation n'emportera point avec elle la confusion des bois et
« autres communaux particuliers à chacun desdits villages,
« qu'ils conserveront en propre, pour en jouir exclusivement
« aux autres, ainsi qu'ils en jouissaient par le passé. »

Les quatre communes de la Chaux, d'Entre-deux-Monts, de Mont-Liboz et du Châtelet étaient entrées en procès en 1728 pour le partage des parcours et des bois indivis entre elles. Ce partage eût lieu en 1757, mais il donna lieu à des contestations auxquelles un arrêt du Parlement mit fin le 22 juin 1782.

Le Châtelet offre une pointe de rocher assez élevée sur laquelle on a construit une maison. Au pied de ce rocher passait un chemin très-ancien qui venait aboutir à Morillon, sur la route de Salins à St-Claude : il est probable que ce lieu a pris le nom de Châtelet, du fortin, bâti pour la protection de ce chemin.

Le hameau des Planches fut érigé en 1791, en chef-lieu d'un canton composé des Planches, de Foncine-le-Haut, Foncine-le-Bas, le Châtelet, les Granges des prés de Crans, Mont-Liboz, Entre-deux-Monts et la Chaux-des-Crotenay. La circonscription de ce canton a été étendue en 1801, par suite de la suppression de celui de Sirod ; on y a ajouté Treffay, Crans, la Perrena, les Chalêmes et Bief-des-Maisons.

La rivière de la Sène, après avoir baigné le pied des murs des habitations du village des Planches, et mis en mouvement les roues du moulin Bailly, concession faite à cette famille par les Watteville, s'engage en écumant dans un sombre défilé appelé *l'Angouette*, large d'une douzaine de pieds seulement et dont les parois ont cent pieds de hauteur ; elle bouillonne avec un bruit épouvantable dans ce long défilé et forme deux cascades, l'une de cent pieds et l'autre de douze pieds. Il est peu de sites dans le Jura plus pittoresque que la vallée de la Sène et surtout le village des Planches.

La montagne de Poutin a laissé échapper quelques parcelles de sulfure de fer, qu'on a exploitées pour de l'or. *La Roche du Cuard*, ainsi que nous l'avons déjà dit, se rattache à un culte ancien. *Le Château-Sarrasin,* vient nous rappeler la présence des enfants du prophète dans nos parages au huitième siècle.

La commune des Planches a donné naissance à Éléonor Bailly, vicaire général de St-Claude et supérieur du séminaire, son frère mourant a légué huit mille francs aux Planches, savoir : mille francs pour les pauvres, deux mille francs pour rebâtir l'église, et cinq mille francs pour une fondation.

TREFFAY.

Ce petit village, dans une position reculée et presqu'ignoré, ne fournit rien à l'histoire, et tout ce qu'on a pu découvrir, c'est qu'il dépendait pour partie de la seigneurie de Château-Vilain, et pour le surplus de la seigneurie de Vers.

Tous les sujets de la seigneurie de Vers étaient retrahans du château de Vers et devaient contribuer à ses réparations. Ils y passaient chaque année une revue d'armes devant le capitaine. Ceux de Treffay qui dépendaient de Vers étaient soumis à ces charges, mais Hugues de Chalons-Arlay , ayant acheté la seigneurie de Vers en 1382 de Conrad, comte de Fribourg, dès lors la partie de Treffay qui en dépendait eut toujours les mêmes seigneurs que Nozeroy.

On était bien loin de présumer qu'on trouverait dans ce petit village quelques vestiges de l'occupation romaine. Cependant entr'autres pièces de monnaie qu'on y a trouvées en 1828, il y en a d'assez remarquables : 1° une pièce à l'effigie d'Adrien, présentant au revers la personnification de l'Égypte sur le bord du Nil, accompagnée d'un ibis ; elle a pour légende *Ægyptos* ; 2° une médaille de Dioclétien, ayant pour légende ces mots : *Sacra Moneta Cæsarum Augustor* ; 3° une de l'empereur

Septime Sévère Pertinax, offrant au revers un trophée d'armes et deux captifs.

Les plus anciens registres de l'état civil datent seulement de 1793.

Un ancien oratoire dédié à la vierge, au centre du village, est le seul monument du culte à Treffay, qui est paroissien de Sirod.

CHAPITRE XIIe.

Château et Seigneurie de la Chaux-des-Crotenay.

Le second château d'où dépendait le canton des Planches était, ainsi que nous l'avons déjà dit, le château et la baronnie de la Chaux-des-Crotenay, *Crotonacum Calx*, les *Escrotenoises,* les *Escroteneys*, la *Chaux Courtenay*, la *Chaux*. Son église est mentionnée sous le nom de *Protonacum* ou *Krotonacum,* dans le diplôme de l'empereur Lothaire, de l'an 855, confirmatif des possessions de l'abbaye de St-Oyan de Joux.

M. Désiré Monnier nous dit : « On peut facilement expliquer « la première partie de ce nom ; mais rendre raison de la se- « conde, est pour le moment au-dessus de nos facultés. Par- « tout où le mot *Chaux* a été rendu en latin, dans les monu- « ments écrits, relatifs à la haute montagne, nous voyons bien « que *calma* signifie un terrain cultivé en céréales, à la suite « d'un défrichement ; quant aux *Crotenay,* nous ne saisissons « pas encore le rapport que ce lieu peut avoir avec celui de « *Crotenay,* près de Pont-du-Navoy. Il tire le nom de Crotenay « près de Pont-du-Navoy, de *Crotona,* en Etrurie, parce que « dit-il, les premiers habitants de ce village étaient des salina- « teurs toscans venus d'abord fonder les salines de Salins. » Ces toscans à qui, selon M. Monnier, on avait confié les salines du Jura, y fondèrent plusieurs villages sous les noms de plusieurs de leurs villes étrusques, savoir : *Aretium*, (*Aresches*), *Clusium*, (*Clucy*), *Cortona*, (*Crotenay*), *Populonium*, (*Pupillin*), *Ponte-d'Era*, (*Pont-d'Héry*), ou *Portus Ericius*, (l'*Erici* près de *Luna*, limite extrême de la Toscane).

Il n'y aurait donc rien de surprenant que les premiers habitants de la Chaux ne fussent des toscans. Les terres de la seigneurie de la Chaux étaient comprises dans l'inféodation de la seigneurie de Salins consentie en 941, en faveur d'Albéric ; comme elles étaient peu peuplées, les sires de Salins ont pu recruter des habitants parmi les toscans venus pour exploiter les salines, qui étaient assez nombreux puisqu'ils ont fondé plusieurs villages ainsi que nous le dit M. Monnier.

Si pendant la période celtique et sous la domination romaine le territoire de la seigneurie de la Chaux était en partie défrichée, il était encore très peu peuplé, car d'une part ce lieu échappa et peut-être grâce à son peu d'importance, aux dévastations des barbares ; de l'autre côté, en 1295, dame Agnès de Commercy, concéda deux grands climats pour y former des *meix*, ces deux grands climats sont les *Ecrotenais* et les *Entre-deux-Monts*, évidemment à cette époque il y avait peu d'habitants dans ces deux localités, puisqu'on y appelait et à des conditions peu onéreuses, car la charte dit que *celui qui tiendrait un meix de terre, payera chacun an, le jour de la Chandeleure, cinq sous*.

Dans tous les cas, dans le xie siècle, la famille des Commercy avait construit le château de la Chaux-des-Crotenay, l'un des plus beaux du Jura.

Gilbert Cousin dit : *Ab hoc oppido unius milliarii intervallo, ad sinistram, adest calx, arx celebris, optimè est ad modum sublimi sita, natura simul, et manu munitissima.*

« A un mille de Château-Vilain, sur la gauche, se dresse la

« Chaux-des-Crotenay, place célèbre, bâtie sur une montagne
« élevée et fortifiée tout à la fois par la nature et par les
« hommes ; à ses côtés existe un hameau du même nom. »

En parlant du séjour que fit Philippe-le-Beau en 1503, au
château de la Chaux, nous en avons donné la description,
nous n'y reviendrons donc pas.

Le seigneur de la Chaux avait la justice haute, moyenne et
basse, la banalité des fours, des moulins et des battoirs, des
corvées d'hommes et de charrue, la chasse et la pêche exclusive, le Bavin, l'impôt des quatre cas, l'échantillonage des
poids et mesures. Les sujets du chef-lieu de la terre avaient
été affranchis de la main-morte, mais ceux des autres villages
y étaient soumis, tous devaient le guet et garde au château.
Le seigneur avait la propriété de la rivière de Laime, la moitié
de celle de la Sène, le bois du Rachet, le droit de faire tenir
un marché à la Chaux le jeudi de chaque semaine, deux foires
fixées au 29 août et au 29 novembre, et deux autres foires à
Cize, le 1er mai et le jour de la St Michel. Les officiers de la Justice étaient un bailli, un chatelain, un procureur d'office, un
scribe, un ou plusieurs sergents et un tabellion.

Seigneurs qui ont possédé la baronnie de la Chaux-des-
Crotenay.

Nous avons déjà vu que la terre de la Chaux fut possédée
dans l'origine par les sires de Commercy, seigneurs de Mont-
Rivel, qui avaient édifié le château de la Chaux.

L'an 1240, Gaucher de Commercy promit au duc Jean de
Bourgogne de ne point construire de nouvelles forteresses
dans sa seigneurie et de n'ajouter aucun ouvrage extérieur à
son château ; nous avons déjà dit que c'est ensuite de cette
promesse que le canton des Planches n'a pas vu ses rochers se

couvrir de nouveaux donjons, et que le seul château de la Chaux y a été construit.

Gaucher de Commercy, second du nom, céda à Laure de Commercy, sa nièce, comtesse de Bourgogne, pour 110 livres en 1281 ce qu'il avait au Val-de-Miége ; il donna l'an 1284 à Marguerite, son épouse, ses terres de Gilley (Gillois), *Gillaret* (*Gilleret et le Pasquier*). Une fille, issue de l'illustre maison de Commercy, reçut en apanage la seigneurie de la Chaux et la porta en dot à la famille d'*Arbon* ; tout nous fait croire que cette fille est *Anne* ou *Agnès* de Commercy, car nous la voyons figurer dans la charte de 1295.

MAISON D'ARBON.

Jean d'Arbon, chevalier seigneur de la Chaux, épousa Marguerite de Coligny ; il en eut Jean d'Arbon, chevalier seigneur de Coges et en partie de la Chaux, et Etienne d'Arbon.

Etienne d'Arbon, chevalier seigneur de la Chaux, contracta alliance avec Guillemette de Beaufort. Il en eut Jacques et Jean.

Jacques d'Arbon, chevalier, épousa, vers 1393, Agnès du Quart, qui lui porta en dot la terre de Château-Vilain. Il mourut en 1404, laissant sous la tutelle de Jean d'Arbon son frère, Jean d'Arbon, mort jeune, Jacques, Catherine d'Arbon, alliée à Louis de Grandvilliers, écuyer, Claude d'Arbon, épouse de Jean de Joux, seigneur d'Abbans et *Guillemette*. Jacques d'Arbon, écuyer, seigneur de Château-Vilain et de la Chaux, fit hommage de ses deux terres au seigneur d'Arlay le 19 septembre 1414, et mourut sans postérité avant l'an 1419, laissant sa seigneurie de la Chaux aux enfants de Catherine sa sœur, et celle de Château-Vilain à Claude son autre sœur.

La famille d'Arbon avait sa sépulture dans le chœur de l'église abbatiale de Balerne.

Jacques d'Arbon seigneur de la Chaux, était, ainsi que nous l'avons déjà dit, du nombre des seigneurs qui, en 1392, sollicitaient l'élargissement de Jean de Chalons après l'assassinat du sergent Faguier.

La famille d'Arbon a produit plusieurs prêtres qui tous ont été abbés de différents monastères.

Je crois qu'une Rose d'Arbon, morte aux Planches au commencement de ce siècle, et qui a légué par un fideicommis toute sa fortune à cette commune pour l'instruction et le soulagement des pauvres, était un dernier rejeton de cette noble famille d'Arbon.

Louis de Grandvilliers, mari de Catherine d'Arbon, reprit en fief, envers Louis de Chalons, le château de la Chaux, le 14 décembre 1419, au nom de Jean, Thibaud et Claude de Grandvilliers, ses enfants.

Nous voyons qu'en 1476 le château de Joux était en la possession de Charles-le-Téméraire, qui en confia la garde au sire d'Arbon. Louis XI acheta 14,000 écus la trahison de ce chevalier ; mais sous Maximilien, en 1507, les Bourguignons le reprirent.

MAISON DE POUPET.

Il paraît que Jean de Poupet, onzième du nom, acquit les droits des enfants de Marguerite d'Arbon, et devint ainsi possesseur de cette seigneurie. Il fut père 1° d'Alix de Poupet, 2° de Guillaume et 3° de Jean, licencié ès-lois, chanoine, puis haut doyen de Besançon, et enfin évêque de Châlons-sur-Saône ; en 1461, Guillaume de Poupet, écuyer, seigneur de la Chaux, commença sa carrière par l'exercice des fonctions de Trésorier des Sauneries, ensuite il fut élevé aux plus hautes fonctions. Il eût de Louise de Clermont, Charles et Jean, évêque de Châlons-sur-Saône, depuis 1504 jusqu'à sa mort, arrivée en 1531. L'évêché de Châlons avait été résigné en sa faveur par André de Poupet, son frère naturel.

Charles de Poupet fut élevé aux plus grands emplois et eût toute la confiance de Philippe Ier et de l'empereur Charles-Quint, grand bailli d'Aval de 1512 à 1516. Dans sa vieillesse, ce seigneur vint se fixer dans son château de la Chaux, où il mourut vers 1529. Il eût de sa première femme Guillaume, mort sans postérité, *Louise et Péronne de Poupet*. Il eût de son second mariage Jean, Philibert et Aimé, ces deux derniers morts sans postérité, et Guillaume de Poupet, abbé de Baume.

Jean de Poupet, chevalier, seigneur de la Chaux, grand bailli d'Aval en 1533, n'eût de son mariage avec Anne de Montmartin qu'une fille nommée Anne, mariée à Jean de Beaufremont.

Anne de Poupet mourut à Poligny en 1564, après avoir institué pour son héritier Guillaume de Poupet, son oncle, abbé de Baume.

Guillaume de Poupet, abbé de Baume, de Balerne et de Gouailles, prieur de Lons-le-Saunier, seigneur de la Chaux, accensa, le 20 novembre 1581, à François Maillard, de la Chaux, *le Saut de la Serre,* pour y établir des usines. Il mourut dans son abbaye de Baume le 18 août 1583, après avoir institué pour son héritier Louis de la Baume, son cousin, à la charge de relever le nom et les armes de Poupet.

MAISON DE LA BAUME.

Louis de la Baume eût de son mariage avec Catherine de Bruges Emmanuel-Philibert, comte de St-Amour, Antoine, seigneur de la Chaux, et Philippe, prieur de Vaux, abbé de Luxeuil.

Antoine avait succédé aux biens de la maison de Poupet en

vertu du testament de Guillaume de Poupet, abbé de Baume, du 8 octobre 1579, par lequel le second fils de Louis de la Baume, comte de St-Amour, était appelé, à charge de relever le nom et les armes de Poupet.

En 1627, Catherine de la Baume, dite de Bruges, épouse du marquis de Lullin, se qualifiait de baronne de la Chaux. A la mort de cette Dame, Jacques-Nicolas de la Baume, comte de St-Amour, fils d'Emmanuel-Philibert de la Baume, recueillit la succession, il fut gouverneur de Dole. Il eût de Marie de Porcelet, son épouse, Philippe de la Baume, mort sans postérité, Charles-François de la Baume ; ce dernier eût des goûts de dissipation tels, qu'il fut obligé d'aliéner presque toutes ses terres. Dans les débris de sa fortune se trouvait la baronnie de la Chaux, qui fut recueillie par Jacques-Philippe de la Baume, comte de Saint-Amour, son fils unique. Ce seigneur mourut sans postérité, ses héritiers vendirent ses biens. Le domaine de la Chaux fut acquis en 1720 par Jean-Baptiste Fremiot, mort en 1776. Il fut revendu par les descendants de ce dernier à Jean-Baptiste Guérillot. Il est aujourd'hui possédé par M. Guérillot, Paul, membre du Conseil général du Jura.

La famille Guérillot, originaire de St-Lothain, avait été annoblie. Jacques et Claude Guérillot avaient obtenu l'autorisation de tenir fief noble, par lettres patentes de novembre 1636, noblesse d'épée obtenue par J.-B. Guérillot, chevalier de St-Louis, lieutenant des maréchaux de France, seigneur de la Chaux et St-Cyr. Armes : de gueules, à trois trèfles de........ posés 2 et 1 (1).

Il ne reste du château de la Chaux, détruit par ordre de Louis XIV après la conquête de la province, que les fossés,

(1) Annuaire 1863, pages 117 et 118.

les débris de la porte, des pans de murs et des tronçons de tours.

Les plus anciens registres de l'état civil à la Chaux ne remontent qu'à 1636.

L'église fut construite au XVe siècle sur l'emplacement de la chapelle castrale, dont on a conservé deux fenêtres et la porte de la nef qui sont du beau style Roman usité au XIe siècle, les boiseries de la chaire, plusieurs tableaux, une statue de la Vierge en marbre blanc, un Christ en pierre, sont des œuvres d'art provenant des dons faits par la maison de Poupet.

Château et seigneurie de la Chaux-des-Crotenay.

La chatellenie de la Chaux, décorée du titre de baronnie, était, avons-nous déjà dit, un démembrement de celle de Mont-Rivel. Elle comprenait la Chaux, Entre-deux-Monts, Crans, Cize, des Meix à Sous-Chalamet et Petit-Chalême, et à la Perrena.

ENTRE-DEUX-MONTS.

Le village d'Entre-deux-Monts, appelé dans les chartes du XIIIe siècle *Sous Malruche*, est situé au fond d'une vallée encaissée entre deux hautes montagnes; tout concourt à nous faire croire que les rives de la Laime ont été habitées de très-bonne heure, malgré que les plus anciens registres de l'état civil ne remontent qu'en 1792 dans la commune d'Entre-deux-Monts. La Laime est mentionnée dans la charte du 12 août 1301, *sicut currit aqua quœ dicitur Leyma,* un chemin très-ancien, partant de l'abbaye de Grandvaux, traversait à Morillon la rivière de Layme sur un pont soumis à un péage envers l'abbaye de Bonlieu. Cette voie est qualifiée de *grand chemin* dans les titres de 1450. Un embranchement de cette route traversait Entre-deux-Monts et tirait aux Planches, *villa de*

Pontibus. Un autre chemin passait à Fort-du-Plasne, sous le nom de *Vie du Four*, traversait encore Entre-deux-Monts pour aboutir à la Chaux-des-Crotenay, d'où elle se dirigeait sur Champagnole et de là sur Salins. Par une charte de l'an 1282, le seigneur de Mont-Rivel donna à l'abbaye de St-Oyan la moitié des dîmes qui lui appartenaient à Malruche, c'est-à-dire à Entre-deux-Monts, dès l'an 1532, la chartreuse de Bonlieu et les seigneurs de l'Aigle commencèrent à accenser le cours de la Laime à Morillon, aux sieurs Etiévant et Morel de Morbier, pour y établir des martinets et des clouteries.

Entre-deux-Monts dépendait en toute justice de la seigneurie de la Chaux-des-Crotenay. Les sujets étaient mainmortables.

Ce village est de la paroisse de la Chaux.

Une statue de la Vierge repose dans une niche creusée dans le rocher au hameau de Morillon ; les habitants l'ont en grande vénération.

Ce village est traversé ainsi que celui de Chaux-des-Crotenay par la route n° 5 de Paris à Genève. N'oublions pas que, le 18 floréal an VIII, Bonaparte a parcouru cette route en se rendant en Italie ; qu'il descendit de voiture au village de Morbier. Les habitants de Morbier l'abordèrent et engagèrent familièrement la conversation avec lui. Bonaparte leur répondit avec simplicité, s'informant de tout ce qui était relatif à nos montagnes, et se faisant donner des détails sur les différentes branches d'industrie qui y étaient en activité. Il arriva ainsi, entouré d'une population nombreuse, jusqu'aux portes de Morez, il s'aperçut seulement alors que toutes les fenêtres étaient illuminées dans cette ville, ce dont il fut fort surpris.

CIZE.

Cize dit M. Rousset n'était dans l'origine qu'une banlieue de l'antique bourgade de Champagnole, son nom ferait supposer qu'un temple dédié à *Cysa*, divinité en grande vénération chez les anciens Germains, donna naissance à ce village. Toutefois, le premier titre qui le mentionne est une donation de l'an 1200, en faveur de l'abbaye de Balerne. En 1257, Hugues et Guy, fils de Guy de Champagnole, vendirent aux religieux de ce monastère une maison en ce lieu, moyennant un faible cens. En 1286, Gaucher, IIme de Commercy, sire de Montrivel. reprit en fief de Jean de Chalons, sire d'Arlay, les acquisitions faites par son père à Cize.

Cize, ainsi que nous l'avons déjà dit, dépendait en toute justice de la Chaux-des-Crotenay, qui n'était au surplus qu'un démembrement de celle de Montrivel. Les sujets étaient soumis au guet et garde et aux réparations du château de la Chaux, à la banalité du moulin, au banvin, à l'impôt des quatre cas, à des corvées, à des cens en argent, en grains, en cire, en poules. Ils furent affranchis de la mainmorte personnelle et de la banalité des fours par Etienne d'Arbon, seigneur de la Chaux, d'après une charte de l'année 1356, moyennant 150 florins de Florence et un cens annuel de 10 livres estevenantes, et de la mainmorte réelle le 11 septembre 1702 par Charles-François de la Baume, comte de St-Amour, moyennant 900 livres tournois. Ils avaient le droit de prendre les queues de chênes abattus dans la forêt banale de Liège, et les autres arbres nécessaires à leur usage ; mais ils ne pouvaient attoucher aux pieds de chênes et aux arbres fruitiers, sous peine d'une amende de sept sols, pour les délits commis pendant le jour, et de soixante sols pour ceux commis pendant la nuit. Le 18 juillet 1750, Jean-Baptiste Fremiot, seigneur de la Chaux, abandonna à ses sujets la propriété entière de la forêt de *la Liège*, moyennant un cens annuel de six livres.

La dîme appartenait aux religieux de Balerne, elle était fixée à la 14me gerbe de blé froment.

La pêche dans la rivière de l'Ain, depuis le pont de Rangour jusqu'au bief de Barlay, appartenait pour moitié au seigneur de Cize et l'autre moitié au seigneur de Montrivel.

Le fief de Cize était un membre de la seigneurie de Montrivel en 1564 et la terre de la Chaux, à laquelle il se trouvait joint lors de l'affranchissement ci-dessus mentionné, relevait, à cette même date 1564, de la baronnie de Nozeroy.

Guillaume de Poupet, abbé de Balerne, était seigneur de Cize en 1583

Le grand chemin qui traverse le territoire de Cize dans sa plus grande longueur est d'une date inconnue ; il se dirige de Champagnole sur le Granvaux par la forêt de la Liège, par le mont *Cornu* et par des sites pittoresques dignes de la curiosité des voyageurs. Le pont de la *Billode* était cité comme existant en 1522, ce qui ne prouve pas qu'il ne date que de cette année. Cette route a été suivie par Bonaparte le 18 floréal an VIII en se rendant en Italie.

Nous avons déjà dit qu'il se tenait autrefois deux foires à Cize, fixées au 1er mai et au jour de la fête de St. Michel. Le seigneur y percevait les droits de vente.

La prévôté de ce village fut inféodée à une famille noble du nom de Champagnole, dont une branche cadette prit celui de Cize. *Gérard de Cize*, homme sans fortune, parvint à force de mérite au poste de lieutenant-général du bailliage d'Aval, en 1456. Il fut annobli en 1467. *Claude de Cize* remplissait les mêmes fonctions de 1502 à 1504. *Louis de Cize*, qui lui succéda, les remplissait à son tour de 1505 à 1534. Enfin *Pierre de Cize* était conseiller laïque après 1508. *Martin de Cize* fut administrateur du département du Jura en 1790, juge de paix de 1821 à 1830.

Cize fut brûlé par les armées de Saxe-Weimar en 1639 ; il fut occupé par les troupes alliées en 1814 et 1815. Les réquisitions de guerre à la charge de la commune s'élevèrent à 9754 francs.

Ce village a pour patrons St. Cyr et Ste Juliette, martyrs, dont on célèbre la fête le 16 juin.

Ce village a donné le jour à Jean Dumont, prieur de Balerne en 1525.

CRANS.

Crans dépendait en toute justice de la seigneurie de la Chaux-des-Crotenay. Les sujets étaient mainmortables. Le plus ancien registre de l'état civil remonte à 1557 ; avant l'érection de l'église actuelle, qui date de 1717, les habitants étaient paroissiens de Sirod. L'église actuelle renferme un tableau de prix, exécuté par un grand maître de l'école flamande.

LA PERRENA.

M. Désiré Monnier nous dit : le nom patronimique de *Perrin*, assez commun dans le pays, paraît avoir passé à la localité de *la Perrena*, et indique tout simplement l'habitation de *la Perrine*, c'est-à-dire d'une femme Perrin. Il y a un grand nombre d'exemples dans nos montagnes de l'appellation des lieux par leurs premiers habitants. Malgré que les plus anciens registres de l'état civil ne datent que de 1792, malgré que le premier titre qui mentionne la Perrena ne remonte qu'à 1282, il n'en est pas moins certain qu'une voie antique traversait le territoire de la Perrena. Elle y est appelée *la Vie*. Il est très-probable qu'un fortin a existé dans les lieux dits *sur les Murs*, car il y en avait un aux Chalêmes sur l'éminence du Châtelet.

En face de la Perrena s'élève la roche du *Cuard ;* ce mot *Cuard,* ainsi que nous l'avons déjà dit, nous rappelle au culte du Soleil. En face du *Cuard* se trouve Mont-Liboz, hameau de la commune des Planches, qui a pris sa dénomination de Mont-le-Bout. *Bod, Bot,* rendu par *Bodius* dans le latin moyen âge, signifie *extrémité, fin, bout.*

A la Perrena on trouve aussi le *Château-Sarrazin,* nuls vestiges d'un château en cet endroit, bien qu'il porte le nom de Château-Sarrazin. Mais, sans avoir été un château, le lieu peut bien avoir été un poste pour les soldats du prophète, lorsqu'ils séjournaient dans la Haute-Bourgogne. Une des plus notables sommités de la chaine de la Haute-Joux se nomme le Crêt-Sarrazin, et sur le village de Syam, dont le territoire est limitrophe de celui de la Perrena, les *deux Pierres des Sarrazins* sont d'autres attestations de la présence de ces Mahométans, dans nos montagnes au XIIIe siècle.

Ce village dépendait en toute justice de la baronnie de Château-Vilain, il était paroissien à Sirod. Les habitants furent mainmortables jusqu'au moment de la Révolution. Il y a un oratoire érigé en 1683 et dédié à la Ste Vierge. Son érection se rapporte à l'invasion de Weimar.

SEIGNEURIE DE CHATEL-BLANC.

A quelques kilomètres de Foncine-le-Haut se trouve la seigneurie de Chatel-Blanc, composée des villages de Chatel-Blanc, Chaux-Neuve, Chapelle-des-Bois, Bois-d'Amont, Belle-Fontaine, et une partie du territoire des Rousses et de Morbier. Les rapports anciens qui ont existé entre la baronnie des Foncines et la seigneurie de Chatel-Blanc font que l'histoire de notre pays serait incomplète, si nous négligions d'étudier l'histoire de la terre de Chatel-Blanc qui fut toujours dépendante de Nozeroy et possédée par les mêmes seigneurs, ce qui nous dispensera de faire la généalogie des puissants sires de Chalons, si souvent répétés dans toutes les histoires de notre pays (1).

Malgré que les titres les plus anciens qui parlent de Chatel-Blanc ne le mentionnent pas avant 1303, nous ne doutons pas que ce pays ne fût habité bien antérieurement, et tout nous fait croire que *Chatel-Blanc* est un nom altéré, car il ne se rapporte à rien, et que son vrai nom soit comme à Salins, *Chatel-Belin*, qu'ainsi cette roche de Chatel-Blanc, qui dresse audacieusement sa tête au-dessus de toutes les sommités qui l'entourent et la portent à une hauteur de 970 mètres, se rappelle avec orgueil que le soleil a été adoré sur son sommet sous le nom de *Belenus*, et à ses pieds la lune sous le nom de déesse *Maia*, à laquelle le catholicisme a substitué le culte de la Vierge la *Notre-Dame-du-Puits*, comme il avait fait arborer la croix au sommet de la montagne.

Dans le mois de novembre 1266, l'abbé *Guido* ou *Gui* donna en fief à *Jean de Chalons l'antique* espace, alors inhabité, qui s'étend depuis la source de la rivière d'Orbe jusqu'au territoire de Mouthe, à charge d'y appeler des habitants ; Jean de Chalons et sa troisième femme, la comtesse *Laure* acceptèrent cette inféodation qui fut ratifiée quelque jours après par *Guillaume de la Tour*, archevêque de Besançon.

Voici les motifs de l'inféodation tels qu'il sont donnés par la charte *nos attendentes quod dictæ jures, ab imperatoribus nobis concessæ, melius possent per virum illustrem, dominum Joannem, tueri, et ad culturam redigi, quam per alium, nos ipsi comiti et hæredibus suis concedimus, in perpetuo*, nul doute que dès que ces terres leur avaient été concédées, c'est-à-dire dès 790, les abbés de St-Oyan y avaient envoyé des colons, mais l'œuvre des défrichements de ces territoires

---

(1) Nous empruntons beaucoup de documents à feu M. Bourgon.

boisés ne marchait pas vite, ils pensèrent donc que le puissant seigneur qu'ils appelaient ferait beaucoup mieux.

Les limites du territoire inféodé sont déterminées avec exactitude par la charte qui dit : *Sicut orba exita lacu quinconeys, et currit versus lacum de Guarucis, et sicut tenditur a dicto loco quinconeys, usque ad calmam siccam, et a calma sicca usque ad lusttrellos, et a lustrellis usque ad Marenses, et a Marensibus usque ad Terminos de Mutua, et etiam nostres Juras inhabitatas, ultra jam dictos terminos, versus Pontarlier et versus Jogne.*

La terre de *Mouthe,* comprise dans les donations impériales, est exceptée, et les bornes en sont indiquées avec précision : *excepto quod in terminis et infra terminos de Mutua continetur, sunt autem termini prioratus de Muthua, a loco qui dicitur Rosey, usque ad prioratum de Muthua, et abispo prioratu usque ad Berlans, et a Berlans in transverso usque ad montem de quo emanat fluvius qui vocatur Dubius, et etiam totam dependentiam ipsius montis.*

Par ce traité, l'abbé de St-Oyan réserve à son église la moitié des impôts qui seront perçus sur les fours, les moulins, la justice, les péages et tous les autres revenus quelconques, ainsi que la totalité des droits spirituels ; chacune des deux parties aura un prévôt, et ces deux prévôts rempliront leurs fonctions de concert. L'abbé règle la condition des habitants, auxquels il accorde, entr'autres concessions, celle de la chasse ; mais, s'ils trouvent de gros animaux, des faucons, des éperviers (ancipitres) ou d'autres oiseaux de proie, ils en auront le tiers, l'abbé et le comte les deux autres. *Si vero aliquis invenerit in terminis superius nominatis ancipitres, falcones, vel hujus modi grossas aves, tertia pars cedat inventori, et duæ partes comiti et abbati.*

Par une seconde charte du 12 août 1301, l'abbé Etienne Ier de Villars recula les limites de cette première concession en faveur de Jean de Chalons Arlay 1er, fils de Jean l'antique. Son motif déterminant est la difficulté d'établir des colons dans ces contrées, ce qui causait un grand préjudice à ce seigneur et à l'abbaye. *Quas dictas jures contentas intra terminos supra dictos, sine suo gravamine et sumptibus maximis, ad culturam redigere non valebat, et ex hoc sequebatur monasterii nostri non modicum detrimentum.*

Voici les principales conditions du nouveau traité : *Si Jean de Chalons* ou ses héritiers viennent à construire une forteresse dans les limites du territoire qui leur est accordé, elle leur appartiendra à perpétuité, mais fera partie du fief du monastère. *Hoc excepto, quod prædicta castra seu Dongiones erunt defendo monasterii supra dicti.* Les bourgs, villes, habitations quelconques et leurs habitants, appartiennent par moitié au couvent et au seigneur : les revenus seront partagés entr'eux. La justice revient au seigneur, ainsi que l'exécution des sentences ; mais les enquêtes et l'instruction des affaires criminelles seront faites en commun par les officiers de l'abbé et ceux du sire de Chalons. Les biens des condamnés et les amendes seront partagés entre eux, l'abbé se réserve les droits de patronage, d'offrandes, de sépulture. La poix recueillie dans les forêts de la seigneurie ne pourra être vendue qu'à Jean de Chalons, la noire cinq sous estevenants les cent livres, et la blanche quatre sous. Celui qui enfreindra cette disposition sera condamné à une amende de soixante sous à partager entre le seigneur et l'abbé. Les serments furent prêtés de part et d'autre sur les saints évangiles, et les sceaux des parties apposés à l'acte, que confirma Louis de Toire-Villars, archevêque de Lyon, le mercredi avant la fête de la nativité de la Ste Vierge de l'an 1301.

Jusqu'ici nous ne voyons pas le nom de Chatel-Blanc ni

d'aucune des localités qui composaient cette seigneurie ; mais ces chartes ne leur sont pas moins applicables, car à deux années de là nous trouvons les franchises accordées par Jean de Chalons à ce bourg et à ceux qui l'habitent. Cette charte est du 2 mai 1303 ; elle est très-favorable à l'étranger venant à Chatel-Blanc (*qui in Burgo de Chatel-Blanc mentionem elegeril*); s'il n'éprouve aucune opposition ni réclâmation de la part de son ancien seigneur, et qu'il y séjourne en paix pendant trois ans ; au bout de ce terme, il n'aura plus rien à lui répondre, ni de son corps ni de ses biens meubles. Le bourgeois de Chatel-Blanc a le droit de vendre, d'échanger ou de donner ses biens à qui il voudra, excepté ceux qu'il possède dans le ressort de la seigneurie, qu'il ne peut aliéner qu'en faveur des sujets du seigneur de *Chatel-Blanc* ou de celui qui voudrait devenir bourgeois de ce lieu. Guillaume de la Baume, abbé de St-Oyan, confirma ces franchises, le 26 juin de l'an 1351 : il désigne *Chatel-Blanc* sous le nom de *Locus* ou *villa Castri albi*. La tradition constante jusqu'à ce jour est que le tilleul qui se trouve à l'extrémité de Chatel-Blanc et qui est si remarquable par sa grosseur et par son antiquité avait été planté en mémoire des franchises dont nous venons de parler.

La peste avait ravagé ce village *cum.... fit fere destructus propter pestem mortiferam;* les habitants épargnés par ce fléau pensaient à s'éloigner, *taliter quod habitantes se ad aliena loca transfere volentes:* c'est pour soulager leur misère et pour les retenir qu'il leur accorde ces priviléges, *ad hoc et eorum inopiam nisi eis aliqualem gratiam imputeremus,* et le prélat se réserve, pour lui et ses successeurs, le droit de joyeux avénement, *in joconde adventu,* les frais de voyage à la cour de Rome, et l'aide pour rançon : et à ce moyen, les habitants sont déclarés *libres* et exempts de toute collecte, prise, corvée, exaction, et de toute mauvaise coutume; par exemple de la main-morte, *liberi et immunes ab omni collecta, prisia et ab omni corvea, exactione, et ab omni mala consuetudine.*

Quelque temps après, dit M. Christin, des villages et des hameaux se formèrent dans les dépendances de *Chatel-Blanc;* et, sous prétexte que les franchises du bourg ne les concernaient pas, le sire de Chalons et l'abbé de St-Oyan voulurent réduire en servitude les nouveaux habitants ; mais ils s'enfuirent comme avaient fait ceux de la seigneurie de *Rochejean* quelques années auparavant : on employa les mêmes moyens pour les rappeler. Voici ce que dit la charte tirée d'un ancien manuscrit conservé à la Chaux-Choulet :

« Nous, Hugues de Chalons, sire d'Arlay, faisons savoir à
« tous par les présentes lettres, que nous regardants et con-
« sidérants que par la grande mortalité, par laquelle plusieurs
« de nos hommes et femmes de la Chaux-Neuve, de la Chaux-
« Choulet, et des autres lieux des appartenances du Châtel-
« Blanc, sont été morts, lesquels lieux et habitants sont de
« serve condition, de la morte main, puis les lieux qui sont
« divers et pervers, nul ne s'y voulait habiter, mais de jour
« en jour se désabitaient, pourquoi, pour ces lieux faire habiter
« et multiplier, par la grande délibération sur ce que par notre
« grand conseil, nous, pour nous et nos hoirs, ou ceux qui
« cause ou auront de nous, de présent pour le temps ave-
« nir, lad. morte main avons ôté, quitté et remis perpétuel-
« lement à nos hommes et femmes demeurans et résidens esd.
« lieux au présent, et à ceux qui pour le temps avenir y de-
« meureront et résideront, pour eux et leurs hoirs, et voulons
« que celui qui esdits lieux ou en aucune d'iceux demeurait,
« succédait et héritait, le plus prochain du lignage de ceux ou
« de celui qui mourra, en tous les biens et héritages présents et
« avenir, en quelque lieu qu'ils soient, et qui demeureront de

« ceux ou de celui qui mourra de nosdits hommes ou femmes,
« en quelque lieu il meure, et ainsi comme en lieu non-main-
« mortable doit succéder un hoirs à l'autre, sans que nous,
« nos hoirs ou ceux qui cause ont ou auront de nous, puissent
« demander ne questionner aucune chose esdits biens
« meubles, ne héritages demeurès de celui ou de ceux qui
« morts seraient, par cause de morte main ; et aussi voulons
« et octroyons que tous lesdits habitants présens et avenir
« esdits lieux, ou en aucuns d'iceux, puissent tester, ordonner,
« donner tant par lettres que sur lettres, de tous ses biens
« meubles et héritages à nos hommes ou femmes de la condi-
« tion qui est ou sera celui qui tester et ordonner voudra, ou
« à celui qui de ladite condition être voudra, et esdits lieux ou
« en aucuns d'iceux demeurer voudra, pour être notre homme
« et femme, de ladite condition, et pour ce, nous avons reçu
« desdits habitants, qui nous ont donné pour une fois qua-
« rante florins de Florence, desquels nous nous tenons pour
« bien payés, promettant en bonne foi par notre serment
« donné sur les S. Évangiles, pour nous, nos hoirs et ceux
« qui cause ont ou auront de nous, ladite quittance, remission
« et toute la teneur de ces présentes, en tout et partout à nos
« dits hommes et habitants esdits lieux, ou en aucuns d'iceux,
« à leurs hoirs et à ceux qui y viendront pour y demeurer et
« habiter, tenir fermement et non contrevenir en aucune ma-
« nière, par nous et nos hoirs, ne consentir aucuns contreve-
« nir ; toutes exceptions, allégations de fait, de droit écrit et
« non écrit, canon et civil, us, coutumes, aides, deffences,
« arrières-mises et renoncées, qui à nous ou nos hoirs, ou à
« ceux qui cause ont ou auront de nous, pourraient aider à ce
« fait annuller, et que l'on pourrait dire ou proposer contre
« ces lettres, ou contre aucune chose contenue d'iceux. En
« témoignage de vérité, nous avons baillé ces dites nos lettres

« à nos dits hommes, faites et données, scellées de notre
« grand scel le dix-huitième jour du mois de mai, l'an notre
« Seigneur mil trois cent soixante et quatre. Les dites lettres
« sont scellées du scel de mon dit seigneur, armoriées de ses
« armes en cire rouge et double queue pendante. »

Ces franchises sont accordées, dit M. Christin, aux villages
de *Chaux-Neuve* et de *la Chaux-Choulet,* la tradition porte
que *Chaux-Choulet* a été habité avant Châtel-Blanc et Chaux-
Neuve, ces franchises s'étendaient encore à *Bois-d'Amont,* à
Belle-Fontaine, et à une partie du territoire des *Rousses* et de
Morbier ; ces communes sont situées dans l'enclave du terrain
inféodé aux comtes de Chalons en 1266 et en 1301. A l'époque
de leur établissement, elles firent partie des dépendances de
Châtel-Blanc, mais devenues plus considérables, elles se sépa-
rèrent et formèrent des communes particulières. On voit même
dans une charte produite au Parlement de Besançon sous la
date du 6 mai 1556 que le couvent de St-Oyan avait vendu le
territoire de Belle-Fontaine aux habitants de ce lieu « dès les
« limites et prairies des habitants de Grandvaux, tirant du
« côté de vers bise, es termes et limites de la seigneurie de
« Châtel-Blanc jusqu'à la Roche du Rizoz, et touchant de vers
« soleil levant icelle roche de Rizoz, les prairies des Pitros et
« autres de Combe-Froide, de vers vent la rivière de Bienne, et
« de vers soleil couchant les communaux et dimerie de Mor-
« bier et prairies de Grandvaux afin d'icieux communaux
« essarter et réduire de bois à plain, pour y faire paître,
« nourrir et pâturer leurs bestiaux, sans la nourriture des-
« quels ils n'eussent pu vivre audit lieu. »

Parmi les habitants de Belle-Fontaine signataires de cet acte
d'acquisition, nous voyons figurer Jean Girod, fils de Claude
Girod, et Jean Jobel, prud'hommes et échevins dudit lieu; nous
croyons que ce Jean Jobel a donné naissance à la famille Jobez.

A dater des chartes du 18 mai 1364 et du 27 mai 1384 par lesquelles Hugues de Châlons IIme, moyennant quarante florins de Florence, et l'abbé de St-Oyan moyennant vingt livres d'or, affranchissaient de la main-morte le territoire de la seigneurie de Chatel-Blanc, nous n'avons aucun titre qui puisse servir à l'histoire de Châtel-Blanc, jusqu'au 28 février 1372, où le même Hugues de Châlons IIme et Guillaume, abbé de St-Oyan, accordèrent aux habitants de Foncine (demeurans en Foncine) le droit d'usage dans la terre de *Chatel-Blanc,* depuis les confins de la seigneurie de *Mouthe* jusqu'à ceux de la terre de St-Claude, moyennant la cense annuelle de cinquante livres de cire. Cette concession donna lieu à des contestations : nous en parlerons d'une manière plus complète dans l'histoire des Foncines, elle est à la date de 1662.

A plusieurs reprises, on chercha à déterminer d'une manière exacte les limites des deux seigneuries de *Mouthe* et de *Châtel-Blanc ;* il fallut s'adresser au Parlement qui, après bien des débats, les fixa ainsi qu'il suit : la ligne de séparation commence à la *Brèche du Crozet,* en tirant directement contre le *Noirmont,,* dont elle atteindra la plus haute sommité, et elle finit aux limites du comté de Bourgogne et du pays de Vaud.

Le 22 mai 1499, des commissaires furent envoyés à *Chatel-Blanc* pour reconnaître l'état de cette seigneurie : plusieurs bourgeois ne payaient pas la rente annuelle due pour les toises de terrain occupées par leurs maisons ou *chézeaux* ; elle était par toises de six deniers estevenants ou de quatre engrognes, monnaie de Bourgogne. Il y avait alors trente *chézeaux* et maisons d'une étendue plus ou moins grande, depuis trois toises et demie jusqu'à près de quinze, et formant un total d'environ cent quatre-vingts toises, ce qui produisait une redevance de cinq francs, deux gros vieux et le vingt-quatrième d'une engrogne, monnaie courante. Cette enquête fournit aussi les noms de plusieurs habitants ou propriétaires, parmi lesquels on remarque ceux de *Benoit Bourgeois, Claude Bourgeois, Benoit Blondéal, Benoit Jéhannet, Claude Jéhannet, Jean Faulconnet, Philippe Faulconnet, Jean Guichard, Philippe Michel, Pierre Michel, Jean Michel, Claude Griffon, Pierre Griffon, Claude Bruillart, Benoit Bruillart, Michel Bruillart, Jaques Fumey, etc.* La famille des Bourgeois existe encore, et a donné un homme remarquable dont nous parlerons ; les Blondeau aussi, ainsi que les Griffon. Les Faulconnet, les Fumey, les Bruillart, sont venus habiter Foncine, les Michel Chapelle-des-Bois, les Jéhannet Dole ; nous croyons que le conseiller Jeannez, ancien procureur du roi à Lons-le-Saunier, est un des descendants de cette famille.

Bien que Dunod et Perrin disent que l'abbaye de St-Claude avait un château à Chatel-Blanc, et que Dom Grappin assure que le village a pris naissance au pied de ce château, quelques personnes avaient soulevé des doutes sur son existence, à raison du peu de traces qu'il a laissé ; d'autres prétendaient qu'il n'était pas bâti sur le sommet de la montagne, mais bien sur la petite élévation où l'on a construit la nouvelle église, et par là même bien plus rapproché du village et dans l'enceinte des murs et des fossés que devait construire le seigneur. Tous les doutes nous semblent levés par le rapport de 1499.

Dans cette même année (1499), les habitants de *Chaux-Neuve, Chaux-Choulet* et des autres lieux dépendants de Chatel-Blanc furent sommés de déclarer qu'ils devaient les vingt-cinq livres de cense annuelle pour lesquels ils avaient été affranchis : ceux-ci prétendirent qu'ils n'étaient pas les seuls qui dussent contribuer à cette somme ; et à l'appui de leurs prétentions, ils citaient ceux de Foncine, qui avaient été affranchis avec eux : leurs prétentions furent accueillies.

Une autre reconnaissance des dîmes de toute la seigneurie fut faite à la même époque : d'où il résulta que pour chaque journal ensemencé de blé il était dû une *émine*, mesure de Nozeroy ; *quiconque mène bœuf ou autre bête* à la charrue doit une *cartranche* d'avoine (1), même mesure ; celui qui n'a pas de charrue, une *demi cartranche*.

Les habitants n'ayant pu, dans les années précédentes, moissonner leur blé, *à cause de l'hiver,* qui était venu avant le temps ordinaire, et des pertes qui en avaient été la suite, il en était résulté des dommages pour les seigneurs qui prenaient leurs dîmes aux champs ; il fut dès lors permis de faire la récolte quand il paraîtrait convenable ; les dîmes ne devaient plus être perçues sur place, mais chaque propriétaire paiera par journal une *cartranche* de blé qui y aura été semé. Le même acte accorde à chaque habitant le droit d'établir un four, moyennant une *cartranche* d'avoine par an. Cette charte est du 10 juin 1394 (2).

Les mêmes habitants de toute la seigneurie ont reconnu qu'ils étaient sujets à faire *monstre d'armes* pardevant le châtelain du seigneur. Ceux de *Chaux-Neuve* et de *Chaux-Choulet* ont ajouté que chacun d'eux devait au seigneur une *poulaille* à la St. André, et le deuxième denier pour la vente de leurs héritages. Ils ne sont passibles d'aucun droit en cas d'échange, à moins d'une mieux-value en argent ; ils doivent employer le *Juré ou Tabellion* du seigneur pour leurs actes, quarante jours après les avoir consentis ; ils ne sont point sujets aux corvées ; enfin ils sont hors de la condition de main-morte : cette reconnaissance eût lieu le 19 juin 1499.

(1) La *Cartranche ou Cartaranche* est une mesure de grains équivalente à une quarte, qui elle-même vaut deux litres cinq décilitres de nos nouvelles mesures.

(2) Archives d'Arlay.

Le 17 juin 1634, les bourgeois de Chatel-Blanc s'adressèrent à *Ferdinand de Rye*, alors archevêque de Besançon, et
à Frédéric-Henri, prince d'Orange, pour avoir une copie des
titres de franchise qui *avaient été ars et brûlés en la maison de
Pierre, fils fut Anatoile Blondeau, où ils étaient audit Chatel-
Blanc dans un coffre enfermés, lors de l'orvale et accident de
feu, qui arriva le jour de feste de Messieurs Sts Fabien et
Sébastien de l'année 1627, si à l'improviste qu'il fut impossible
d'en tirer aucune chose,* (1) et cette demande leur fut octroyée.

Une contestation s'était élevée entre les habitants de Foncine et ceux de Chatel-Blanc et de Chaux-Neuve à l'occasion
des droits d'usage dans les bois de Chatel-Blanc, accordés en
1372 aux habitants de Foncine, par Hugues de Chalons IIme et
Guillaume, abbé de St-Oyan. Cette contestation fut terminée
par arrêt du Parlement du 9 octobre 1662. Cette pièce est
curieuse, car on y lit les noms de toutes les familles dont se
composaient alors les communes de Foncine, Chatel-Blanc et
Chaux-Neuve. Nous en parlerons au long à l'article Foncine.

Chatel-Blanc et Chaux-Neuve avaient 106 chefs de famille,
Foncine 101, au nombre desquels figure François-Georges
Munier, notaire, un de mes ancêtres.

Le prince d'Isenghien, appelé le 19 décembre 1711 à rati-
fier les concessions accordées aux habitants de la seigneurie
de Chatel-Blanc, y apporta une modification : en les affran-
chissant de la main-morte par leurs patentes des années 1364
et 1384, Jean de Chalons, sire d'Arlay IIIme et l'abbé de St-
Claude, seigneurs de Chatel-Blanc, « avaient réservé en faveur
« des habitants résidants dans lesdits villages (de la seigneu-
« rie) qu'ils succéderaient à ceux qui iraient demeurer hors
« de la seigneurie, et cela dans la pensée de rendre lesdits

(1) Archives d'Arlay.

« villages plus peuplés, et procurer par ce moyen l'avantage
« du seigneur et des habitants : ce qui a présentement un effet
« contraire, parce que lesdits villages ayant été dépeuplés par
« les guerres et la peste dont la Franche-Comté a été
« affligée pendant le dernier siècle, cette condition apposée
« audit affranchissement empêche que de nouveaux habi-
« tants s'établissent dans lesdits villages, et parconséquent que
« les terres enfermées dans leurs territoires soient aussi bien
« cultivées, et d'aussi grande valeur que s'il y avait beaucoup
« d'habitants, en sorte que les droits de lods et dismes à nous
« appartenant sur lesdits territoires nous rapportent moins de
« profit ; pourquoi ils nous ont suppliés de vouloir étendre et
« révoquer la condition opposée audit affranchissement, à la-
« quelle ils renoncent involontairement, quoiqu'eux seuls
« puissent en profiter, nous offrant, pour nous marquer leur
« affection à notre service, d'ajouter à notre domaine de la
« seigneurie de Chatel-Blanc un pré appelé Pré de la Coste,
« d'environ un journal et demi, etc. » (1)

Chatel-Blanc avait, dit-on, trois rues, comme Nozeroy ; ce
village a été ruiné par plusieurs incendies, d'abord l'un en
1627 dont nous avons déjà parlé, ensuite celui de 1759, qui
fut le plus grave ; tout le village fut brûlé, ainsi que la chapelle
dont il ne resta que les murs. Les Suédois du duc de Saxe
Weimar l'occupèrent en 1669 et l'incendièrent. Ils enlevèrent
la première cloche qu'on avait faite pour la chapelle de St-Alexandre : elle fut transportée dans village de Béroles, au pays
de Vaud, elle y était encore longtemps après, même on assure
qu'elle y est encore.

Nous trouvons, dit M. Bourgon, dans les titres relatifs à la
terre de *Mouthe* la *fulmination* faite par Quentin Ménard, ar-

(1) Archives d'Arlay et Terrier de Chatel-Blanc.

chevêque de Besançon, des bulles accordées par le pape Eugène IV, portant érection d'une chapelle à Chaux-Neuve, destinée non seulemeut au service divin, mais aussi à l'administration des Sacrements, sans préjudice aux droits de paroissialité de l'église de *Moulhe* : cet acte est du 25 octobre 1444. En 1512 et 1534, le prieur et le curé de *Moulhe* firent, avec les habitants de *Chaux-Neuve* et de *Chatel-Blanc*, deux traités touchant la desserte pour le spirituel des communautés de Chatel-Blanc et de *Chaux-Neuve*, en la chapelle de *Chaux-Neuve*. Ils s'engagèrent à en remettre le soin à un chapelain les dimanches et fêtes de l'année, excepté les quatre fêtes principales, époque où les habitants de ces deux villages devaient assister aux offices de la mère église de *Moulhe*. Ces traités portent en même temps un réglement des droits curiaux, qui fut ratifié par l'archevêque de Besançon. Dans cette année 1534, le sieur de *Matafalon*, curé de *Mouthe*, étendit encore les priviléges de la chapelle de Chaux-Neuve, puisqu'il autorisa les habitants à y faire inhumer leurs morts ainsi que dans le cimetière, à y faire célébrer le prône, à y déposer leurs offrandes, etc., sous la réserve des droits du curé (13 sept.). Plus tard, les produits de ce droit de patronage furent amodiés par le curé de *Moulhe*, 16 francs en 1603, 25 francs en 1617, 1622, 1624 et 30 francs en 1628.

Une chapelle fut fondée à Chatel-Rlanc en 1633 par Pierre Blondeau, tabellion général en Bourgogne et juge chatelain de la justice seigneuriale de cette seigneurie dans laquelle il était né, et par son épouse Anne Rosaret. Cette chapelle dépendait immédiatement de Chaux-Neuve ; elle fut consacrée en 1665 par l'archevêque Antoine-Pierre de Grammont Ier, sous le patronage de la nativité de Notre-Dame de saint Pierre et de sainte Anne, et l'invocation de saint Jean-Baptiste. Les fondateurs s'étaient réservés à eux et à leurs héritiers le droit de nommer à cette chapelle ; le premier chapelain par eux nommé fut leur fils Claude Blondeau, docteur en théologie, chanoine de l'église métropolitaine de Besançon, prieur de Jussey, chevalier de l'Eperon d'Or, protonotaire apostolique, etc. Il est l'auteur d'un ouvrage intitulé *le Triomphe de la charité*. Son successeur fut son neveu Alexandre Blondeau, docteur ès-saints décrets, protonotaire apostolique et aumônier du prince Eugène de Savoie ; il reçut à Milan des lettres de noblesse de l'empereur d'Allemagne. Le troisième chapelain fut le neveu d'Alexandre, François-Joseph Blondeau chanoine, et aumônier du prince de Condé, à Chantilly. On pense bien que ces trois premiers chapelains, à raison des hautes dignités dont ils étaient revêtus, résidèrent rarement à Chatel-Blanc, leur lieu de naissance ; ils nommaient, pour remplir les fonctions auxquelles ils étaient obligés, un prêtre desservant résidant, et ils purent pendant quarante ans le choisir dans leur famille même.

C'est ainsi que Pierre-Joseph Blondeau exerça pendant quarante ans les fonctions de desservant résidant de la chapelle de Chatel-Blanc, Cette famille Blondeau a produit un grand nombre de sujets distingués ; outre deux déjà nommés, nous citerons encore Denis Blondeau, frère du chanoine Claude Blondeau, parrain de la première cloche de la chapelle, religieux barnabite en Savoie, élevé à la dignité de général de son ordre et Claude-François Blondeau de Charnage, né le 12 mai 1710, à Chatel-Blanc, mort à Paris le 20 octobre 1776, il avait servi dans les milices en qualité de lieutenant. Ayant obtenu sa retraite et une pension du gouvernement, il se retira à Paris, où il composa un grand nombre de brochures qui ont été recueillies en partie sous le titre d'*OEuvres du chevalier Blondeau*.

Malgré l'établissement d'une chapelle à Chatel-Blanc, les

habitants continuèrent néanmoins à être paroissiens à Chaux-Neuve jusqu'en 1804, époque à laquelle une succursale y remplaça la chapellenie.

La chapelle de Chatel-Blanc possédait et l'église actuelle possède les reliques entières de saint Alexandre, données en 1642 par les frères déchaussés de l'ordre de la Sainte-Trinité à Claude Blondeau, en même temps que celles de saint Ignace à Chalêmes (Voir à l'article Chalêmes l'historique de ces reliques. Voir la constatation dans les lettres authentiques de Rome, du 6 mai 1680, vues à la cour archiépiscopale de Besançon, le 4 juillet 1681). Claude Blondeau céda lui-même ces reliques à la chapelle de Chatel-Blanc, dont il était chapelain, et les reliques de saint Alexandre y furent apportées le 29 septembre 1684, au milieu d'un grand concours du clergé et du peuple. (Voir pour plus de détails l'ouvrage que M. Chaillet, curé de Chatel-Blanc, a fait imprimer en 1838.)

Chatel-Blanc est la patrie de Dominique-François Bourgeois, qui y est né en 1693. Cet habile mécanicien, en inventant les réverbères, rendit un immense service, non-seulement à Paris, mais à toutes les villes, car les rues de nos cités furent très-longtemps dangereuses à parcourir dès que la nuit était arrivée. Dans les circonstances où le danger était imminent, on ordonnait, comme on le fit en 1524, 1526 et 1553, à tout propriétaire de maison de placer après neuf heures, sur la fenêtre du premier étage, une lanterne allumée.

Un réglement de la chambre des vacations du 29 octobre 1558, prescrivit de placer, au coin de chaque rue de Paris et au milieu, des falots qui devaient brûler constamment. Un arrêt du Parlement du 14 novembre suivant y substitua des lanternes ardentes et alimentées. Dans le siècle suivant, l'usage établit d'entretenir des lanternes aux frais des Parisiens dans les rues de Paris.

Cependant un bourgeois ne se hasardait guère à sortir pendant la nuit sans porter avec lui sa lanterne. En 1662, Laudati Caraffe obtint l'autorisation du roi, la faculté, permission et privilége d'avoir et d'établir porte-flambeaux et porte-lanternes à louage. La Reynie, lieutenant de police en 1667, fit suspendre une lanterne garnie d'une chandelle allumée, à chaque extrémité et au milieu de chaque rue. Un édit de juin de 1697 étendit cet éclairage à toutes les villes du royaume.

Dans notre province, les édits relatifs à l'éclairage des villes sont du 19 novembre 1699, 5 août 1697, du mois d'août 1717 et du 9 juillet 1743.

En 1729, la capitale compta 5,772 lanternes ou fanaux.

M. de Sartines proposa une récompense à celui qui perfectionnerait ce service public ; c'est alors que Bourgeois, du Chatel-Blanc, inventa les réverbères et obtint par lettres patentes, enregistrées le 28 décembre 1745, le privilége de l'entreprise. Les réverbères eurent un succês d'enthousiasme. Un M. Valois d'Orville publia à leur louange, en 1746, un petit poëme assez curieux : nous citerons seulement les vers suivants :

Le règne de la nuit va désormais finir ;
Des mortels renommés par leur sage industrie,
De leurs climats sont prêts à la bannir,
Vois les effets de leur génie :

Pour placer la lumière en un corps transparent,
Avec un verre épais une lampe est fermée.
Dans son antre une mèche avec art enfermée,
Frappe un réverbère éclatant,
Qui d'abord la réfléchissant,
Porte contre la nuit sa splendeur enflammée,
Globes brillants, astres nouveaux
Que tout Paris admire au milieu des ténèbres,
Dissipez leurs horreurs funèbres
Par la clarté de vos flambeaux.

En 1769, Bourgeois, anobli sous le titre de Château-Blanc, fut de nouveau chargé pour vingt ans de l'éclairage des rues de Paris. Le nombre des réverbères augmenta successivement ; on comptait alors 7,000 becs, alimentés par 3,500 réverbères : il y en avait 11,050 en 1809, — 12,627 en 1821.

Il est mort à Paris en 1781 ; il a fait plusieurs autres objets de mécanique très-remarquables : il est le principal auteur du Canard-Vaucanson, il a imprimé des mémoires remarquables.

CHAPITRE XV. — 16ᵉ SIÈCLE.

Philippe II était mort, et sa fille l'infante Isabelle-Claire-Eugénie, mariée avec l'archiduc Albert d'Autriche, avait pris possession de la Franche-Comté qu'elle aimait, elle eut soin d'éloigner la guerre de ses foyers en faisant renouveler le pacte de neutralité en 1611.

Nous avons vu que Hugues de Chalons-Arlay IIᵉ et Guillaume, abbé de St-Oyan, avaient accordé des droits d'usages dans les bois aux habitants des Foncines. Ces droits furent confirmés le 22 août 1611 par Albert et Isabelle, avec explication qu'ils s'étendaient dès le prioré de Mouthe à celui du Grandvaux et dès le Mont-Rizou au val de Sirod.

Chacun sait que saint François de Sales, évêque de Genève, fit de nombreux voyages en Franche-Comté, qu'il prêcha à Dole, à Salins, à Besançon ; or la tradition constate qu'en 1608 il aurait célébré la messe à Foncine-le-Haut, et l'on a religieusement conservé jusqu'au curé Monnot les ornements dont il s'était revêtu, mais comme ils étaient usés, ce prêtre voulut les restaurer et ne fit que les détériorer, en sorte qu'aujourd'hui ils n'existent plus.

En 1618, apparition d'une comète qui fut un objet de surprise pendant tout le mois de décembre ; elle avait, dit le curé Rossel de Veyria, « la forme d'un globe, et sa queue, semblable à une verge, surgissait de cette partie de notre hémisphère où se lève le soleil d'été, et elle s'avançait vers le point du ciel où, dans la même saison, cet astre accomplit la dixième heure de sa marche, » mentionnée dans les registres publics du pays (1). Selon Lucien Raymond dans sa notice sur la vallée du lac de Joux, plusieurs familles de nos montagnes s'y seraient fixées et auraient constitué les premiers habitants de ce pays (2). Ce fait n'a rien d'étonnant, car nous voyons que des habitants des Foncines se sont fixés dans toutes les parties de la France pour exercer la profession d'horlogers, « durant les funestes guerres de Louis XIII contre les Com-« tois, dit M. Perrin (3), la famine et la peste, réunies à ce « premier fléau, dépeuplèrent Clairvaux à tel point que, pen-« dant plus de dix années, il se vit réduit à deux cents habi-« tants. Il ne put recouvrer son ancienne population qu'à l'aide « de plusieurs familles émigrées du Grandvaux, de Longchau-« mois, de *Foncine* et autres lieux. Mais on fit payer à ces « nouveaux venus *le droit d'habitantage,* prestation pécuniaire « de douze à vingt-quatre livres, suivant la taxe fixée arbitrai-« rement pour chaque individu par le conseil de ville. Il fallait, « en outre être *homme libre, franc, honnête et bon catholique.* « Cet état de choses, d'où résultait une assez forte différence « de mœurs et d'usages, souvent immiscibles, donna lieu à « une distinction entre *les vieux et les nouveaux bourgeois* et « devint une source trop féconde de collisions et de désordres, « malgré que Charles-Louis de Bauffremont cherchait à remplir « l'honorable rôle de conciliateur dans le chef-lieu de sa « baronnie. »

En 1613, l'église des Rousses fut érigée en cure par l'arche-vêque de Lyon, le 21 septembre 1613, reconstruite en 1753.

(1) Histoire de Gigny, page 223 ; annuaire de 1843, page 169.
(2) Rochat, pages 27 à 29.
(3) Perrin, page 422.

La peste se répandit en Franche-Comté en 1628. Les précautions que l'on prit dans cette circonstance pour l'empêcher de se propager furent les mêmes que d'habitude : on établissait des gardes urbaines qui avaient pour mission d'empêcher absolument l'introduction des personnes et des choses venues des lieux suspects et de n'admettre les voyageurs que sur bonnes et dues attestations.

La cherté des grains allait croissant dans la province, et la peste continuait de sévir surtout dans la haute montagne. Bréry, Montrond, la fromagerie Saffloz, Chevrotaine, Chatel-Neuf et *les Foncines,* étaient méconnaissables. A Foncine, le rapport des officiers de Poligny indique deux cents décès et cinquante ménages infectés pendant le mois d'août ; or, six mois après, la peste y faisait encore quelques victimes.

En ce temps-là, Arbois faisait barrer Villeneuve-d'Aval, et Nozeroy prenait la même mesure à l'égard de Chaux-Neuve et de Rochejean.

A Chatel-Neuf, au mois d'octobre, il était mort plus de la moitié des habitants, et si le mal semblait y diminuer, c'était plutôt par suite du peu de gens qui survivaient que par suite d'une intensité moindre de l'affection. « Ils se consolent tou-
« tefois, écrivait avec amertume le lieutenant du roi *Masson*
« *de Poligny,* parce qu'il ne leur est mort que cinq personnes
« la semaine passée, au lieu que les précédentes, ils en enter-
« raient toujours huit ou dix et ils espèrent bientôt de se
« mettre tous aux champs pour faire repurger leur village (22
« octobre 1629) (1).

« A cette époque, on débarrait Montrond et Bréry ; quant à
« la fromagerie, on dut y maintenir la barre pour le fait d'un
« particulier de ce village, nommé Hugues Delacroix qui, pour

____

(1) Société d'émulation, 6e vol. 155.

« ne pas donner l'éveil sur l'existence de la peste en sa
« maison, avait enterré lui-même ses deux enfants dans son
« jardin. »

On a employé le mot *barre,* il est nécessaire d'en donner la
signification.

On barrait un pays, comme aussi on barrait un particulier.
La barre était *simple* ou *serrée.*

Dans la *barre simple,* on posait des gardes à l'entrée des
lieux voisins et sur les avenues du pays malade ou séquestré.

Dans la *barre serrée,* on élevait en vue de ce pays des corps
de garde plus ou moins nombreux, bien armés et approvi-
sionnés. L'édit qui ordonnait la *barre,* comme l'édit du 28 août
1628, portait injonction aux habitants des lieux infectés de ne
s'écarter point çà et là ni fréquenter les autres villages de la
province, sous peine d'être *arquebusés.*

On barrait un particulier soit en l'enfermant dans sa maison
au moyen d'un levier, d'une barre ou de bons crampons et
ferrements, soit en faisant exercer sur lui et à ses frais telle
surveillance qu'on jugeait nécessaire.

Les années 1627, 1628, 1629 et 1630 avaient été mauvaises, l'année 1631 ne s'annonçait pas sous des auspices
meilleurs. « Le pauvre peuple, dit M. de la Faille, était partout
« si affligé de famine et de maladies, qu'on le voyait périr par
« la campagne, à la recherche de racines qu'il mangeait, pen-
« sant éviter la mort. »

Les années 1632, 1633 et 1634 furent relativement plus
saines que les trois années précédentes.

Sous le rapport de la fertilité, l'année 1635 valut moins
encore que les années précédentes, à cause des mauvais
temps. La plupart des terres demeurèrent incultes, et les
récoltes furent presque nulles. Aussi la cherté des grains
devint excessive.

La contagion n'avait pas cessé en 1634, la peste reparut en 1635 avec une intensité remarquable, surtout dans les montagnes.

En 1636, l'épidémie fut grande en Franche-Comté ; pas un lieu qui ne fut plus ou moins infecté. C'est vers 1636 que fut érigée à Foncine-le-Haut la chapelle de *St-Roch,* et son nom seul nous avertit assez de son origine, car c'est à dater des pestes et des maladies contagieuses de 1636, que la plupart des chapelles et des cimetières placés sous l'invocation de saint Roch se sont établis dans toute la province (*Annuaire* 1845, page 85).

En 1638, à Foncine, l'hiver fut sec et presque sans neige.

En 1639, il y eut peste et famine.

GUERRE DE DIX ANS.

Nous sommes arrivés à cette fatale époque où Richelieu voulait à tout prix réunir la Franche-Comté à la France. Si l'on en croit Jules de Chifflet, abbé de Balerne, des prodiges annoncèrent à la Franche-Comté les malheurs qui allaient fondre sur elle : il y eut tremblement de terre, deux lumières en forme de flambeaux s'élevèrent du lieu de la sépulture de saint Ferréol et saint Ferjeux, pour venir s'étendre sur l'église où repose leur châsse. Enfin il s'exprime ainsi (2e volume de ses mémoires, page 404) : « Dieu continuait de nous avertir et de « nous frapper. Aux huit heures du soir de la veille de saint « Jean parut pendant une demi-heure une grande croix fort « bien formée sur le corps de la lune qui lui servait comme de « centre dans la jonction de ses parties. Don Joseph Arnoffini, « abbé de la Charité, m'en avertit, car ici les esprits étaient « attentifs à autre chose qu'à considérer les astres, quoique « souvent messagers des choses à venir. » Si le fait de l'apparition de cette croix est vrai, elle a du être vue dans nos montagnes comme ailleurs, mais nous ne retrouvons ce fait dans aucun auteur que chez l'abbé de Balerne.

Le Parlement de la province se prépare à la guerre ; Gérard de Joux, dit de Watteville, marquis de Conflans, est chargé du commandement de la cavalerie. On ordonna que tous les hommes de dix-huit à soixante ans qui avaient déjà porté les armes seraient obligés de les reprendre, et se tiendraient prêts à marcher.

Outre les troupes régulières, des corps francs se formèrent dans les montagnes. Le baron d'Arnans vint se placer à leur tête, à ses côtés prirent rang Jean Varroz et Jean-Claude Prost, dit Lacuzon. Ces soldats improvisés et sortis de tous les coins des montagnes n'avaient pas d'uniforme militaire, mais seulement un costume auquel ils se reconnaissaient. Il consistait : en un chapeau de feutre rond et relevé d'un côté, des hauts-de-chausses collants recouverts jusqu'à mi-cuisses par des guêtres en cuir qui pressaient fortement la jambe et descendaient sur des souliers ferrés à semelle très épaisse, un habit à larges basques serré sur les hanches par une ceinture d'où pendaient le poignard et les pistolets, un baudrier tombait en écharpe sur la poitrine et retenait une longue et lourde épée.

Mais ceux des soldats, qui n'avaient pas le costume voulu, s'habillaient à leur guise, toutefois en portant un signe de reconnaissance. Chacun dans cette troupe avait aussi son nom de guerre : *Dujardin, la Vigne, la Rose, Tranche-Montagne, Brise-Bataille, Pille-Muguet* le plus hardi et le plus franc tireur de la bande, ami et parent de Lacuzon, dont le vrai nom est *Pierre Prost, la Jeunesse,* ce dernier servait de secrétaire à Lacuzon qui n'a jamais écrit une ligne, car il ne savait pas écrire. Toute pièce émanant de lui est de la main de son sécrétaire *la Jeunesse*. Il est donc bien probable qu'au milieu de cette troupe d'élite, où chacun avait son nom de guerre, que Claude Prost prit ou reçut alors son surnom, que son air soucieux et morose lui valut un jour ce singulier nom, *Lacuzon* (en patois, *cuzon* veut dire souci) qui a fait oublier l'autre et sous lequel il s'est illustré (1).

Si chaque soldat de la petite troupe de Lacuzon avait son nom de guerre, il en était de même dans toutes les bandes des montagnes qui résistaient aux Suédois, et ces noms étaient plus ou moins en harmonie avec les fonctions qu'ils remplissaient ; c'est ainsi qu'à Foncine-le-Haut on a les *Gardiens*, les *Messagers*, les *Merles* chargés d'avertir par leurs cris, les *Décampes* chargés de courir rapidement où le besoin était, les *Piques* chargés de se battre à la pique ou à la lance, ou d'aller chercher les lances à la Landoz aux creux des lances où elles étaient déposées, les *Charets* chargés des transports, les *Coucards*, les *Saignons*, les *Blancs des Plaines*, les *Officiers*, et à Foncine-le-Bas les *Trapes*, aux Planches les *Grenadiers*, les *Brisquets*, à Châtel-Blanc les *Toiney*, à Mouthe les *Broumel*, la *Plaque*, et ces noms se sont conservés jusqu'à ce jour sans qu'on ait jamais recherché quelle en était l'origine (2).

Si donc à l'approche de l'ennemi, les paysans s'enfuyaient dans les bois ou couraient chercher un refuge dans les cavernes, toutefois la barbarie et la cupidité ne s'exerçaient pas toujours impunément. Bien des armures, bien des cadavres retrouvés depuis ces temps déplorables jusqu'à nos jours (entre autres dernièrement aux Planches, à la ferme de Poutain),

(1) Lacuzon imprimé à Lons-le-Saunier, 1867, page 19.

(2) Les archives du Parlement du 28 mars 1642, parmi les soldats de Lacuzon font mention d'un Jean de la Chaux.

dans quelques gorges solitaires de nos bois et de nos rochers, sont de sinistres révélations des légitimes et occultes vengeances de nos pères.

Parmi les plus hardis et les plus acharnés *descendeurs* de Suédois dans nos montagnes, nous ne pouvons passer sous silence les nombreux exploits de *Cart-Broumet* de Mouthe qui s'était, comme Lacuzon, mis à la tête des défenseurs de la patrie dans nos parages (1). *Cart-Broumet,* Alexis, né à Mouthe, dans une maison à dix minutes du village, au cul-du-bief, où elle existe encore et porte le nom de chez Broumet ; elle avait été incendiée par les Suédois et rebâtie par Cart-Broumet. Ce brave avait passé une partie de sa vie au service de sa patrie et de son souverain Philippe IV, roi d'Espagne et des Indes, et avait reçu dans le cours de ses campagnes une blessure à la joue, avec perte de substance ; elle était si considérable et si profonde qu'il était obligé de la recouvrir avec une plaque de métal, ce qui lui fit donner le surnom de *Laplaque.*

Mouthe et ses dépendances se vit en proie à toutes les horreurs de l'invasion des Suédois et à l'incendie. Cart-Broumet ne put voir avec indifférence les angoisses de son pays ; il vole à la défense de ses compatriotes seul d'abord, armé d'une arquebuse, il s'embusquait dans les lieux favorables et malheur au Suédois qui se trouvait à portée de son arme. On dit qu'un tilleul énorme, dont la vétusté avait concavé l'intérieur, le servit avec succès pendant quelque temps. Il se plaçait dans cette forteresse d'un nouveau genre et de là ajustait à coup sûr l'ennemi, qui ne reconnut pas immédiatement sa ruse, car après l'explosion de l'arquebuse, on n'apercevait point de fumée depuis l'extérieur. La tradition rapporte que cette arme

(1) Opuscule de M. Petit-Huguenin, publié à Pontarlier en 1855.

portait à plus de 500 mètres. Depuis l'endroit de la forêt du Noirmont appelé *les Malaitaux,* ses coups atteignaient les soldats ennemis sur la place de Mouthe.

Les Suédois réussirent à le faire prisonnier dans l'enceinte même du village et le renfermèrent provisoirement dans le clocher ; mais pendant la nuit il s'évada de cette prison au moyen de la corde de la cloche. L'ennemi ne songea pas à enlever ce précieux moyen de salut pour lui. Ce fait est de la plus exacte vérité et on en parle encore de nos jours.

D'une force herculéenne , d'une stature remarquable, doué d'une âme de feu, d'une intrépidité et d'un sang-froid rares, cet homme rassemble quelques braves que sa voix a électrisés et qui s'empressent de partager sa fortune. Il se mit à leur tête et chaque jour fait mordre la poussière à plus d'un ennemi.

Peu de jours après il occupait, avec ses braves, le clocher et la maison seigneuriale du prieuré de Mouthe ; cette maison était solidement construite et était attenante à l'église. Le corps suédois tenta diverses fois de les déloger, mais dépourvu d'artillerie et vivement inquiété par le feu bien nourri des assiégés, il se retira toujours avec perte et ses attaques restaient infructueuses. Les assiégeants profitèrent de ce qu'on avait entassé près du prieuré des branches sèches provision de combustible ordinaire de l'établissement pour y mettre le feu, ce qui amena l'incendie du prieuré, de l'église et des maisons voisines. Cart-Broumet protégea vaillamment la retraite de ses compagnons d'armes contre l'ennemi bien supérieur en forces et qui gardait toutes les avenues. Quatre comtois seulement furent faits prisonniers, dans ce nombre se trouvait Cart-Broumet. La perte du côté des nôtres eût été bien plus considérable, sans l'héroïsme et la rare intrépidité de leur chef. Il se sacrifia pour sauver ses soldats et fut forcé de se rendre aux ennemis.

Cette prise combla de joie l'officier commandant le bataillon vainqueur. On avait à Pontarlier persuadé à cet officier que l'agent des seigneurs de Mouthe avait fait enfouir dans un terrain appelé *La Serve* une forte somme en numéraire et notamment une cloche en argent du poids de cent livres. Dans son opinion, Cart-Broumet était l'homme le plus à même de le mettre en possession de ces trésors et il lui fit part de ces intentions. Cart lui répondit qu'il ne l'enseignerait que sous la condition expresse d'avoir la vie sauve. L'officier, ivre de joie, promit tout, et, d'après le conseil de son prisonnier, envoya ses soldats à la découverte du côté de Jougne pour profiter seul de cette bonne fortune.

Cart, muni d'une pioche et d'une pelle, conduit le commandant et le soldat qui lui servait de domestique à la Serve, où il se mit en devoir de pratiquer une excavation pour extraire le précieux dépôt. Parvenu à une certaine profondeur, il feignit d'être fatigué ; altéré de la soif de l'or, l'officier s'offrit de le remplacer pour extraire la terre remuée et descendit dans la fosse. Cart armé de la pioche l'assomme, tue le domestique, s'empare de leurs armes et se réfugie en lieu de sûreté.

Cet homme infatigable se dévoue de nouveau ; il rassemble les débris de la troupe à laquelle vinrent se joindre quelques braves de Boujon, commandés par *Claude Chaillet le Borgne*, et on se jette de rechef dans la forêt du Noirmont, où une femme du Bief-Girard, hameau de Gellin, nommée *Fauchy* (connue en patois sous le nom de la Vylle Vouatchère), leur portait en secret toute la subsistance dont ils avaient besoin. La nourriture des habitants des hautes montagnes du Jura consistait alors et jusque dans ces derniers temps dans le pain d'avoine cuit sous les trois formes suivantes : le *bolon* (1), la

(1) Bolon, petit pain d'avoine séché au four, de la grosseur d'une petite boule.

gresigne (1), la *tetnega* (2). Le pain d'orge était un luxe, il ne paraissait sur les tables, même des gens aisés, qu'aux fêtes de Noël, Pâques, l'Assomption, la fête pastorale ; un vieux proverbe dit à Foncine qu'à ces fêtes on mange le pain d'orge *à l'écuelle et partout*. La soupe ordinaire était très-maigre, de l'eau, du beurre et quelques oignons, c'était un luxe d'y jeter un peu de lait, aussi conserve-t-elle son nom patois *lou breu*. La pitance était le petit-lait, le cérat frais, le cérat sec et salé et le *brésil* à l'extraordinaire. Le brésil, *lou brésil*, viande salée de vache ou de chèvre, les boucheries étaient très-rares et souvent très-éloignées.

Les Comtois dépourvus d'armes à feu et de munitions depuis l'incendie du prieuré de l'église, qui leur servait de forteresse, employèrent des flèches qu'ils lançaient à une distance étonnante. Deux hommes étaient nécessaires pour le maniement de cette arme, qui se fabriquait à Romain-Moutier, canton de Vaud ; leurs coups étaient ordinairement sûrs et beaucoup d'ennemis furent atteints.

Les Suédois envahirent aussi le val de Miéges et mirent le siége devant Nozeroy et Château-Vilain, à Sirod Cart-Broumet s'empresse de s'y rendre, bon nombre d'habitants de ce pays renforcèrent sa troupe et le choisirent pour les commander, tant sa valeur et son expérience étaient connues. Il avait pour auxiliaires dans le commandement quatre hommes éprouvés, *Jean Alpy* de Cerniébaud, *Guillaume Girod* de Mignovillard, *Félix Paulin* de Mouthe et *Louis Faivre* de Trébiez, soutenus par les sergents *Ratt* d'Arsure, *Chaillet* de Boujon, *Lorin* de Mouthe et *Serrette* de Froide-Fontaine.

(1) Gresigne, pain d'avoine séché au four de la grosseur d'une miche de pain ordinaire.
(2) La tetnega, galette de pâte d'avoine qui se mangeait fraiche avec les gaudes.

Ces nouveaux soldats procurèrent des armes à feu et des munitions de guerre et lui firent connaître à la partie orientale du territoire de Cerniébaud une caverne assez spacieuse, située dans un lieu boisé et accidenté de rochers, lequel était voisin de la forêt de la Haute-Joux. Cette grotte conserve encore de nos jours le nom de *cache à Broumet,* partout on voit le même système de défense, cela nous rappelle la grotte de *Lacuzon.*

Le val de Miéges, contrée fortement accidentée, offrant à chaque pas de profonds ravins et des tertres, couronnés à cette époque de bois, de hautes futaies, entremêlés de broussailles, facilitait singulièrement la guerre de partisans. Ces généreux défenseurs de notre malheureux pays se plaçaient en embuscade dans les endroits favorables ; ils ne manquaient aucune occasion favorable de fondre sur les divers détachements suédois qui parcouraient en tous sens le pays, et lorsqu'ils étaient obligés de battre en retraite devant des forces supérieures, ils se réfugiaient dans la caverne. Un bloc informe de rochers en fermait immédiatement l'entrée que jamais les soldats ennemis n'ont pu découvrir. Quelques vedettes placées sur les points culminants de la Haute-Joux venaient prévenir les Comtois de la disparition de l'ennemi. La tradition est unanime pour assurer que 800 Suédois au moins tombèrent sous les coups de ces braves tant dans le val de Miéges que dans les vallées de Mouthe, Sirod, la Chaux-d'Arlier, et ils entravèrent puissamment les opérations des siéges de Château-Vilain, du château de la Chaux-des-Crotenay et de Nozeroy.

Pendant la durée des siéges de Chateau-Vilain et de Nozeroy, Cart-Broumet, informé que des fractions de troupes suédoises allaient et venaient alternativement presque chaque jour et presque sans défiance de Château-Vilain à Nozeroy, s'embusqua avec cent hommes près du village de la Favière. *Perret* de Charbonny, *Pontarlier* et Faivre, dit le brave de Billecul qu'il avait envoyé à la découverte, avec le sergent *Ratt* d'Arsure, accourent le prévenir qu'un détachement d'environ cent cinquante Suédois se dirigeaient de Sirod à Nozeroy ; il se rendit sur le champ au pas de course près du chemin qui conduit de ce bourg à Gillois, la position était on ne peut plus avantageuse à nos soldats.

Du côté du sud-est du chemin occupé par eux, le terrain était boisé, du côté du nord-ouest existait le ravin rapide au fond duquel la rivière d'*Ain* prend sa source ; il divisa ses forces en trois pelotons, le peloton de droite commandé par les lieutenants *Alpy et Girod,* le peloton de gauche sous les ordres des lieutenants *Faivre et Paulin,* il garda le commandement du peloton du centre, poste le plus périlleux, avec les sergents *Ratt, Lorin et Chaillet.* Le sergent *Serette* fut placé en embuscade sur les derrières pour porter secours avec quelques hommes où besoin serait, ou protéger la retraite si elle avait lieu. Au moment du passage de l'ennemi, les trois pelotons sortent simultanément de leurs embuscades et l'attaquent de front, en tête et en queue. Celui-ci surpris inopinément et étourdi de la brusque attaque de nos gens se vit en un clin d'œil acculé dans le gouffre presque perpendiculaire qui surplombe la source. Nos braves favorisés par l'excellent champ de bataille que leur chef avait su choisir en firent un affreux carnage. D'après l'ordre de Cart-Broumet, le peloton de droite se porta rapidement sur les abords du moulin du *Saut* pour couper la retraite aux fuyards du côté de Nozeroy, le peloton de gauche exécuta un mouvement pareil du côté du village de *Comte,* le centre continua de les foudroyer de la cîme du ravin, soutenu par les hommes du sergent Serette, qui s'empressa de venir prendre part au combat. Peu de Suédois échappèrent au massacre ; ils se réfugièrent dans la forêt de Comte et dans les rochers où l'Ain est encaissé. Dans la mêlée, le lieutenant Alpy tua de sa main

14

le chef du détachement ennemi ; il offrit l'épée de cet officier à Cart-Broumet, qui voulut bien l'accepter et la porta par la suite ; ce brillant fait d'armes et plusieurs autres trophées lui attirèrent plus que jamais l'amour, l'estime et la confiance entière des soldats, il fut en un mot le Lacuzon de cette partie des montagnes.

Nozeroy était défendu pendant le siége qu'il soutint alors par un officier supérieur, né à Trébiez, où il possédait avec la maison paternelle un bien assez considérable. L'ennemi irrité de la longue et honorable résistance qu'il continuait à lui opposer, se vengea en embrasant ce village dans le courant de la nuit, et par surcroit de barbarie, il repoussait à coups de sabre et à la pointe de la baïonnette au milieu du foyer de l'incendie la population terrifiée et demi-nue qui cherchait son salut dans la fuite. Heureusement Cart-Broumet est prévenu à temps par le lieutenant Faivre. Il fond à l'improviste avec les siens sur ces farouches incendiaires, dont il fait une affreuse boucherie et parvint à faciliter la conservation de la majeure partie de ces malheureux incendiés qui étaient condamnés par ces bourreaux à périr dans les flammes. Le commandant de la place de Nozeroy qui entendit l'attaque de nos partisans, exécuta de son côté une vigoureuse sortie, elle occasionna de fortes pertes aux Suédois.

Au commencement de l'incendie, un vieillard parvint à tromper la surveillance de ces farouches soldats et se sauvait à travers champs avec ses deux petits-fils, l'un âgé de 13 ans, et l'autre de 11 ans. Un Suédois les aperçut à la lueur des flammes, les atteignit et transperça d'outre en outre le vieillard avec son glaive en riant d'un rire satanique, malgré les supplications et les pleurs des deux enfants qui embrassaient ses genoux. Le spectacle de la mort de leur cher aïeul changea leurs supplications et leurs larmes en rage et en fureur ; ils s'attachent sur le meurtrier de l'infortuné vieillard, l'étreignent avec opiniâtreté et sans relâche malgré sa force, et ne l'abandonnent qu'après lui avoir ôté la vie avec leurs mauvais couteaux de bergers. Ainsi fut vengée la mort de cet homme inoffensif prêt à succomber sous le poids des années, et le champ témoin de cette lugubre scène s'appelle encore le *champ du Suédois* (1).

Cart-Broumet, dans une de ses fréquentes excursions, se trouva attaqué étant seul par un Suédois d'une forte taille et très-vigoureux dans la forêt du Crouzet, à 7 kilomètres de Mouthe, dans l'endroit appelé *le goulet au père* ; c'était l'ancien chemin de ce dernier village à Sirod. Ils se battirent corps à corps, mais le Suédois fut obligé de battre en retraite du côté de Mouthe. Tout en se défendant vaillamment il chercha à gagner la forêt du Noirmont. Courvoisier, qui aperçut les deux combattants, accourut pour appuyer Cart-Broumet. Ils le tuèrent près de la maison appelée le *Moutal* et jetèrent son corps dans une mare arrosée par une fontaine. Le docteur Cart, oncle du pontife qui a occupé le siége épiscopal de Nimes, instruit par la tradition, fit fouiller cette mare il y a environ cinquante ans : on y découvrit des ossements humains qui avaient appartenu à un sujet d'une taille extraordinaire.

Cart-Broumet se trouva aussi souvent en rapport avec le capitaine Lacuzon. Il était à Arlay le 2 juillet 1642, quand ce dernier s'empara du château de cette place, alors au pouvoir des Français, sous les ordres du commandant Rambaud, qui y perdit la vie.

Nous avons déjà dit que dans ces temps malheureux, une partie de la population, même des paroisses entières, abandonnèrent leurs montagnes, que ces hordes effrénées incendièrent

____

(1) Cette anecdote est estraite d'une charmante publication de M. Faivre de Trébief.

un grand nombre de villages, Mouthe, Crouzet, Chaux-Neuve, Chatel-Blanc, le Brey, l'abbaye de Mont-Ste-Marie et quarante de ces maisons de ferme, St-Antoine, Trébiez, Miéges, Commenailles, Foncine-le-Haut, Foncine-le-Bas, les Planches, etc. devinrent la proie des flammes; elles vendirent à Bérolles, canton de Vaud, la cloche de la chapelle de Chatel-Blanc, où naguère on la voyait encore.

L'ennemi porta aussi ses torches incendiaires dans la Chaux-d'Arlier, dont tous les villages furent brûlés, Bulle excepté.

Abattus et découragés par les atrocités de tout genre auxquelles ils étaient journellement en proie, les infortunés habitants de la Chaux-d'Arlier, réfugiés dans les forêts et la plupart sans habitations, députèrent près de Cart-Broumet, alors dans les environs de Fraroz, *Marmier* de Frasne, *Besson* et *Gloriod* de la Rivière, *Daure* de Bannans et *Javaux,* prud'homme de Ste-Colombe, pour le supplier de leur venir en aide. Cart, ému de leurs souffrances, s'empressa de partir avec ses forces, et dès le lendemain, rencontra les Suédois entre Ste-Colombe et le bourg de la Rivière; après un combat d'environ une heure, il les mit en déroute et ils se retirèrent du côté de Pontarlier. Le surlendemain, une seconde attaque, aussi défavorable à l'ennemi que la première et dans laquelle se distinguèrent particulièrement *Girod* le lieutenant et le sergent *Chaillet,* eut lieu près des ruines de Chaffois. Ces deux échecs contribuèrent beaucoup à ralentir les courses journalières des pillards ennemis et relevèrent puissamment le moral de la population. Deux hommes courageux, *Nicolier* de Chaffois et le clerc d'Houtaud, au péril de leur vie traversèrent la nuit à la nage le Drugeon débordé, pour aller prévenir Cart-Broumet à Ste-Colombe, la veille du combat de Chaffois, que l'ennemi stationnait dans les environs de ce village.

Quelques jours après, l'infatigable Cart-Broumet fut attaqué près du village de Bief-du-Four, canton de Nozeroy, par une forte compagnie suédoise jalouse de venger les deux échecs qu'a- vaient éprouvés ses compagnons d'armes, elle combattit avec courage, mais elle ne put résister à l'impétuosité du choc des Comtois et se retira du champ de bataille avec une perte nom- breuse. Nos soldats essuyèrent quelques pertes douloureuses, le sergent *Serrette* fut blessé grièvement et fut remplacé dans le commandement par *Simon Jouffroy,* du Sarrageois, qui, dans la mêlée, avait blessé mortellement un officier ennemi porteur d'une épée de grand prix, enrichie de pierreries dont il s'empara.

Cart-Broumet, après avoir consacré son existence à la dé- fense de son pays, a joui d'une honnête aisance due à la libé- ralité de son souverain qui avait su récompenser son dévoue- ment et ses services, et a terminé sa carrière dans ses foyers, dans un âge avancé, entouré de l'estime et de la reconnaissance de tous ses compatriotes.

La lutte commença vers les derniers jours du mois de mai 1636, ce fut *la guerre de dix ans* dont nous ne retracerons que les parties relatives à nos montagnes du canton, c'est-à-dire aux seigneuries de Chateau-Vilain et de Chaux-des-Crotenay, d'où il dépendait.

Le 15 janvier 1639, Weymar entra dans nos montagnes par l'abbaye de Montbenoit qu'il surprit. Guébriant, qui était avec lui, marcha contre Nozeroy, prit la ville qui était faible, puis le château à composition et s'établit dans la place le 4 février 1639. Suivant Pélisson, la ville n'aurait été prise qu'après huit jours de tranchée ouverte.

Dans tous les cas cette place, malgré sa fameuse bombarde de dix-huit pieds de long et qui lançait des quartiers de pierre de trois cents livres finit par succomber. Guebriant en abandonna le pillage à ses soldats, fit ensuite incendier un grand nombre de maisons et laissa garnison dans le château.

Le baron d'Arnans reprit ce poste important au commencement du mois d'août et en chassa la garnison française.

« L'année 1639, dit Girardot de Nozeroy, est la plus funeste
« et tragique que la Bourgogne ait eu, car elle a été toute dans
« le feu, le sang et la peste, et sans secours d'aucune part.
« Les montagnes seules restaient entières, le surplus du pays
« était désolé et encore la mortalité du bétail avait affligé les
« montagnes, et les divers logements, levées et passages les
« avaient affaiblies et dépeuplées en plusieurs endroits. Le
« marquis était seul pour commander et quasi sans soldats.

« Le ciel qui a coutume de donner de longs hivers à nos
« montagnes et leur fournir de grands remparts de neige, retira
« sa main cette année, tellement qu'aux mois de janvier et
« février, nos montagnes furent sans neige avec un air doux et
« serein ; Weymar se servit de cet avantage, et sans attendre
« la saison du printemps ordinaire, entra dans nos montagnes
« par l'abbaye de Montbenoit qu'il surprit, et dès icelle prit
« Morteaux, » puis le château d'Usier.

A la nouvelle de l'irruption des Suédois, la frayeur s'était emparée de la plupart des populations de la montagne. Tout ce qui avait pu se rendre en Suisse s'était empressé d'y chercher un refuge. Les deux tiers des habitants de Pontarlier s'y retirèrent avec leurs meilleurs effets. Le 17 janvier, Weymar commença le siége de Pontarlier qui dura jusqu'au 24, jour où manquant de vivres, de munitions, les Pontissaliens, qui avaient noblement soutenu l'honneur de leur cité, obligés de céder à la nécessité, signèrent une capitulation honorable, qui bientôt fut odieusement violée par le vainqueur.

Il assiégea aussi le fort de Joux qui ne se rendit qu'après quinze jours de tranchée ouverte. Sa position formidable lui permettait de se défendre longtemps encore, mais le gouverneur, vieux et infirme, était remplacé dans son commandement par un Vallon de Nation. Celui-ci, soit par peur, soit par corruption, ouvrit les portes du château à la première sommation. Étonné de s'être emparé de cette forteresse aussi facilement, Weymar déclara que si un de ses officiers avait fait résistance avec une mollesse semblable, il ne lui aurait accordé aucun pardon. Aussi les chefs militaires comtois le mirent prisonnier et lui firent faire son procès.

Pendant l'incendie de Pontarlier, Weymar s'était retiré avec son armée dans le val du Saugeais ; il commit bien des ravages dans ce pays et dévasta l'abbaye de Montbenoit. L'abbaye de Sainte-Marie fut encore plus maltraitée ; les soldats enlevèrent jusqu'aux ferrements. Les religieux avaient été obligés de racheter par deux fois les sanctuaires, habillements d'autels, reliques, titres, etc. Les cloches de ces monastères, comme celles des églises, avaient été généralement descendues, brisées et mises à la fonte (1).

« Weymar s'établit à Pontarlier, dit Girardot de Nozeroy,
« et commença à se qualifier par ses passeports comte de
« Bourgogne comme pour couronnement de son titre et pre-
« mière marche de sa future royauté dans le Jura ; avec lui
« étaient le comte de Guebriant et La Mothe Houdancourt et
« bonnes troupes françoises qui alloient grossissans. Guebriant
« marcha contre Nozeroy, prit la ville qui estoit faible, puis le
« chasteau à composition, 4 février 1639, et s'établit dans
« ladite place. Suivant Pélisson, la ville n'aurait été prise qu'a-
« près huit jours de tranchée ouverte.

« Château-Vilain est à une lieue de Nozeroy, belle place te-
« nue par ceux de Watteville et séjour ordinaire du fut marquis

(1) Girod, page 270.

« de Conflans. Elle appartenait lors à ses petits-fils pupils,
« enfants de fut comte de Bussolin, desquels la mère était
« sœur du comte de Nassau et estoit lors retirée en Suisse
« avec ses enfants. Le jeune comte de Nasseau, qui servait
« dans l'armée du duc de Saxe-Weimar voulut entrer à Cha-
« teau-Vilain comme frère, mais l'entrée lui fut refusée. Quel-
« ques temps après, Guébriant s'y présenta avec un corps
« d'armée nombreux. Après un siége qui dura plusieurs jours,
« il s'en empara et y mit garnison, 20 avril 1639.

« Le 21 avril 1639, il assiégea aussi le château de la Chaux,
« et l'emporta par composition. »

Weymar résidait soit au fort de Joux, soit à Pontarlier, soit
à Nozeroy, où il allait souvent se divertir auprès de Guébriant.

La terre de St-Claude, après la prise du château de la Chaux
qui lui est voisin, voulut aller au-devant du malheur ; exhu-
mant de ses archives un vieux titre de neutralité, concédé par
les princes allemands, elle s'en fit un appui près de Weymar,
lui qui prétendait se faire roi du Jura, fut bien aise de se voir
reconnaître, aussi commença-t-il à traiter en cette future qualité. Le commandant comtois en fut informé, fit appeler par
le Parlement à requête du procureur général le religieux de
St-Claude qui avait été député pour traiter avec Weymar. Le
sieur de Lesay, capitaine de cette terre, y fit lever des soldats par
ordre du marquis, qui lui envoya des capitaines et des soldats
et un seigneur principal pour faire mettre la terre en état de
se défendre. Les passages furent occupés et quelques retran-
chement furent faits ; mais Weymar qui vit ce changement y
envoya grosses troupes qui n'attaquèrent pas les retranchements, mais faisant un circuit par la frontière, attaquèrent les
gardes par derrière qu'ils forcèrent et prirent aisément la ville
et l'abbaye qu'ils trouvèrent bien fournie de bled et de vin, 16
mai 1639.

« Weymar mit en feu toutes nos montagnes dès Pontarlier
« jusqu'à Salins ; on voyait chaque jour dès Ste-Anne fumées
« en divers lieux et la nuit les feux des villages brûlants don-
« naient lueur, et en cette sorte furent consumés plusieurs
« centaines de beaux et grands villages et plusieurs maisons
« de gens de condition qui ne nuisaient en rien à Weymar ni à
« la France. »

Weymar avait laissé garnison à Joux, Nozeroy, Château-
Vilain et la Chaux, et était allé à Brisach où il mourut le 18
juillet 1639.

Après sa mort le baron d'Arnans reprit Nozeroy au commencement du mois d'août et en chassa la garnison.

Le marquis de Melun reprit aussi Château-Vilain.

Le 14 mai le baron d'Arnans vint attaquer La Mothe Houdancourt qui, repoussé de la terre de St-Claude, était venu se
réfugier dans la forteresse de la Chaux et reprit cette place,
après en avoir chassé l'ennemi. Il en fut nommé gouverneur
et conserva ce titre pendant plusieurs années. Toujours les
armes à la main, cet illustre chef comtois ne cessait de harce-
ler les Français et de porter la guerre jusque dans leurs
camps.

Au mois de janvier 1640, le procureur général Brun prévint
le baron d'Arnans des intentions des Français, en l'engageant
à veiller à la conservation des places de Nozeroy, Château-
Vilain et la Chaux, confiées à sa garde.

Au mois de septembre 1639, M. de Villeroy étant allé au
secours des habitants de Joux assiégés par les Comtois, donna
la chasse au baron d'Arnans, qui se réfugia en toute hâte avec
quelques uns des siens dans la forteresse de Château-Vilain.

L'avoine était si rare que le baron d'Arnans eut bien des
maux d'en trouver à Nozeroy et à Mouthe (8 octobre 1639).

Le 30 du mois d'août 1639, le comte de Guébriant se présenta à l'improviste devant Nozeroy, entra dans la ville par un trou de l'église des cordeliers, et, passant par leur halle, attaqua immédiatement le château. L'officier qui y commandait fut tellement surpris, qn'il fallut qu'un marchand d'Auxonne fit la composition. Les Français ne purent se maintenir dans cette place. Le marquis de Villeroy vint en recommencer le siége dès le mois de septembre 1639. Il était sur le point de s'en rendre maître après deux jours de canonnade, lorsqu'il reçut ordre du roi de France qui lui commandait de passer en toute hâte en Italie avec toutes les troupes placées sous ses ordres. Le vicomte de Melun partit de Bletterans le 21 du même mois pour continuer le siége ; mais ne se sentant pas en force, il se borna à faire piller le bétail qui se trouvait dans le val de Miéges.

Le 12 octobre, l'armée française revint à la charge et mit seulement quatre petits canons en batterie, la grosse bombarde qu'elle avait amenée avec beaucoup de peine n'ayant pu être disposée convenablement.

Les assiégés, pleins d'ardeur, firent une sortie sur le régiment de Saint-Leu et tuèrent 50 à 60 officiers et soldats, entr'autres le major Vandi. Les assiégeants se préparaient à donner un dernier assaut, lorsqu'ils reçurent un nouvel ordre du roi pour se diriger immédiatement sur l'Italie.

Le 14 juin 1640, les Comtois, ayant reçu l'avis que le marquis de Villeroy venait avec de grandes forces pour assiéger Nozeroy, abandonnèrent la ville après y avoir mis le feu. Ils ne tardèrent pas à y rentrer. Le baron d'Arnans resta chargé de la défense du château jusqu'en 1642 et fut remplacé par le mestre de camp *de Gouhelans*.

Lorsqu'on apprit l'invasion des Français en Franche-Comté, les habitants de Morez élevèrent à la hâte quelques fortifications tions sur les hauteurs qui dominaient les passages par lesquels l'ennemi pouvait pénétrer dans leur vallée. Il y avait déjà à cette époque un grand chemin qui de ce lieu tirait en Suisse par les Rousses. Mais ne voulant pas leur laisser le temps d'achever leurs remparts improvisés, Guebriant lança contre cette ville naissante le colonel *Ohem* avec six pièces de canon et mille fantassins, le comte de Nassau avec trois cents cavaliers, quatre cents reitres démontés et trois cents mousquetaires, et il les suivît lui-même avec le reste de ses troupes (1639).

D'après le témoignage du *Mercure de France,* la première halte de Nassau fut au pont des Planches. Dès le point du jour du lendemain, arrivé au défilé de la *Savine,* entre St-Laurent et Morbier, il y vit quelques mousquetaires franc-comtois battre en retraite après une seule décharge de leurs armes et abandonner un poste que l'avantage du site rendait naturellement inaccessible, ou du moins qu'ils eussent pu défendre longtemps eux-mêmes contre les attaques réitérées de l'ennemi.

Encouragé par ce premier succès, le comte de Nassau se porta sur un fortin qui défendait Morez et qui était confié à la garde d'une compagnie nombreuse et aguerrie. Il ne se rendit maître de cette position qu'après avoir essuyé une grêle violente de balles et de biscaïens.

Telle est la version des journaux français, tandis que, suivant Girardot, de Nozeroy, la direction de la marche ennemie avait trompé toutes les prévisions de la défense, et que personne n'aurait pu s'attendre à voir un tel train d'artillerie et des escadrons arriver par des déserts où nul grand chemin n'avait encore été tracé. Suivant cette version, les ennemis auraient fait un circuit par la frontière suisse pour venir à Morez par les Rousses.

Une lettre datée de St-Claude, le 23 mars 1639, et écrite par le père *Désiré Bourguinon,* contient le passage suivant :

« Les Suédois firent l'autre jour une course à *Belle-Fontaine*
« et à Morez, d'où ils emmenèrent force prisonniers (dont
« ils tirèrent grosse rençon, puisqu'il y a deux particuliers
« qui donnèrent sept vingt et dix pistoles), tuèrent force
« monde et emmenèrent près de 400 bestes à cornes et des
« juments, ils arrivèrent là par des chemins incogneus à ceux
« mêmes du pays, ainsi les passages demeurèrent inutiles et
« aussitôt abandonnés que l'alarme fut donnée. »

Ce qui nous paraît le plus certain, puisque la première halte
des troupes qui marchaient contre Morez fut au pont des
Planches, c'est que le comte de Nassau s'était concerté avec
Roque-Servière, officier français, pour prendre les comtois
par derrière, tandis qu'il les attaquait de face.

Ainsi les troupes qui venaient des châteaux de Nozeroy,
Château-Vilain, la Chaux-des-Crotenay firent halte aux Planches
pour donner aux Suédois, partis de Pontarlier, le temps d'arriver. Deux chemins se présentaient à elles par Chaux-Neuve,
Chapelle-des-Bois et les Rousses ou bien par Chaux-Neuve,
Chatel-Blanc et les Foncines, pour rejoindre les troupes de
Nassau avant leur arrivée à la *Savine ;* nous avons entendu
nos vieillards raconter que les Suédois avaient passé au lieu
dit *le Brai,* ainsi ils auraient suivi le pied du Mont-Noir. Le
détachement qui, selon la lettre du père Bourguinon, arriva
à Belle-Fontaine, avait passé par Chaux-Neuve, franchi le
Grand-Gyps pour longer par Chapelle-des-Bois le pied du
Risoux, par la route actuelle de Chaux-Neuve à Morez passant par Chapelle-des-Bois.

Puisque tous les villages dont nous parlons ont été dévalisés,
qu'on y a enlevé 400 têtes de bétail, il est présumable que les
Suédois se rendant à Morez ont suivi les différents chemins
dont nous parlons, et ce avec d'autant plus de raison qu'ils
savaient que la *Savine* et Morez avaient préparé des ouvrages

de défense et qu'on pouvait leur opposer une vive résistance.

Nous regrettons bien vivement de ne pas connaître pour quelle part chacun de nos villages est entré dans cette énorme razia de 400 têtes de bétail, mais nous disons que c'est presque tout le bétail de cette époque qui fut enlevé par les Suédois, car aujourd'hui malgré que l'élève du bétail s'est développé, si ces villages étaient obligés de fournir 400 têtes de bétail, il ne serait pas aisé de les réunir.

A Belle-Fontaine on trouve la fontaine *Lacuzon* située à vingt minutes au sud du village, du côté de Morez, ce qui indique que ce capitaine a conduit ses bandes de partisans dans ces parages. Selon M. Désiré Monnier, page 198, Lacuzon contribua à la reprise des forts de la Chaux-des-Crotenay, de Montsaugeon, de Vers, de Château-Vilain et de Nozeroy.

Nous avons dit que le comte de Nassau après la prise de la Savine se porta sur un fortin qui défendait Morez, mais il y avait la rivière à passer à gué et le gué n'était pas sûr, ils s'y jetèrent cependant jusqu'à la ceinture et bravèrent avec intrépidité et les flots de la Bienne et les escarpements des rochers qui la bordaient, et les décharges de la mousqueterie qui les accueillaient sur ses rives. Ce fut *Deschamps*, capitaine du régiment de *Vandy*, qui eut les honneurs de cette journée, et peut-être, pour la première fois, ces montagnes d'une hauteur décourageante, s'y virent domptées par des soldats. Lamouille fut occupée militairement sur la fin du jour, et le lieutenant *Vitalis* au lieu de s'y reposer des fatigues d'une journée de combat et d'ascension, en délogea dès les neuf heures du soir et couvrit de ses cohortes victorieuses les territoires de *Longchaumois* et de *Cinquétral*. Le comte de Nassau, qui avait passé la nuit du 1er avril 1639 à *Lamouille*, n'y était pas resté complètement inactif, si l'on en croit la chronique du pays.

Le marquis de St-Martin à la vue des villages fumants de

toutes parts vint camper à Châtel-Neuf pour repousser les Français.

En 1628, M. de Frontenay fut envoyé par le comte de Champlitte pour visiter et mettre en état de défense le château de l'Aigle dans la prévision des guerres qui se préparaient. Claude-Françoise de Laubespin, toute dévouée aux intérêts français ne mettait dans le château que quelques domestiques qui avaient ordre de remettre la place aux premiers soldats qui se présenteraient. Le marquis de St-Martin envoya le capitaine *Chaumont* avec seize soldats pour occuper ce poste. La baronne de l'Aigle leur refusa l'entrée. La troupe fut obligée de se retirer. M. *de Jousseaux,* arrivé quelque temps après, éprouva le même refus. Le 15 novembre 1641, le baron de *Suy,* instruit que le comte *de Courreval* voulait faire des courses dans le Grand-vaux et s'emparer du château de l'Aigle, envoya à la hâte M. de Byarne avec une compagnie qui, moitié par ruse, moitié par force, pénétrèrent dans la forteresse et s'y maintinrent. Les lieutenants de M. *de Byarne,* qui le remplacèrent dans le commandement de cette place jusqu'en 1644, furent MM. *Roux de Menestres, la Grandeur, Merceret, Mirandol* et *de la Chaux.* En 1668 *Antide de Montaigu* rendit la place aux Français sans se défendre.

Maîtres de nos montagnes, les Suédois se répandirent de villages en villages. Leur invasion ressemble aux invasions des barbares, tant elle laisse de douleurs et de maux sur son passage. Ils ravageaient, pillaient, incendiaient tout. Ils ne respectaient pas même les églises dont, ainsi que nous l'avons déjà dit, ils enlevaient les cloches. Ainsi la cloche de *Châtel-Blanc,* village voisin de *Foncine,* fut prise par eux et transportée au village de *Berola,* dans le pays de Vaud, où elle était encore longtemps après.

Les villages de Châtel-Blanc, les Planches et les Foncines

furent incendiés. Nos archives constatent cet incendie de 1639, elles disent même que notre église était fort ancienne, on a trouvé dans sa reconstruction en 1846 les preuves matérielles de cet incendie.

Ainsi le canton des Planches aussi bien que les autres localités de nos montagnes fut victime de la fureur des Suédois, l'une des troupes la plus déplorablement célèbre dans nos montagnes ou le nom *Suédois* est resté le symbole de la dévastation. La mémoire des maux qu'ils firent s'est conservée vivace et saignante chez les enfants du pays ; ce legs de haine et d'effroi transmis par les pères qui ont souffert à leurs descendants s'est religieusement conservé, il est l'objet des traditions les plus effrayantes et chaque village a son souvenir de malédiction.

Toutefois la barbarie et la cupidité des Suédois ne s'exercèrent pas toujours impunément. Bien des armures, bien des cadavres retrouvés depuis ces temps déplorables jusqu'à nos jours dans quelques gorges solitaires de nos bois et de nos rochers, sont de sinistres révélations des légitimes et occultes vengeances de nos pères. Aux Planches il y a quelques années, à la grange de Poutin, on a retrouvé le cadavre sans contredit d'un Suédois. Nos montagnards, on le sait, n'épargnèrent pas les soldats de Weymar lorsqu'ils purent les surprendre. Un oratoire est bâti à la Perrena sur le lieu même où des soldats Suédois furent pendus avec un rafinement de cruauté que la pudeur défend de dire. Plusieurs localités dans nos montagnes portent le nom *Suédois,* entre autres à Morez le *Brai de la Suède.* Toutes ces désignations nous indiquent des lieux ou les Suédois furent immolés à la juste vengeance de nos montagnards.

A l'approche de l'ennemi, les paysans s'enfuyaient dans les bois ou couraient chercher un refuge dans les cavernes. Cette fuite de nos pères au milieu des forêts et dans les cavernes de nos rochers, non-seulement a laissé des traces écrites dans nos annales, mais il existe encore des monuments conservés : en effet on voit au Mont-Noir le rocher sous lequel ils s'étaient abrités, les débris des frêles constructions qu'ils avaient édifiées pour se cacher. A la ferme de *la Landoz,* le lieu où ils déposaient les armes avec lesquelles ils se défendaient porte encore le nom de *Creux-des-Lances.*

Le hameau de Combe-David était le quartier général des habitants des Foncines et des villages voisins, car on compte quatre grottes ou cavernes à peu de distance de ce lieu, deux de ces grottes sont fort célèbres, car pendant la tempête de la révolution, elles sauvèrent la tête de tant de personnes du tranchant de la guillotine, surtout le *Creux-Maldru,* qu'elles méritent bien cet honneur.

LE CREUX-MALDRU.

« J'ai visité le Creux-Maldru, ayant pour guide le sieur Blondeau, dont l'habitation n'est éloignée de là que de cinq minutes de marche et qui est la plus écartée de toute la commune.

» D'abord il faut vous dire, Monsieur, que, arrivé chez lui, je lui ai expliqué le sujet de ma visite et qu'il s'est empressé de me seconder dans mes recherches de la manière la plus satisfaisante. Il appartient à une famille qui, charitablement, a rendu les plus grands services aux Français obligés de s'expatrier ou de voiler leur existence et qui leur portait des aliments à la profonde retraite du Creux-Maldru. Il a fallu voir dans ses armoires les monuments qu'avaient laissé à ses auteurs le temps de persécution du sacerdoce : un ciboire, un ostensoir et un calice en bois de sapin couvert de papier doré ; puis

un bénitier en cuivre, autant d'objets soigneusement conservés et respectueusement transmis chez eux de père en fils. Le
sieur Blondeau a surtout retenu les noms de quatre prêtres
qui, pendant plus de deux ans, n'ont pas quitté la grotte souterraine : c'étaient MM. Jacquin, chapelain de Foncine-le-Haut,
Henriet, vicaire à la Chapelle-des-Bois, Blondeau, curé de la
Chaux-des-Crotenay, et Bénétruy, mort curé de Songezon. On
se rappelle aussi d'y avoir recueilli M. l'abbé Grapinet, qui fut
depuis principal du collége de Poligny et chanoine de Saint-
Claude, et plusieurs nobles émigrés dont je n'ai pas retenu les
noms.

» Ensuite mon obligeant cicerone s'est muni de cordes, d'un
briquet, d'une lampe, d'allumettes et d'une échelle et nous
nous sommes dirigés vers la mystérieuse caverne.

» Arrivé au bord on voit un grand trou, presque rond,
ayant vingt-huit mètres de circonférence et la forme de l'entonnoir. Le fond de l'orifice n'a plus que six mètres de contour et se trouve à onze mètres de la surface du sol. Là se
présente à droite l'entrée dans une petite chambre dont je
vous épargnerai la description et à gauche la grande pièce qui
nous occupe. J'oubliais de vous faire observer qu'en mettant
pied à terre au bas de l'échelle, nos pieds se sont enfoncés
dans un tas de neige, ce qui n'est pas fort commun au mois de
juillet, c'est-à-dire au cœur de l'été !

» On descend à la grande caverne par une porte taillée dans
le roc par les mains de la nature, haute de deux mètres, large
de trois mètres quatre-vingts centimètres, et par un escalier
en pierres que les prêtres y ont construit. Le plain-pied de
cette chambre se trouve à quatre mètres en contre-bas du
fond de l'entonnoir : on y est donc à quinze mètres sous
terre.

» La salle a dix-sept mètres de longueur, huit de largeur. La paroi n'a que deux mètres de hauteur seulement, mais la voûte s'exhausse jusqu'à six mètres vers le centre. Les réfugiés avaient bâti dans cette grotte un mur qui subsiste encore en partie. L'une des deux pièces servait de crypte : on y voit un bénitier taillé dans le roc vif à un décimètre de profondeur; une niche où était placée une petite statue de la Vierge; l'emplacement d'un autel, reconnaissable à des entailles marquées dans la pierre et à des trous pratiqués dans la masse du rocher pour y fixer des pièces de bois. Tous les jours on y célébrait la messe.

» Souvent, le dimanche, lorsque le temps était favorable, on la célébrait en plein air, au-dessus de la montagne. Et quel lieu pour un pareil acte! Le sommet de cette hauteur est à 664 toises au-dessus du niveau de la mer et l'on découvre de là tout le Grandvaux, les Planches, les deux Foncines, Champagnole, Mirebel, etc. C'est un des beaux points de vue de nos montagnes. Cinq cents fidèles y étaient réunis. — Un jour que le saint sacrifice était commencé, la personne chargée de faire le guet aperçoit au loin quelques hommes armés qui se dirigent du côté de la pieuse assemblée; c'étaient des chasseurs très-inoffensifs; on les prend pour des patriotes; à l'instant l'autel, les ornements, les objets servant à l'exercice du culte, tout rentre dans le souterrain; et la nombreuse réunion dissoute, disséminée, disparaît dans les vastes forêts du Mont-Noir.

« Revenons à la caverne. L'autre pièce, formée par le mur de séparation dont j'ai déjà parlé, était la maison d'habitation; elle conserve les traces du foyer. La fumée qui s'en échappait ne sortait pas par le creux de Maldru, ce qui aurait pu trahir le secret de la retraite des proscrits, elle partait, dit-on, par des fissures de la voûte, qui la conduisaient obliquement, hors de terre, à une assez grande distance pour rendre toutes recherches infructueuses.

« En cas de surprise même, les réfugiés auraient pu échapper à leurs ennemis, en se blottissant dans des excavations tortueuses qui prennent leur entrée sur la grande chambre et de l'air par des fissures qui y correspondent.

« Enfin l'eau potable ne manquait pas au ténébreux séjour : un suintement de la voûte qui s'opère à l'entrée de la salle, fournissait jusqu'à deux seaux d'eau dans 24 heures. »

La paix ayant ramené le calme, nos pères quittèrent leur retraite, mais auparavant ils érigèrent à Combe-David un monument grossier, composé de cinq blocs de pierres, pour célébrer leur heureuse délivrance. Plus tard on y construisit un oratoire qui existait encore, et qu'on vient de reconstruire d'une manière plus solennelle. Les pierres de l'ex-voto primitif servaient de fondement à cet antique oratoire, celle qui en formait le couronnement représentait la fuite en Egypte, grossièrement sculptée ; elle est conservée à Foncine-le-Bas, dans la ferme de la Grange-à-l'Olive, où l'on peut encore la voir. La statue de la Vierge vénérée dans ce lieu n'était pas due au talent d'un habile sculpteur. Fruit de la patience d'un respectable prêtre, réfugié à Combe-David,- elle avait été sculptée à l'aide de son couteau (le prêtre s'appelait Nicolas-Joseph Jacquin) ; il fut déporté, et il est mort à Charnay, en Bourgogne. Mais elle n'en a pas moins été l'objet d'une religieuse conservation. Ajoutons que dans tous les anciens pèlerinages, on a eu soin de respecter les objets que l'antiquité a vénérés ; c'est ainsi que l'humble image, aux pieds de laquelle le pieux saint Meinar s'était agenouillé si longtemps, forme depuis le viiie siècle toute la gloire du célèbre pèlerinage de Notre-Dame-des-Hermites, et voit des milliers de pèlerins user les dalles de sa chapelle.

L'oratoire de Combe-David réclame donc ses antiques et pieux monuments, c'est-à-dire la *Fuite en Egypte,* qui se trouve à Foncine-le-Bas, et sa *Vierge* sculptée au couteau. Conservons cette page de l'histoire de nos montagnes, au lieu de la déchirer; relions le présent au passé; autrement le nouvel oratoire ne se rattachera à rien, étant privé de ces précieux souvenirs qui doivent rester gravés toujours dans la mémoire des peuples.

La seconde est la grotte à *Pira-du-Bout,* elle abrita, pendant quarante ans, *Pierre Pagnier,* de Chapelle-des-Bois, qui y mena la même vie que les sauvages chasseurs de l'Amérique, si bien peints dans les romans de Fenimore-Cooper. *Pierre Pagnier* appelé sous les drapeaux de la République par la réquisition de 18 à 25, quittait avec regret la Chapelle-des-Bois et échangeait de même, malgré lui, la houlette contre le mousquet; il était comme son village peu partisan des idées nouvelles; aussi, dès qu'il fut arrivé au corps, il passa dans l'armée de Condé avec armes et bagages. Bientôt l'ennui le saisit, et malgré la condamnation à mort qui pesait sur lui comme déserteur, il dirigea ses pas sur le pays qui l'avait vu naître; deux malencontreux gendarmes voulurent lui en interdire l'accès, mais *Pierre à Dubout* n'ignorait pas le proverbe de son pays qui dit : *Ceux de Chapelle-des-Bois ne savent pas ce que c'est que de reculer.* Il fallait être fort pour arrêter le robuste *Pira-du-Bout;* nos deux gendarmes s'en aperçurent; car tous deux, après avoir largement entaillé la tête de Pira-du-Bout, restèrent presque morts sur le lieu du combat. Notre fuyard regagna ses pénates; mais il sentait bien qu'il lui fallait un asile plus sûr; aussi ses pas se dirigèrent vers la mystérieuse grotte à laquelle il a laissé son nom. Là, il vécut de la chasse et des faibles ressources que pouvaient lui offrir les sombres forêts de sapins qui entouraient sa demeure solitaire. On se rappelle l'avoir vu arriver à Morez avec cinq loups vivants, fruits de sa chasse : il ne quitta sa grotte qu'à ses derniers moments pour recevoir les secours de la religion dans une maison de Combe-David. Malgré cette retraite de nos pères au fond des grottes du Mont-Noir qui entourent Combe-David, les Suédois vinrent les y attaquer, ils se défendirent courageusement.

La tradition rapporte qu'ils avaient fait des canons en bois reliés en fer, dont le bruit répété par les échos éloignait leurs persécuteurs.

Deux fois donc, à Combe-David, à 200 ans de distance, le canon s'est fait entendre. En 1638 des canons en bois repoussaient les Suédois ; en 1864 le canon grondait en l'honneur de la Vierge qui protégea nos ancêtres, comme aussi pour annoncer la solennelle bénédiction de son nouvel oratoire.

Les habitants de nos montagnes ne se contentèrent pas de se cacher dans les bois, les grottes et les cavernes, un certain nombre s'expatria, à cet égard Girardot, de Nozeroy dit, p. 213 :

« En cette occasion les plus courageux résolurent de se tirer hors du pays durant cette horrible saison et passèrent en pays étranger où eux et leurs femmes gagnèrent leur vie et celle de leurs enfants par le travail de leurs bras. Les premiers passèrent en Savoye et en Suisse, autres les suivirent et les premiers travaillans fortement et fidellement firent planche à ceux qui les suivirent : ce fut une sortie générale, et ne pouvant, la Suisse et la Savoye, soustenir tant de gens, la plus grande partie qui cherchait les terres de son Roy passa en Italie et s'arresta à Milan, grand nombre néantmoins passèrent jusques à Rome (patrie commune de tous les chrestiens), un curé s'y trouva l'année suivante avec cinq cens de ses paroissiens, auquel le pape donna une église pour leur y administrer les Sacrements : on comptoit qu'ils estoient à Rome dix ou douze mille Bourgignons de tout sexe.

Aucuns alloient dehors sans sçauoir où, et estoient receus à Lyon pour servir aux boutiques et aux maisons : leur fidélité cogneue les y faisoit admettre et aymer, et Richelieu commandant par plusieurs fois de les chasser, les bourgeois et marchans de Lyon faisoient mine d'obéir, mais ils les rappeloient et faisoient rentrer secrettement. Le trafique de Lyon avec la Bourgougne qui avoit duré dez long temps faisoit maintes cognoissances, et à Lyon et partout, les François blasmoient en leurs âmes la guerre cruelle qui se faisoit au comté, duquel la France n'avoit iamais receu que du bien et qui estoit sans fondement de iustice ny cause aucune que de pure ambition d'un homme insolant à la France et à ses voisins. »

La présence à Rome d'Antoine Jallon, de la Perrena et d'Etienne Barbaud, de Chalesme, d'où ils ont envoyé les reliques de saint Ignace à leur paroisse, nous fait présumer que ces habitants de notre canton, comme beaucoup d'autres de nos compatriotes dont nous ignorons les noms, ayant le curé de Mont-sur-Monnet en tête, avaient émigré à Rome par suite des malheurs qui dévastèrent notre province dès 1638, et qu'ils y étaient lors de la fondation par le pape Innocent X de l'hospice de St-Claude des Bourgignons en faveur des dix hameaux dont se composait cette paroisse.

Le 26 octobre 1637 le marquis de Conflans, seigneur de nos villages et commandant de la cavalerie comtoise, mourut de la fièvre à Salins. L'année 1637 n'avait pas été bonne pour les comtois malgré quelques avantages remportés dans les montagnes par les corps francs ; l'année suivante devait leur apporter de cruelles souffrances. L'année 1638 se ferma dans la guerre et la famine et l'année 1639 s'ouvrit avec un troisième fléau, la peste. Ce fut l'année 1638 que le curé de Mont-sur-

Monnet partit à la tête de nos comtois pour se rendre à Rome. Outre les trois rudes fléaux dont nous avons parlé, nos montagnes en subirent un quatrième, la mortalité sur le bétail. Il faut lire dans Girardot, de Nozeroy, pages 212 et 213, l'affreux tableau des misères de notre pays. La saison qui a coutume de donner de longs hivers à nos montagnes et de grands remparts de neige, fut dans les mois de janvier et février sans neige, avec un air doux et serein, ce qui facilita les marches de Weymar. La ville de Poligny fut prise d'assaut et saccagée en 1638 ; Pontarlier le 24 janvier 1639 ; le château de Joux le 14 février 1639 ; Nozeroy, par Guébriant, le 4 février 1639, il abandonna cette ville au pillage par ses soldats. Lorsque les troupes de Weymar firent invasion dans le val de Miéges en 1639, le recteur et les familiers de l'église paroissiale ainsi que l'ermite qui occupait l'ermitage, se réfugièrent en Suisse. L'église et l'ermitage furent profanés et le village entier détruit par les flammes. Château-Vilain le 2 avril 1639 ; le château de la Chaux le 21 avril 1639, et St-Claude le 16 mai 1639, il y fit mettre le feu, à l'exception de l'abbaye qui paya une rançon. En quittant notre pays pour retourner en Alsace, Weymar regretta plus d'une fois ouvertement de n'avoir pas mis le feu aux forêts du Jura pour ôter aux populations les moyens de rétablir leurs demeures. Weymar mourut de la peste le 18 juillet 1639. L'épidémie faisait d'affreux ravages dans toute la Franche-Comté. Le marquis de Villeroy remplaça Weymar. Mais les corps francs étaient partout : ils harcelaient vigoureusement et sans relâche le marquis de Villeroy ; ils arrêtaient ses convois, ils épuisaient ses troupes. En cette année Nozeroy, Château-Vilain, la Chaux avaient été repris par les Comtois.

Ce fut dans cette année 1640 que Richelieu, pour forcer les Comtois à lui demander merci défendit de leur vendre des blés, sous peine d'amende et de confiscation, il avait de plus ordonné qu'on détruisit l'herbe et les blés avant l'époque de leur maturité.

L'année 1641 fut glorieuse pour les corps francs. Lacuzon tint constamment la campagne et fut presque partout heureux. Il se passait peu de jours sans qu'on apprit de lui quelque tentative ou quelque victoire. Richelieu comprit qu'il ne vaincrait pas cet homme, et il ne se trompait pas. Le cardinal de Richelieu mourut sur la fin de cette année 1642. Des négociations s'ouvrirent pour la paix ; mais sur ces entrefaites, le roi de France mourut le 14 mai 1643, un peu plus de cinq mois après son ministre.

Vers le mois de juin 1644 les hostilités cessèrent en vertu d'un traité particulier conclu avec le cardinal Mazarin, successeur de Richelieu. On avait pu venir à bout de dompter la Franche-Comté, sa résistance lui coutait cher :

« Tous les villages, dit le marquis de Monglat, étaient brû-
» lés, les habitants morts, et la campagne tellement désha-
» bitée, qu'elle ressemblait plutôt à un désert qu'à un pays qui
» eut jamais été peuplé. »

La paix de Munster en 1648 assura la tranquillité de la Franche-Comté. Seulement Espagnols et Français gardèrent dans la province leurs possessions respectives, c'est-à-dire que les français y conservèrent quelques places, notamment le fort de Joux. Ces places furent rendues en 1659 lors du traité des Pyrénées.

Philippe IV mourut le 17 septembre 1665, il eut pour successeur le frêle et débile Charles II. Louis XIV songea dès lors à s'emparer de la Franche-Comté, il s'appuyait sur des prétextes plus ou moins solides que l'Espagne repoussait, mais Louis XIV, qui ne voyait dans le monarque Espagnol qu'un enfant prêt à rendre l'âme, travaillait à s'assurer la moitié des possessions espagnoles, aussi dès le commencement de 1667 il avait proposé à Léopold Ier, empereur d'Allemagne, de régler à l'avance entre eux le partage éventuel de la monarchie espagnole. Le 20 mai 1667 le roi de France entrait aux pays Bas, un traité secret fut signé entre lui et Léopold le 19 janvier 1668, par ce traité la France à la mort du roi d'Espagne devait avoir les Pays-Bas et la Franche-Comté, la Navarre, les Deux-Siciles et les îles Philippines.

Nous l'avons déjà dit, Louis XIV voulait la Franche-Comté à tout prix et était impatient de la posséder, mais l'expérience faite par Richelieu lui démontrait que cette conquête était loin d'être facile, son insuccès n'encourageait pas à recommencer la tentative par les mêmes moyens, on en employa d'autres, on eut recours à l'or et aux séduisantes promesses, on sut gagner la noblesse, quelques magistrats, la bourgeoisie si rudement éprouvée dans les dernières guerres, ne se sentait plus l'énergie de renouveler son héroïque sacrifice. Mais on n'ignorait pas que l'amour de la patrie existait encore dans toute sa vigueur parmi les rudes et primitifs montagnards du Jura, que n'avaient pu ni dompter ni soumettre les armes et les cruautés des soldats de Weymar, et qu'à leur tête se trouvait le capitaine Lacuzon qui ne voulait pas transiger avec son devoir. On savait que du jour où son pays serait de nouveau menacé, il serait le premier à reprendre les armes, et qu'à sa voix viendraient se placer à ses côtés tous ces vieux *descendeurs de Suédois* des montagnes dont les noms et les exploits étaient connus, et tous animés d'une haine vigoureuse et d'un profond sentiment de vengeance contre l'étranger, on comptait avec les sublimes paysans des montagnes, dont l'ardent patriotisme fait des héros.

Le capitaine Lacuzon était donc un homme dont il importait de s'assurer, et on n'avait rien négligé dans ce but ; aussi quand on vit qu'il fallait renoncer à le gagner, on essaya de le perdre par la calomnie. On imagina d'incriminer sa conduite durant la guerre de dix ans ; on lui reprocha de s'être, à cette époque, rendu coupable de concussions, de pillage, de sorcellerie même, et on le cita devant la Cour du parlement. Il s'y rendit, mais son voyage fut une marche triomphale, de toutes les montagnes ses anciens frères d'armes étaient venus se ranger à ses côtés, et l'escortaient fièrement le long des rues de Dole jusqu'au sein de la Cour ; nous regrettons vivement de ne pouvoir citer les noms de nos compatriotes qui étaient là, mais nous avons la conviction qu'aucun ne fit défaut. Il sortit du prétoire, après avoir entendu le tribunal déclarer qu'après Dieu, on lui devait le rétablissement de la justice et l'ordre dans le bailliage d'aval. Il regagna donc triomphalement ses montagnes ou pendant huit jours, dans tous les villages, on célébra son retour par des fêtes et des feux de joie. Tandis que ce noble enfant du pays refusait de vendre sa conscience, d'autres Francs-Comtois se faisaient les apôtres de la conquête et la préparaient, c'était le marquis de l'Aubépin et le fameux abbé de Watteville, grâce à leurs intrigues la Franche-Comté se trouvait moralement conquise avant l'arrivée des Français. Watteville même en trahissant son pays trahissait aussi le roi de France, car comme nous l'avons déjà dit, il avait le projet de faire de la Franche-Comté un quatorzième canton Suisse, il en avait fait la proposition à la Diète, mais au moment où l'on délibérait, on reçoit la nouvelle de l'invasion des Français dans la Franche-Comté. En effet, le 1er février 1668 les troupes du prince de Condé franchissaient la Saône, accompagnées d'une proclamation qui sommait les Francs-Comtois de se soumettre à Louis XIV comme à leur légitime souverain, ses troupes vinrent serrer Gray, Dole, Besançon, le marquis de Noisy fut chargé de parcourir les montagnes avec ordre de s'emparer de tous les châteaux forts, d'y mettre garnison, ou de les raser au besoin.

La conquête de la Franche-Comté fut terminée en 15 jours et Louis XIV rentrait à Paris laissant ses troupes en garnison, elles furent réparties dans tous les villages pour y passer l'hiver. Les commissaires chargés de les répartir, pour la circonscription de Poligny furent de Jouffroy, seigneur de Novillars ; pour la circonscription d'Arbois le seigneur de Nancray ; pour celle de Salins, de Salans ; pour celle de Pontarlier, de Franchet, et de Molombe dans la juridiction de St-Oyans de Joux. Suivant l'ordonnance du 19 février 1668, il devait être fourni à chaque cavalier par jour, 20 livres de foin, 10 livres de paille, 3 picotins d'avoine, 2 pains de 24 onces, une pinte de vin, deux livres et demi de viande, la place au feu et à la chandelle de l'hôte, un lit garni, un pot et une écuelle.

Les villages du canton des Planches ont donc eu comme tous les autres à héberger les cavaliers de Louis XIV, seulement nous n'avons aucun document pour en connaître le nombre.

Les habitants qui avaient fui le sol de leur patrie ravagée par la guerre reçurent ordre d'y rentrer dans dix jours, sous peine d'être traités comme rebelles, 19 février 1668.

La place de Nozeroy résistait encore après la soumission de toutes les autres places de la province, le commandant s'appelait Guillaume de Montrichard, l'abbé de Watteville essaya de le corrompre, mais il lui répondit qu'il ne traiterait jamais avec un parjure, et que si, par le sort des armes, Watteville se rendait maître de la place, lui Montrichard, ferait sauter et la place et le traître. Alors Watteville acheta à prix d'or la conscience des plus influents de Nozeroy, qui s'emparèrent de la personne de Montrichard et l'ayant chargé de chaines le livrèrent à Watteville. Un autre franc-comtois, le maire de Gray, en présentant à Louis XIV les clefs de la ville eut le courage de lui dire : « Sire, votre conquête serait plus » glorieuse si elle vous eut été disputée. » Par traité de paix du 2 mai 1668, la France rendit la Franche-Comté à l'Espagne, cette nouvelle fut accueillie avec joie surtout par nos montagnards, mais Louis XIV qui déjà méditait une nouvelle conquête fit démolir toutes nos forteresses et enlever tous nos canons, Château-Vilain seul échappa dans nos montagnes à cette démolition, grâce au traitre Watteville.

Le prince d'Aremberg, nommé gouverneur de la province, conféra solennellement, le 9 janvier 1669, à Lacuzon le titre de commandant du balliage d'aval.

Le gouvernement du pays en 1671 passa des mains d'Aremberg dans celles de *Quinónes*, puis en 1673 dans celles d'Alneda.

1673. Un tremblement de terre se fit sentir à Salins et dans nos montagnes.

M. de Quinônes impose la province de son autorité, les états s'y opposent par délibération du 30 janvier 1673. Le marquis de Listenois se mit à la tête des mécontents, et par proclamation du 13 et du 15 février appela les Comtois aux armes, mais plusieurs membres de la noblesse se rendirent près de lui dans nos montagnes, le trouvèrent à Mont-sur-Monnet et ne purent le détourner de ses projets, ils allèrent coucher à Balerne, de ce nombre était le brave Guillaume de Montrichard, gouverneur de Nozeroy. Le colonel Massiet avec le capitaine Lacuzon défirent les rebelles de Claude-Paul de Beauffremont, marquis de Listenois au lieu de Saint-Lothain.

Après cette déroute, le marquis de Listenois se retira avec environ vingt-cinq chevaux au château de la Chaux-des-Crotenay. M. Chifflet nous dit, page 285 : « C'était autrefois un

» lieu important, et où les seigneurs du nom de Poupet avaient
» dressé une riche bibliothèque, déjà aux dernières guerres,
» sous Louis XIII, on en avait dissipé une grande partie , ils
» brûlèrent le reste pour se chauffer faute de bois, ils déplan-
» chèrent même toute l'habitation. » Le marquis gagna ensuite
la France.

Après le traité d'Aix-la-Chapelle qui rendait la Franche-
Comté à l'Espagne, le peuple nommait tout haut et poursuivait
de son mépris et de sa colère les hommes qu'il savait coupa-
bles d'avoir trahi leurs devoirs, des troubles violents eurent
lieu presque de toutes parts, et forcèrent le gouvernement à
nommer des commissaires pour informer contre les hommes
accusés d'avoir vendu la province, mais il y avait tant de
noms à dévoiler que le cabinet de Madrid ordonna de cesser
les poursuites.

Le traité de paix de 1668 ne fut pour le roi de France qu'un
répit, en effet, dès les derniers jours de janvier 1674 l'armée
française entrait dans notre province, et l'Espagne n'avait rien
fait pour assurer sa défense, on s'apprêta cependant à résister,
il n'entre pas dans notre plan de parler de tous les nobles
efforts que firent nos cités. Nous dirons seulement que le
gouvernement de la province avait placé le capitaine Lacuzon
au château de Montrond, pour qu'il put défendre Nozeroy,
nos montagnes et la terre de St-Claude. Mais le 31 mai les
Français parurent devant Salins, à cette nouvelle Lacuzon se
replie en toute hâte sur cette ville qu'il défendra avec toute
l'énergie et la ténacité qu'on lui connaît, il continuait ainsi
que son gendre ses volées de canon sur les Français pendant
les négociations pour la capitulation, qui signée le 22 juin lui
arracha l'épée des mains. Ce fut donc Lacuzon et son gendre
Balland qui eurent l'honneur de tirer les derniers coups de
canon contre l'ennemi.

CHAPITRE XVIe. — 17e SIÈCLE.

Ce fut le 17 septembre 1678, par le traité de Nimègue, que la Franche-Comté passa sans retour de la maison d'Espagne dans la maison de France. Soudée à la France par un lien qui cette fois devait être indissoluble, la Franche-Comté se trouva effacée : en ne formant plus qu'un des membres de la grande famille à laquelle la conquête venait de la rattacher, elle cessa de vivre par elle-même, elle vécut avec les autres. *La franche et libre terre de Bourgogne* perdit le beau nom qui avait fait sa fierté et sa gloire, car ce mot Franche-Comté n'était plus qu'un non sens, du moment qu'elle devenait une province française.

On créa quatorze balliages particuliers ; notre canton ressortit de celui de Poligny. Le pays accordait au souverain à titre de don gratuit la somme annuelle de cent mille livres ; Louis XIV porta cette somme au chiffre de huit cent quatorze mille livres, les Etats refusèrent de se réunir pour la voter ; mais le roi la fit lever d'office par l'intendant de la province, et dès lors les Etats ne furent plus convoqués.

En 1676 le roi transféra le parlement de Dole à Besançon, augmenta le nombre de ses membres, et en rendit toutes les charges vénales, l'Université passa de Dole à Besançon en 1691.

Cependant, dit Rougebief, les années s'écoulaient, et les Francs-Comtois ne s'habituaient pas à leurs nouveaux maîtres ; ils regrettaient toujours leurs anciens souverains, car ils ne comparaient pas sans amertume la position que leur faisait le gouvernement français avec celle dont ils avaient joui sous la domination espagnole, en effet, Louis XIV demandait sans cesse à l'impôt les moyens de soutenir ses guerres ruineuses. La situation des finances était si déplorable, qu'elle faisait dire à Fénelon : « *On ne vit plus que par miracle.* »

Vauban nous apprend la situation du peuple; « le peuple, écrivait-il en 1696, n'a pas un pouce de terre, » toute la propriété divisée en grandes pièces se répartissait alors en quelques mains seulement : il en résultait que l'insuffisance des procédés de culture venant s'ajouter à l'insuffisance des bras qui manquaient par suite des trop mauvaises conditions faites aux travailleurs, les terres ne rapportaient presque rien ; elles ne produisaient guère que du seigle, de l'orge et de l'avoine ; un septième des champs et plus d'un cinquième des vignes restaient en friche : aussi le peuple était excessivement malheureux, surtout dans nos hautes montagnes.

Il n'est pas besoin d'ajouter que des malheureux réduits à manger du pain d'orge n'étaient pas mieux habillés et logés que nourris : un vêtement de mauvaise toile à demi pourrie pour se couvrir, une cabane en chaume et de la construction la plus grossière pour s'abriter, voilà tout ce que la misère laissait de ressource au paysan, faut-il le dire? Un grand nombre de personnes mouraient alors, par le manque de nourriture et de soins hygiéniques. Et ceux qui douteraient de cette vérité cruelle, il suffirait de rappeler le passage suivant d'un arrêt du conseil royal, rendu contre le fermier général Templier, le 13 juillet 1700 : « il y a beaucoup de gens en Bourgogne qui ne consomment aucuns sels, la pauvreté où ils sont actuellement de n'avoir pas de quoi acheter non pas du blé ni de l'orge, *mais de l'avoine pour vivre,* les oblige de se nourrir d'herbe *et même de périr de faim.* »

Après la mort de Louis XIV, arrivée le 1er septembre 1715, la misère du peuple devint encore plus grande ; elle remplit la mesure. Louis XIV laissait, avec un déficit de deux milliards quatre cent soixante-onze millions de francs, les finances dans le plus pitoyable état, le crédit en ruine, les revenus ordinaires du royaume escomptés pour plusieurs années, et l'homme qui le remplaçait semblait venu tout exprès pour agrandir encore le gouffre : c'était le fameux duc d'Orléans, qui joignait à la dépravation des mœurs un goût de prodigalités scandaleux, et ne s'occupait qu'à puiser dans les coffres de l'Etat pour satisfaire son besoin effréné de plaisirs et de fêtes. Le pain devint partout à un prix excessif, et la famine chassait des campagnes les paysans ; les routes se couvraient de vagabonds affamés, et comme l'écrivait Saint-Simon : « La France se tournait en un vaste hôpital de mourants et de désespérés. » Au lieu de chercher un remède à cette effroyable situation, le régent fermait les yeux sur les manœuvres infâmes des accapareurs, bien plus il n'avait pas honte de se mettre au nombre des agioteurs qui pratiquaient la science sinistre de s'enrichir par des spéculations basées sur la détresse publique, mais le peuple des affamés grossissait toujours, enfin le Régent mourut le 23 décembre 1723.

Louis XV venait de monter sur le trône, c'était dit Rougebief (1), « la turpitude remplaçant l'orgie, avec un roi cynique, égoïste et lâche, qui se consolait de vivre pourvu que la monarchie durât autant que lui, ce que devint la France, on le sait : l'honneur national fut traîné dans la boue, le gouvernement abandonné aux mains d'impurs courtisans, l'administration livrée au plus inique arbitraire, le trésor public mis au pillage, le chiffre des impôts écrasant, le prix des grains homicide, le commerce et l'industrie ruinés, et le peuple réduit au désespoir. »

Pour venir en aide au désastre des finances on avait eu l'idée d'établir l'impôt du *cinquantième*, c'est-à-dire de soumettre toutes les classes de citoyens sans exemption, à payer le cinquantième de leur revenu ; mais la noblesse qui jouissait

(1) Rougebief, page 587.

déjà de tant de privilèges, mais le clergé, dont on n'évaluait pas les revenus annuels à moins de douze cent vingt millions, poussèrent des clameurs furieuses et cet impôt fut retiré, on fit en sorte de le rejeter sur le peuple, le désordre des finances étant au comble, on n'eut d'autre ressource que la banqueroute, et dès lors la misère des classes inférieures atteignit ses dernières limites, car elles eurent encore avec leurs maux odinaires à souffrir d'une famine permanente entretenue par les plus hideuses manœuvres.

Une société secrète s'était formée laquelle accaparait tous les blés, et ne les lâchait avec d'énormes bénéfices qu'au moment où le peuple allait se révolter ou mourir de faim, ce fut ce qu'on appela *le pacte de famine* dont les comptoirs, selon l'énergique expression de Rougebief, reposaient sur des ossements humains. Cette inique association avait des complices partout, jusque dans les parlements, jusque sur le trône; le roi lui-même était actionnaire pour dix millions dans le *pacte de famine.*

Dans cette détresse générale, la Franche-Comté était une des provinces de France qui souffraient le plus, elle était classée parmi les pays conquis, et ce titre était comme son brevet de misère; elle se courbait, impuissante et muette sous le talon de ses gouverneurs, dévorant en secret ses haines et ses malédictions.

Une des plus lourdes charges était la corvée. A certains jours de l'année on voyait des officiers royaux parcourir les campagnes, arracher les paysans à leurs familles et chasser devant eux, comme un troupeau de bétail, ces malheureux que l'on emmenait à plusieurs lieues de leurs chaumières pour construire des chemins publics, on n'accordait aux corvéables ni substance, ni salaire, encore si on les eût exemptés de quelque autre charge, mais non! Ils payaient des impôts de toutes sortes, que la noblesse et le clergé ne payaient point.

Arrivait le moment du service militaire dont, à raison des exemptions, le plus lourd fardeau retombait encore sur le peuple, auquel le seul nom de militaire faisait horreur, car le service militaire était particulièrement odieux aux habitants des pays de montagnes qui s'attachent davantage au lieu qui les a vus naître.

Les impôts se multipliaient sous une infinité de formes, et grandissaient avec les embarras financiers du gouvernement; après les droits de l'Etat venaient les droits des seigneurs et du clergé qui s'étaient arrangés de façon à s'approprier ce que l'avidité des agents royaux avait oublié d'arracher au travail des propriétaires; après les corvées du roi venaient les corvées du seigneur; après le collecteur des tailles du roi venait le collecteur des tailles du seigneur; après la juridiction du roi venait la juridiction du seigneur, enfin, après les droits du roi venaient les droits du seigneur; au seigneur le bénéfice des prestations, des redevances en blé, en argent, des servitudes, des mutations, des dîmes de toute nature : *grosses dîmes* sur les grains et raisins; *menues dîmes* sur les menus grains et menus fruits; *vertes dîmes* sur les légumes, le sainfoin, le chanvre; *dîmes novales,* sur les terres que le paysan défrichait à la sueur de son front, au seigneur encore le *droit de chasse,* et défense au paysan de tuer le moindre gibier, ou de tendre le moindre lacet; au seigneur, le *droit de pêche,* et défense au paysan de s'approcher des étangs et rivières; au seigneur, *le droit de colombier,* et toute liberté pour ses pigeons de détruire les semailles ou dévaster le champ du paysan; au seigneur, *le droit de garenne,* et toute liberté pour ses lapins de ravager impunément les plans de légumes ou brouter les blés en crue du paysan; il existait encore d'autres droits que les classes privilégiées s'étaient arrogés au détriment de la caste roturière.

C'est au moment où la Franche-Comté, surchargée d'impôts et de droits seigneuriaux de toutes espèces, touchait le plus près à la plus profonde misère que grâce à Parmentier et à l'Académie de Besançon, la pomme de terre fut introduite dans cette province pour fournir au peuple le moyen d'être moins malheureux ; ce fut elle qui mit à son concours de l'année 1772 la fameuse question : *quels sont les végétaux qui, dans les années de disette, pourraient suppléer avantageusement à la rareté des céréales ?* Ce fut elle qui couronna le mémoire de Parmentier sur la matière et encouragea ainsi les espérances de ce bienfaiteur de l'humanité et surtout de nos montagnes, où dans les temps de disette elle est presque l'unique nourriture du pauvre ; ce grand citoyen tenait tellement à enrichir son pays de ce précieux tubercule qu'il ne cessa de consacrer les facultés de son esprit et les fatigues de son corps à la réalisation qu'il rêvait, la naturalisation de la pomme de terre. On raconte de lui une anecdote qui démontre combien il avait à cœur ce résultat qu'on appelait *la folie du bonhomme :* on lui avait concédé pour faire ses essais, dans la plaine des Sablons, un terrain en friche ; lorsque ses pommes de terre eurent végété on mit des gardiens, comme on les retirait le soir, on vint dire à Parmentier que, pendant la nuit, on volait ses pommes de terre ; au comble de la joie, l'heureux agronome embrasse et récompense généreusement celui qui lui apportait la première nouvelle de ce vol d'un nouveau genre, la pomme de terre était créée en France ; Parmentier voyait enfin se réaliser sa pensée d'homme de bien, il venait de forcer son pays à s'enrichir de la plus inappréciable des ressources. Reconnaissance éternelle à Parmentier, mais reconnaissance aussi à l'Académie de Besançon. Lors de l'introduction de ce tubercule dans nos parages il y était connu sous le nom de *parmentière,* nous avons entendu encore nos vieillards appeler la pomme de terre du nom de *parmentière,* nous regrettons qu'on n'ait pas continué cette appellation, qui eut rappelé au peuple le précieux souvenir de celui qui lui a fourni le moyen d'être moins malheureux.

1705. François-Joseph de Grammont, archevêque de Besançon, défendit aux ecclésiastiques de porter des armes à feu, de fréquenter les foires, de retenir pour domestiques des personnes du sexe âgées de moins de 40 ans, d'entendre la confession des séculiers hors des confessionnaux fermés et placés dans un lieu patent de l'église, il permit le travail les jours de dimanche et de fêtes en cas de nécessité ou pour réparer les églises, les cimetières, les maisons brûlées ou détruites par les guerres. Tout prêtre fut astreint à vicarier, pendant un an, avant d'obtenir une cure, et personne ne put devenir curé dans le lieu de son origine ; les prêtres de notre canton furent soumis à ces prescriptions, car le diocèse de St-Claude ne fut érigé qu'en 1742, supprimé par le concordat et réuni à celui de Besançon, séparé de celui de Besançon et définitivement érigé par le concordat de 1817.

L'année 1709 fut une année terrible, les annales de Rochejean nous disent que l'hiver fut excessivement rigoureux dans nos montagnes, puis survint la famine.

En 1709 il plut tout le jour, la veille des Rois, la nuit suivante l'air du nord étant survenu, les blés, les vignes, les arbres mêmes furent saisis d'une gelée générale qui s'étendit à presque toute l'Europe ; de telle sorte que l'on ne recueillit ni froment, ni vin, ni fruits, excepté dans quelques coins que les eaux ou la neige avaient couverts et préservés ; cette année-là, le blé se vendit jusqu'à 3 livres 10 sous la mesure, et le muid de vin jusqu'à 100 livres.

En 1743 il y eut une mortalité sur le bétail dans tout le royaume, laquelle sévit avec tant d'intensité que l'on désespérait déjà de repeupler les étables, mais dans le cours des trois années qui suivirent, les bestiaux multiplièrent prodigieusement et il s'en trouva plus qu'avant l'épizootie.

En 1753, tremblement de terre général (*celui qui engloutit une partie de Lisbonne*).

Dans la nuit du 17 au 18 avril 1758 toutes les vignes gelèrent au comté de Bourgogne.

En 1764, expulsion des jésuites de notre province ; 1770 et 1771 les grains furent d'une cherté extrême.

Le soir de Pâques de l'année 1772 il s'éleva un ouragan effroyable, accompagné de tonnerre, de pluie et de grèle, auquel succéda subitement un vent du nord glacial qui dura un mois ; les vendanges furent très-chétives.

1715. Publication d'une ordonnance pour empêcher les essarts et défrichement au Noirmont.

21 avril 1715 édit qui condamne à mort les colporteurs d'écrits tendant à attaquer la religion et le roi.

Grande sécheresse dans nos montagnes surtout en 1719 (*annales de Rochejean*).

Le 16 juin 1707, Maximilien-Philibert, duc de Bavière et Son Altesse royale Sobieski, duchesse de Bavière, furent parrains, dans l'église de Sirod, de laquelle dépendaient les églises de notre canton, d'un fils né le 11 novembre 1698 du mariage de Charles-Emmanuel de Watteville, marquis de Conflans, baron de Château-Vilain, seigneur des Foncines, chevalier de la Toison-d'Or, et d'Elisabeth-Thérèse, comtesse de Mérode, son épouse ; ils étaient représentés par Gabriel-Philibert, comte de Grammont, baron de Châtillon, l'Etoile et par Charlotte de Neuchatel, baronne d'Achey.

Le presbytère de Chaux-des-Crotenay a été construit en 1719.

La nef et le chœur de l'église de Crans ont été construits en 1717.

1720. Le système de Law avait fini par conduire la France à la banqueroute, le gouvernement était de plus en plus pressé par une crise qui jetait la gêne et la misère dans toutes les classes de la société.

Une paire de bas de soie se vendait 40 livres; l'aune de drap se payait 80 livres, le molleton 80 livres, la livre de bougie monta de douze sous à neuf livres, le café de deux livres 10 sous à 18 livres, la livre de viande coûtait 14 sous, une poule cinquante sous, un poulet 30 sous. Pour avoir une idée de ces prix comparativement à la valeur actuelle de l'argent, il faudrait au moins, dit M. Jobez, le quintupler pour les petites sommes ; les billets de banque avaient fait baisser la valeur de la monnaie pour les sommes payables en papier; mais pour les petites sommes payables en billon, la différence entre la valeur de la monnaie d'alors et celle de la monnaie actuelle est entière ; ainsi il est à peu près certain que le prix de trente sous donné pour un poulet correspond à huit francs d'aujourd'hui.

Les récoltes étaient abondantes depuis plusieurs années, quand en 1723, il y en eut une médiocre ; l'hiver suivant fut d'une grande douceur ; à la suite de cet hiver anormal, les terres rapportèrent encore moins que l'année précédente, le premier ministre qui avait permis l'exportation des grains, dût renoncer à cette tolérance. Le blé qui s'était vendu, en 1723, 12 francs 80 centimes l'hectolitre, monta en 1724 à 15 francs 90 centimes, puis à 21 francs 90 centimes en 1725, pour redescendre à 18 francs 80 centimes en 1726. L'année 1725 fut celle où le blé atteignit le prix le plus élevé tout partout; ces

chiffres ne présenteraient pas à l'esprit l'idée d'une cherté
excessive, si l'on ne tenait pas compte de la différence entre
la valeur de l'argent à cette époque et celle qu'il a aujourd'hui.
Cette année 1725 les pluies étaient continuelles ; les routes
étaient partout défoncées par les pluies, et les cultivateurs,
qui attendaient avec anxiété un rayon de soleil pour enlever
leurs récoltes, furent obligés d'aller réparer les routes que
devaient parcourir l'épouse du roi de France qui fit son entrée
le 5 septembre 1725.

1726. Les actes d'affranchissements des Foncines et des
Planches, d'Henri du Quart, seigneur de Château-Vilain de
1372 et de Pierre de Chauvirey, seigneur également de Château-Vilain de 1431, donnèrent lieu à de nombreuses difficultés.

La première que nous voyons naître est relative à la pêche
de la rivière : messire Charles-Emmanuel de Watteville, marquis de Conflans, avait fait condamner les sieurs Jacques Petelin, de Foncine et Claude Monnier, des Planches, en la
justice de Foncine chacun à 30 livres d'amende et à pareilles
sommes de dommages et intérêts pour avoir pêché à la ligne
dans la rivière de Foncine les 27 avril, 13 juin et 14 septembre 1726, les habitants de Foncine qui leur avaient amodié la
pêche de leur rivière en 1725 prirent pour eux fait et cause
en main et interjetèrent appel de la sentence rendue à la justice de Foncine le 18 juillet 1726. Pour bien comprendre l'arrêt de la Cour rendu dans ce procès, il faut savoir que les
villages de Foncine et les Planches n'ont jamais composé
qu'une communauté, mais qu'ils se sont divisés en deux seigneuries, l'une dite de Joux, l'autre de Watteville, ayant chacune ses justiciables et ses droits, que cela a duré jusqu'à la
vente que fit Jean de Beaufremont de la partie de Joux à Nicolas de Watteville en 1590, pour 6,250 écus d'or.

En 1550 les justiciables de la partie de Joux reconnurent dans un terrier l'article suivant :

« Item, la moitié de rivière de Seine fluant par ledit lieu de
» Foncine compète et appartient audit seigneur par indivis ;
» pour l'autre moitié avec l'autre seigneur de Château-Vilain
» en la partie de la Chaux et en telle droiture et banalité ;
» qu'il n'est loisible à personne d'y pêcher ni prendre poisson,
» même ès-écluses d'écelle, sans le consentement desdits sei-
» gneurs, à peine de 60 francs d'amende pour chacune fois,
» et que l'on n'y est trouvé mesurant. »

» En 1567 on renouvela le terrier de la partie de Watte-
» ville, mais les justiciables de cette seigneurie ne reconnu-
» rent pas la banalité de la rivière de Seine fluante dans le
» territoire de Foncine et des Planches, de la même manière
» que ceux de la partie de Joux ; *compète encore à mondit sei-*
» *gneur la moitié de la pesche des écluses dudit Foncine banale*
» *envers mondit seigneur de 60 lots d'amende ;* » c'est-à-dire
que le terrier de la partie de Joux exclut les justiciables de
cette portion de seigneurie de la pêche, dans toute l'étendue
de la rivière de Seine, et même des écluses, au lieu que le terrier de la partie de Watteville n'attribue la pêche aux seigneurs
de Foncine et des Planches que sur les écluses.

La Cour rendit un arrêt duquel il importe d'insérer la teneur : « La Cour avant faire droit sur les appellations des juge-
» ments rendus contre lesdits Monnier et Petetin sur l'inter-
» vention des habitants de Foncine et des Planches compo-
» sant la partie de Watteville, les a appointés et appointe à
» faire preuve par-devant le conseiller de Filain qu'elle a dé-
» puté pour commissaire, qu'ils sont en possession de pesche
» à la ligne dans la rivière de Seine fluante sur le territoire de
» Foncine, depuis 10, 20, 30, 40 ans, et d'un temps immé-
» morial, au vu et sçû des seigneurs dudit Foncine et des

» Planches et de leurs officiers, sans trouble ni contradiction ;
» appointe l'intimé à faire preuve des faits contraires pour les
» enquêtes faites et rapportées par-devant la Cour, être or-
» donné ce qu'il appartiendra et faisant droit sur les conclu-
» sions prises par l'intimé ; la Cour a fait défense aux habi-
» tans de Foncine faisant la partie de Joux de faire aucun acte
» de pesche de quelque espèce qu'il puisse être dans ladite
» rivière de Seine aux peines portées par l'ordonnance du
» mois d'août 1669, condamne lesdits habitants composant la
» partie de Joux à la moitié des dépens de leur intervention
» et réserve le surplus.

» Fait en parlement à Besançon à la chambre souveraine
» des eaux et forêts, le 15 juillet 1727. »

Les habitants de la partie de Watteville prouvèrent, par
l'enquête dans laquelle ils firent entendre 33 témoins, dont
plusieurs avaient de 59 à 60 ans, qu'ils avaient péché de
temps immémorial, paisiblement, publiquement au vu et su et
sous les yeux du seigneur et de tous ses officiers, et les officiers de la justice de Foncine que jamais aucun d'eux n'avait
été assigné, poursuivi et condamné pour avoir pêché à la ligne
dans la rivière de Seine ; le seigneur n'ayant pu faire la preuve
contraire fut condamné.

Dans cette enquête nous voyons figurer les trois frères
Munier nos ancêtres, qui tous occupaient dans le pays des positions honorables. Le premier est Claude-Aimé Munier, chirurgien, décédé sans postérité, ayant établi pour ses héritiers
uniques les confréries de Foncine ; nous voyons en 1782
l'abbé Jacquin, chapelain de ces confréries et habitant la
maison du chirurgien Claude-Aimé Munier, ses biens furent
vendus nationalement et achetés par Jean-Joseph Monnier-
Benoit.

2° Henri Munier, prêtre, frère du procureur d'office de la justice de Foncine-le-Haut.

3° Claude-Antoine Munier, procureur d'office de qui descendent les familles Munier de Foncine-le-Haut et Foncine-le-Bas ; celles des Planches et de Sirod sont éteintes.

Nous voyons que la grosse cloche de Foncine-le-Haut, fondue par Lefort en 1782 et qui existe encore eut pour parrain Mathieu Monnier, des Planches et pour marraine Louise-Antoine Munier, veuve de M. Monnier, avocat au parlement, fille de feu Edme Munier et de noble dame Marie-Anne de Caffod, marraine de l'ancienne cloche.

La même année 1726 survint une autre difficulté avec le même seigneur. Le sieur Jean-Claude Fumey, de Foncine, originaire de la partie de Watteville, lieutenant au régiment royal de carabiniers en la brigade de Pardaillant, fit son testament le 25 mars 1726 par-devant Pierre-Simon Richardet, notaire royal audit lieu et institua pour son héritier unique son fils naturel Jean-Claude Fumey, âgé de 10 ans, mais prévoyant que la qualité de bâtard pouvait amener des difficultés pour son fils, il ajoute dans son testament : *Et au cas que mon héritier fût contesté en tout ou en partie, j'institue pour mon héritier universel seul et pour le tout Notre Seigneur Jésus-Christ, en la personne des pauvres de la paroisse dudit Foncine, priant Claude-Etienne Fumey la Doy, prieur de la Charité établie audit Foncine, de vouloir bien accepter la charge d'exécuteur de mon présent testament.*

Ce qu'avait prévu le testateur ne manqua pas d'arriver ; on signifia une opposition de la part du marquis de Conflans, prétendant que c'était une échute qui venait et appartenait de plein droit au seigneur. Les habitants de Foncine s'empressèrent d'intervenir avec l'exécuteur testamentaire, se fondant :

1° Sur ce que, dans cette province, les bâtards de conjonction non réprouvés sont capables de retenir toutes sortes de succession et qu'à plus forte raison ils peuvent succéder à leurs pères et mères, qu'un arrêt du parlement de Dole du 24 novembre 1640 l'a ainsi décidé ; 2° que c'était une violation des franchises de Foncine ; 3° et encore bien que ce bâtard ne fût pas jugé successible à son père en vertu dudit testament, le seigneur se trouverait même non recevable à prétendre à la succession parce que les pauvres de la paroisse institués en particulier subsidiairement, donneraient toujours l'exclusion au seigneur, avec d'autant plus de raison que ce sont les pauvres demeurant sur la même seigneurie, puisque ledit arrêt laisse entière liberté de disposer en faveur des habitants et résidant sur la même portion de seigneurie ; c'est ce qui a engagé les habitants dudit lieu à soutenir leurs droits et leur liberté, que les officiers dudit seigneur, marquis de Conflans attaquent toujours de temps en temps et qui semblent ne point vouloir dormir pour agrandir les droits de leur maître au préjudice des franchises dudit Foncine.

Le procès dura jusqu'en 1730 ; le 3 septembre, époque à laquelle les habitants de Foncine nommèrent Basile Monnier, avocat au parlement, Emmanuel Oudet, des Planches, Claude Girardon et Claude-Etienne Fumey-Badoz, de Foncine, pour s'entendre et transiger cette affaire avec le seigneur (1).

La réflexion que font les habitants de Foncine au sujet de l'empressement que les serviteurs du seigneur mettent pour agrandir les droits de leur maître se trouve justifiée par plusieurs procès du même genre ; nous citerons, sans entrer dans tous les détails, le procès intenté au parlement de Besançon en 1721, à la requête du comte de Watteville, seigneur de Foncine, demandeur contre la veuve Richardet et Simon

____

(1) Pièces aux archives de la commune.

Richardet, audit lieu défendeurs, au sujet de la succession du sieur Claude Richardet, originaire de Foncine, résidant à Château-Châlon, décédé, sujet main-mortable (2).

Déjà, en 1722, la commune de Foncine était intervenue dans le procès intenté par le seigneur de Château-Vilain aux héritiers d'Alexandre Monnier, pour réclamer la succession prétendant qu'elle lui appartenait par droit d'échute, ce qui était contraire aux franchises de ces communes.

En 1686 le marquis de Conflans adressa une requête à l'intendant de la Franche-Comté pour contraindre ses sujets de la baronnie de Foncine à carroyer les matériaux nécessaires à l'entretien de son château (1).

1728. Les vexations du seigneur envers les habitants des Foncines et des Planches continuaient, le sieur Claude Monnier ayant partagé, avec Nicolas Monnier, son frère, les biens qu'ils avaient indivis et la maison où ils demeuraient ensemble étant restée à Nicolas Monnier, Claude Monnier fut obligé d'en bâtir une. Il eut besoin pour cela d'un *chaux-four,* et ayant déclaré aux habitants de la communauté que son dessein était de le faire dans un héritage à lui appartenant, lieu-dit aux *Sangettes-sous-Malvaux,* contenant quatre journaux tant en bois que plaine, il les priait de consentir à ce que, s'il avait besoin de quelques voitures de bois pour cuire son four à chaux, il put les couper dans leurs communaux en bois ou broussailles étant aux environs de l'endroit où son *chaux-four* venait d'être placé.

Les habitants assemblés en corps de commune le lui permirent, mais à peine eut-il coupé ce bois que le sieur Regnaud, procureur d'office de la seigneurie le fit traduire en la justice de Foncine, qui le condamna à 750 livres de dommages inté-

(1) Pièces aux archives de la commune.

rêts envers ladite commune et à 1,250 livres d'amende envers le seigneur.

Appel fut interjeté devant la chambre souveraine des eaux et forêts de Besançon par le sieur Monnier, et la communauté des Foncines intervenant dans l'appel, il ne leur fut pas difficile de prouver que le seigneur avait agi sans droit et d'obtenir que la sentence fut réformée.

Nos archives renferment un volumineux dossier des pièces de procès intentés devant le parlement de Dole de 1628 à 1756 entre Guérard de Joux dit de Watteville chevalier, marquis de Conflans, baron seigneur de Chatel-Vilain, Foncine et ses successeurs, contre les manans et habitants dudit Foncine et des Planches, au sujet des droits seigneuriaux réclamés contre eux par les seigneurs.

Fatigués de toutes ces difficultés, de toutes ces tracasseries, de tous ces procès sans cesse renaissants suscités par les seigneurs de Château-Vilain et leurs officiers, les habitants des Foncines et des Planches cherchèrent à y mettre enfin un terme, le 25 février 1756 ils se réunirent au son de la cloche après midi et délibérèrent que des propositions de transactions seraient faites au seigneur de Château-Vilain, baron de Foncine.

Cette réunion eut lieu sur la place publique de Foncine-le-Haut, et ils nommèrent à l'unanimité Bazile Monnier, des Planches, pour leur mandataire, acte notarié de cette nomination fut dressé par le notaire Griffon, contrôlé aussi le même jour par Perrenet, qui reçoit douze sols pour ses droits.

Cette procuration est très curieuse, car comme elle est signée par tous les habitants de la baronnie des Foncines et des Planches, elle nous fait connaître les familles qui habitaient alors ces villages. La famille Morand est originaire des Foncines, hameau du Voisiney où elle habitait et ou elle possédait de belles propriétés qui furent vendues par le père du général Morand pour acheter son domaine de Largillat; nous voyons dans cette procuration la signature de Roze Monnier, veuve du sieur Claude-Joseph Jacquin, tant en son nom que des enfants de défunte dame Jeanne-Françoise Jacquin, sa fille, épouse du sieur Denis-Joseph Morand, de Besançon, avocat au parlement; nous y voyons aussi la signature de Jules Munier, notre bisaïeul, il eut été trop long d'énumérer toutes les signatures que porte cette pièce, on peut les voir aux archives de la commune de Foncine-le-Haut; mais on y remarque une chose très-importante, c'est que parmi les signatures de cette pièce, vingt chefs de famille y figurent comme maîtres horlogers et l'un d'eux Claude Alexis, horloger en petit. Il en résulte qu'à cette époque l'horlogerie était florissante à Foncine et qu'on y fabriquait déjà la montre.

CHAPITRE 17ᵉ.

Copie de l'affranchissement des habitants de Foncine et les Planches par M. le comte de Watteville du sixième jour de décembre de l'année 1756.

PAR DEVANT LES COMMISSAIRES DU ROI NOTAIRES AU CHATELET DE PARIS SOUSSIGNÉS,

Furent présents haut et puissant seigneur, Maximilien-Emanuel de Watteville des comtes d'Altof, marquis de Conflans, comte de Bussolin, baron et seigneur de Châteauvilain, Foncine et autres lieux, demeurant à Paris, ruë de la Rochefoucault, paroisse St-Pierre de Montmartre d'une part,

ET SIEUR

Bazille Monnier, marchand demeurant aux Planches bailliage de Poligny en Franche-Comté, de présent à Paris logé grande ruë du fauxbourg St-Antoine à l'enseigne du Chariot-d'Or paroisse Ste-Marguerite, pour et au nom en qualité de Procureur constitué par les habitans et communauté de Foncine et les Planches, et fondés de leur procuration spéciale à l'effet des présentes reçuë par Griffon notaire aud. lieu de Foncine le vingt-cinq février de la présente année, contrôlée au bureau dud. lieu par Perronnet le même jour, homologuée par M. l'intendant de lad. province de Franche-Comté, et légalisée par le sieur Pellerin, lieutenant général aud. bailliage de Poligny, expédition de laquelle procuration et l'original de lad. homologation sont demeurés annexés à la minutte des présentes après avoir été certifiés véritables par led. sieur Monnier de lui signés et parafés en présence des notaires soussignés d'autre part.

Lesquelles parties comme elles comparent s'étant renduës en l'étude de M. Dupré l'un des notaires soussignés, pour y passer transaction sur certaines difficultés qui les divisent depuis long-tems, et qu'elles ont enfin terminés à la médiation de leurs conseils; lesquelles difficultés lesd. habitants et communauté de Foncine et les Planches faisoient consister en ce qui suit, sçavoir :

Que la baronnie de Foncine appartenante aud. seigneur comte de Watteville, composée de deux seigneuries, l'une appelée la partie de Joux, et l'autre la partie de Watteville, formant ensemble toute la communauté de Foncine et les Planches ont été affranchies de la main morte réelle et personnelle, dont elle était anciennement affectée, sçavoir, la partie de Joux par Henry seigneur de Quart et de Chateauvillain en partie le dix huit juillet treize cent soixante douze, et celle de Watteville par Pierre de Chauviray aussi seigneur de

Chateauvillain en partie le vingt huit octobre et sept novembre quatorze cens trente un.

Que nonobstant ces actes d'affranchissemens, plusieurs contestations n'ont pas laissé de s'élever entre les seigneurs barons de Foncine et les sujets de l'une et l'autre partie, à l'occasion de certaines clauses et réserves éventuelles insérées dans lesd. actes d'affranchissement, suivant lesquelles réserves lesd. seigneurs prétendoient qu'en certains cas les biens de leursdits sujets décédés sans enfans ni autres héritiers communiers devoient leur revenir comme étant retombés dans leur ancienne condition de main morte, et leur ayant fait échute; aucontraire de quoi lesd. sujets soutenoient que c'étoit de la part desd. seigneurs vouloir détruire les franchises accordées par leurs autheurs aux sujets de l'une et de l'autre partie, ou du moins donner auxd. réserves une extention forcée et directement opposée auxd. actes d'affranchissement, que de former de semblables prétentions, sur lesquelles contestations seroit intervenu un arrêt au parlement de Dole, le vingt quatre novembre mil six cen quarante entre lesdits habitans de Foncine en partie de Joux et Watteville, demandeurs d'une part, et Guivard de Joux dit Watteville déffendeur d'autre, en interprétation desd. affranchissemens, et dont sentence arbitralle renduë entre les mêmes le vingt décembre 961. C vingt cinq, contre laquelle led. seigneur s'étoit pourvû par relief, comme il en conste par led. arrêt d'interprètation. Enfin que tout ce que cet arrêt qui devoit servir de règle à l'avenir entre les seigneurs et leurs sujets ait pu arrêter le cours des abus qui y avoient donné lieu, et il s'en étoit au contraire introduit dès lors plusieurs autres très-préjudiciables aux sujets, et en particulier, celui de faire insérer dans les ventes, échanges et autres aliénations qui se font par les sujets de l'une et l'autre partie des fonds qui en dépendent, que ces fonds sont de condition de main morte, le cas arrivant, énonciation qui n'étant citée que dans les aliénations des biens qui sont de condition de main morte, suivant la coutume générale de la province de Franche-Comté, ne laisse aucune différence entre ces sortes de lieux main-mortables et ceux desd. parties de Joux et de Watteville, ce qui tendroit à rendre illusoire par la suite des tems lesd. actes d'affranchissement.

Sur tous lesquels objets lesd. habitans de Foncine et les Planches de l'une et de l'autre partie avoient fait leur représentation aud. seigneur comte de Watteville en le priant de vouloir bien donner ses ordres pour que ses sujets ne fussent plus troublés à l'avenir dans leurs droits, et prévenir par là les mesures indispensables qu'ils seroient forcés de prendre pour se les conserver, à quoi répondoit led. seigneur comte de Watteville, qu'il n'ignoroit point les affranchissement, sentence et arrêt dont parlent les habitans de Foncines et les Planches, ses sujets ; mais que ceux-ci devoient sçavoir de leur coté que ces affranchissemens ne sont absolus et illimités que pour ceux qui résident habituellement sur leur partie de seigneurie originelle aux termes de l'article 1ᵉʳ de l'arrêt de 961. C quarante, « lequel déclare les deux parties de la sei-
» gneurie de Foncine, l'une dite de Joux et l'autre de Watte-
» ville, être distinctes et séparées l'une de l'autre : ensorte
» que les sujets de l'une desd. portions, quittant leur portion
» de seigneurie originelle, et s'allant domicilier sur l'autre
» pour y faire leur demeurance permanante, rentrent et re-
» tombent dans leur ancienne condition de main morte.

Que l'article sept du même arrêt les contraints pareillement à résider dans le lieu, sans qu'ils puissent s'en absenter aux peines statuées par led. art. lequel porte « que quant aux su-
» jets qui auront quitté pour la toute, toute leur portion de

» seigneurie originelle pour l'habituer en une autre seigneu-
» rie, et y établir un domicile fixe et permanent, dès qu'ils se
» seront établis tel domicile, ils seront tenus pour absents de
» leur seigneurie originelle et pourra leur Seigneur asseoir sa
» main sur les héritages qu'ils auront laissé riere sa seigneu-
» rie et en faire les fruits siens pendant leur absence et les se
» faire propres pendant dix ans après leur sortie et abandon-
» nement de sad. portion de seigneurie originelle.

Et que suivant l'article huit « venant à décéder hors de leur
» portion de seigneurie originelle comme par l'établissement
» de leur domicile, hors d'icelle ils sont rentrés dans leur an-
» cienne condition de main morte, le cas de la main morte
» arrivant, led. seigneur usera de ses droits de main morte
» sur eux et leurs biens, suivant les us et coutumes de ce
» païs gardés entre gens de main morte.

Qu'aux termes de l'article 10. « Les sujets de la partie et
» portion de seigneurie ditte Dejoux l'ayant quittée et aban-
» donnée, ne peuvent aliéner ni transporter leurs biens assis
» riere d'icelle à qui que ce soit, sans le consentement de leur
» seigneur.

Que d'ailleurs suivant l'article 5 « si les sujets tant de l'une
» que de l'autre desd. portions de seigneuries vendent, alien-
» nent et transportent les héritages qu'ils ont riere leur sei-
» gneurie originelle à autre qu'à ceux de leur seigneurie et
» même partie, lesd. héritages reprennent leur premiere na-
» ture de main morte, nonobstant le consentement que le
» seigneur de lad. portion aura apporté à telles vendages et
» aliénations.

Tous lesquelles assujetissemens sont autant de droits réservés au seigneur baron de Foncine qui limitent lesd. affranchissemens au point qu'ils ne peuvent avoir un effet indéfini à
l'égard des personnes, qu'autant que les sujets résident sur

leur partie de seigneurie originelle, et à l'égard des biens, que pendant qu'ils sont possédés par les sujets de la partie dont ils sont mouvans.

Enfin que les articles deux, trois et quatre dud. arrêt de mil six cens quarante neuf renfermant aussi des conditions dures et gênantes au sujets de l'une et l'autre partie, soit pour la disposition de leurs biens entre vifs, soit pour leurs successions testamentaires ou *ab intestat.*

En ce qu'à l'égard des dispositions entre vifs, l'article 2 porte « Que les sujets de l'une et l'autre partie pourront dis-
» poser par voïe d'entre les vifs de leurs meubles quelque part
» qu'ils soient assis et de leurs héritages assis hors de leur
» portion de seigneurie originelle au profit de tel que bon leur
» semblera, soi qu'ils soient résidants riere leur portion de
» seigneurie originelle ou non ; mais quant à leurs héritages
» assis riere leurd. portion de seigneurie ils n'en peuvent dis-
» poser au profit d'autres qui ne soient habitans ou résidants
» riere leur même partie et portion de seigneurie originelle.

Qu'en ce qui concerne les successions, soit testamentaires ou *ab intestat,* l'article trois règle à l'égard des premiers. « Que
» les sujets de l'une et de l'autre desd. portions de seigneurie
» ne peuvent disposer par testament ou autre ordonnance de
» derniere volonté de leurs biens de quelque sorte et espece
» qu'ils soient et en quelque part qu'ils soient assis, sauf au
» profit des sujets de leur même partie et portion de seigneurie
» habitans et résidans riere icelle ; et non au profit d'autres.

Qu'à l'égard des deniers ; l'article quatre porte « Qu'en suc-
» cession *ab intestat,* nul n'est admis à la succession de ceux
» qui sont décédés qu'il ne soit de la même partie et portion
» de seigneurie, habitans et residans riere icelle au tems que
» la succession sera ouverte et dévoluë, quelque part que
» soient assis les biens.

De manière que suivant ces trois articles, il reste encore aux sujets de l'une et de l'autre partie une espèce de servitude qui ne leur laisse qu'une liberté imparfaite dans la disposition de leur bien, soit entrevifs, soit par derniere volonté, et qui interverti à leur égard l'ordre des successions *ab intestat* établi par le droit commun entre gens de franche condition.

Qu'au reste si l'on a fait inserer dans les ventes et autres aliénations des fonds dépendans de sa baronnie de Foncine, que ses fonds sont de condition de main morte, ou fait quelqu'autre chose préjudiciable aux droits de ses sujets, et aposé aux actes d'affranchissement, sentence et arrêts, ça été non seulement sans sa participation, puisqu'il a, comme il l'a promis, une parfaite connaissance desd. actes d'affranchissement, sentence et arrêt.

A quoi repliquoient les habitans de Foncine et les Planches, que l'art. premier de l'arrêt de 961 C quarante les oblige à la vérité à résider chacun sur leur partie de seig originelle, sans qu'il leur soit libre de la quitter pour aller se domicilier sur l'autre ; et que suivant les art. sept, huit et dix dud. arrêt, s'ils viennent à s'absenter de leursd. portions de seigneurie originelle, ils encourent les peines portées auxd. articles ; mais qu'il n'est pas moins vrai que lesd. articles sept, huit et dix non seulement portent eux-mêmes leurs exceptions, mais se trouvent encore restraints aussi bien que l'article premier par les art. sixieme, neuvieme et onzieme dudit arrêt, de même que par l'art. premier de la sentence arbitralle de 961 C vingt cinq contre lequel led. seigneur Guivard de Watteville s'étant pourvu par relief, il fut déclaré non recevable par l'article treize et douze dud. arrêt de 961 C quarante, lesquelles exceptions et restrinctions sont si favorables au sujets, qu'il est comme impossible qu'ils se trouvent jamais dans le cas

d'aucunes des peines prescrites par lesd.art. premier, septieme,
huitieme et dixieme,

Qu'en effet led. art. six décide, « que les sujets de l'une et
» l'autre portion et partie ditte de Joux et Watteville qui
» absenteront leur seigneurie originelle pour trafiguer, servir,
» vicarier, ou pour quelques autres affaires qui ne sont pas
» permanantes, et natirent le domicile qu'ils avoient au tems
» de leur sortie de leur portion de seigneurie originelle ne
» sont tenus pour absens d'icelle, et joüiront de leur franchise
» tout ainsi que s'ils étoient actuellement habitans et résidans
» sur leur partie de portion de seigneurie originelle, et sans
» qu'à prétexte de telle absence leur seigneur puisse mettre
» ni asseoir sa main sur leurs héritages riere leurd. portion
» de seigneurie, pourvû qu'ils lui paient leurs droits, rede-
» vances et prestations ordinaires que les sujets de leur partie
» et portion de seigneurie ont accoutumé de payer annuelle-
» ment à leur seigneur, suivant laquelle restrinction les termes
» de franchises dont doivent joüir relativement aud. art. six
» ceux qui y sont compris, tout ainsi que s'ils étoient actuel-
» lement habitans et résidans sur leur partie de seigneurie
» originelle, confirmant tant à leur égard que de ceux qui ré-
» sident habituellement sur leurs parties, lesd. affranchisse-
» mens dans toute leur étenduë.

.Que l'article sept dont semble se prévaloir led. seigneur
comte de Watteville porte lui-même son exception, en ce que
lorsqu'il dit que les sujets qui ont quitté pour la toute leur portion de seigneurie originelle sont tenus pour absens ; il ajoute
tout de suite « n'étoit que pendant leur absence, ils fissent
» cultiver et labourer les héritages qu'ils auront laissé ricria-
» bles en payassent à leurd. seigneur les droits redevances et
» prestations ordinaires que les sujets de leur partie ou por-
» tion de seigneurie leur doivent annuellement, auquel cas le

» seigneur ne pourra mettre ni asseoir sa main, ni s'en apro-
» prier les fonds ni les fruits à prétexte de leur absence.

Que l'art. huit n'étant qu'une suite dud. art. sept, relatif
parconséquent à l'exception qu'il renferme, il ne peut avoir
son effet qu'à l'égard des non exceptés dans led. art. sept.

Que l'art. neuf qui regarde particulierement les sujets de la
partie de Watteville renferme à leur faveur une dérogation
formelle à tous les art. précédens en ce qu'il dispose que » les
» sujets, hommes, femmes, fils et filles de lad. portion de
» seigneurie ditte Watteville, mariés hors de leur partie et
» portion de seigneurie et en lieu franc, soit par leurs peres
» et meres ou autrement, sont et seront francs et leurs des-
» cendans, et doivent joüir de leurs biens assis riere leurd.
» partie et portion de seigneurie originelle, tout ainsi que
» s'ils étoient résidans riere icelle ; et en cas de mort, sera
» leur succession réglée comme elle est des gens de franche
» condition en ce païs » laquelle disposition est si claire et si
avantageuse aux sujets qui se trouvent dans le cas dud. art.
neuf, non seulement elle rend leur état absolument égal à celui des personnes de la plus franche condition ; mais elle leur
conserve de plus une habitation fictive dans leur portion de
seigneurie originelle qui leur donne à l'égard des successions
actives et passives les mêmes droits, priviléges et prérogati-
ves que s'ils résidoient actuellement et habituellement.

Que l'art. dix, en assujettissant les sujets de la partie de
Joux qui l'ont quittée et abandonnée, à ne pouvoir vendre,
aliener ni transporter leur bien assis riere icelle, à qui que
ce soit sans le consentement du seigneur ; non seulement
confirme par là le pouvoir illimité qu'ont les sujets de la partie
de Watteville, soit qu'ils l'ayent quittée et abandonnée ou
qu'ils y résident habituellement, de vendre et aliener, et à
plus forte raison hipotequer sans le consentement du seigneur

les biens qui peuvent leur apartenir sur l'une et l'autre partie au profit de qui bon leur semble, par la raison de ce que renferme une disposition propre et particuliere à quelqu'un, soit en sa faveur ou à son désavantage est toujours exclusif à celui qui ne s'y trouve pas formellement compris : mais il ajoûte de plus par une exception formelle en faveur des sujets de la partie de Joux que « bien les habitans et residans en » icelle les peuvent aliener et transporter au profit de ceux » qui seront résidans riere leud. portion de seigneurie et non » d'autres ; ce qui doit s'entendre également des sujets de » lad. portion de Joux qui l'ayant quittée pour la toute, font » cultiver les hérittages qu'ils ont laissé riere icelle, et paient » à leur seigneur les droits, redevances et prestations ordi- » naires, que les sujets de leurd. partie et portion de seigneurie » leur doivent annuellement » attendu que suivant l'art. sept auquel led. art. dix n'est que relatif, ils ne sont point tenus dans ce cas pour absens de leur partie, et qu'ils doivent par conséquent jouir des mêmes priviléges et franchises que les sujets de lad. partie habitans et residans riere icelle.

Que l'art. onze porte « que les sujets de l'une et de l'autre » portion desd. seigneurs peuvent hipotequer et assigner au » profit des femmes qu'ils prennent hors de leur seigneurie » originelle sur les biens qu'ils ont, auront et acquereroient » riere icelle les deniers dotaux qu'ils reçoivent de leursd. » femmes ; pour par icelles la mort de leurs maris avienne, » leurs enfants et héritiers joüir desd. hypotèques et assi- » gnaux, tandisqu'elles, leurs hoirs et héritiers resideront » riere la seigneurie originelle de leurs maris trépassés et » non autrement » suivant lequel art. il est évident, que non seulement les femmes sont exceptées de la disposition desd. art. premier, sept, huit et dixieme ; mais encore leurs héritiers, puisqu'ils sont eux-mêmes obligés, suivant cet art. onze de venir résider hors de leur patrie originelle pour pouvoir jouir des assignaux des femmes ausqu'elles ils succèdent ; d'où s'est conservé le proverbe ancien dans le lieu de Foncine et les Planches : Watteville reprend sur Joux, et Joux sur Watteville ; privilege qu'on n'a pas sans doute accordé ausd. femmes et à leurs héritiers sous une condition aussi odieuse que celle de devenir mainmortable en quittant leur patrie originelle pour aller résider sur l'autre ; et comme il arriveroit suivant les art. premier et sept, s'il le faisoient dans toute autre circonstance, hors le cas toutes fois desd. exceptions.

Qu'il ne faut pas d'ailleurs tirer de leur objet lesd. art. premier, sept, huit et dix, lesquels ne regardent que les sujets qui s'y trouvent compris, ne sont aucunement intéressant pour les autres ; c'est-à-dire pour les habitants de Foncine et les Planches qui résident habituellement dans le lieu : si vrai que l'aveu même dudit seigneur comte de Watteville, ils sont francs à tous égards, tandis qu'ils ne tombent pas dans le cas desd. quatre articles.

Enfin qu'il s'en faut bien que lesd. art. premier, sept, huit et dix ne soient aussi gênans aux habitans de Foncine et les Planches que led. seigneur comte de Watteville pourroit le penser, en ce que ; si les franchises des sujets de l'une et l'autre partie se trouvent limitées par lesd. quatre art. à l'égard de ceux qui tombent dans le cas qu'ils renferment, ce n'est que par un effet suspensif et non irrévocable, puisqu'ils ont la faculté de reprendre quant bon leur semblera leur premier état de franche condition sans autres formalités que de retourner resider sur leur partie originelle, suivant l'article premier de lad. sentence arbitrale de mil six cent vingt cinq expressément confirmée par le dernier article de l'arrêt de 961 C quarante, lequel article premier de lad. sentence porte.

» Que tous les sujets dud. Foncine tant de l'une que de

» l'autre desd. parties de Joux et Watteville qui se seront ab-
» sentés et habitués hors de leur seigneurie originelle, pour-
» ront retourner en icelle, et y prenant nouveau domicile re-
» couvrer leurs premieres franchises, lequel nouveau domicile ils seront tenus et réputés avoir pris dûment et sans
fraude lors qu'ils auront fait en icelle leur actuelle residence
par six mois entiers avec intention d'y demeurer, précaution
si connue et d'un usage si constant dans le lieu de Foncine et
les Planches qu'il n'y a personne qui ayant quitté et abandonné
sa partie, soit pour aller resider sur l'autre, soit pour se domicilier en d'autres seigneuries et se voyant en danger de
tomber dans le cas de l'article huit de l'arrêt, omette ou ne-
glige de profiter de ce privilège.

Qu'à l'égard de l'article cinq, loin qu'il soit aussi défavorable au sujet de l'une ou de l'autre partie qu'il le paroit au premier coup d'œil, il est au contraire tout à leur avantage pour
plusieurs raisons.

En premier lieu parce que les sujets qui possedent des
héritages qui sont dans le cas dud. article cinq, c'est-à-dire
d'une autre partie que celle desd. sujets, peuvent aux termes
de l'article deux en disposer entrevifs au profit de qui bon
leur semblera résidant riére leurd. partie ou non, tandis qu'ils
ne le peuvent de leurs héritages assis riére leur portion de
seigneurie originelle, sinon au profit de ceux de la même
partie habitant et residant riére icelle, de sorte que cet article
deux donne aux dispositions entrevifs dans le lieu de Foncine
et les Planches beaucoup plus d'étenduë à l'égard des héritages qui sont dans le cas dud. art. cinq, qu'à l'égard de ceux
que les sujets possedent dans leur partie, et qui ne sont pas
dans le cas dud. article.

Et bien qu'il semble que led. article deux, en laissant aux
sujets de l'un et l'autre partie la liberté de disposer entrevifs

au profit de qui bon leur semblera des héritages assis hors de leur portion de seigneurie originelle, ne puisse pas avoir pour objet les héritages tombés dans le cas dud. article cinq, il est certain au contraire qu'il ne peut être entendu que de ceux-là, puis qu'en effet ce ne peut être des héritages que les sujets possedent sur leur partie, dès que led. article deux les excepte formellement, que ce ne peut pas être non plus des héritages de franche condition situés dans une autre seigneurie, puis qu'il seroit ridicule de penser que cet article deux n'auroit entendu permettre aux sujets de l'une et l'autre partie que ce qui n'est défendu à qui que ce soit franc ou main-mortable, et que ce peut encore bien moins être des héritages de condition de main morte dépendant d'une seigneurie étrangère, puisque ce seroit bien infructueusement que led. article deux auroit voulu accorder aux sujets de la baronnie de Foncine des droits et des priviléges tels qu'ils puissent être au préjudice d'autres seigneurs ; d'où il suit qu'à moins de vouloir rendre illusoire la disposition dud. article deux, en ce qui concerne les héritages que les sujets possédent hors de leur partie, on ne peut l'entendre ni le concilier avec led. article cinq autrement que de la manière dont on vient de l'expliquer.

En deuxième lieu, parce que l'article trois qui concerne les successions par dernières volontés laissant aux sujets de l'une et l'autre partie la liberté de disposer au profit de ceux de leur même partie y résidant, de leur bien de quelques sortes et espèces qu'ils soient et en quelque part qu'ils soient assis, comprend sans contredit les héritages qui sont dans le cas dud. Article cinq, dès que led. article trois ne les accepte pas.

En troisième lieu, parce qu'il en est dit de même à l'égard des successions *ab intestat,* suivant l'article quatre.

A quoi ajoûtant, que comme suivant la coûtume générale de la province de Franche-Comté au titre de la main-morte, on

ne peut disposer par dernières volontés de ses fonds main-
mortables, sinon en faveur de personnes communières, et qu'il
faut aussi être communier du deffunt pour pouvoir lui succeder *ab intestat,* au lieu que dans l'une et l'autre desd. parties
de Joux et de Watteville, cette communion n'est jamais re-
quise entre les sujets, et qu'on peut succeder soit par dernière volonté ou *ab intestat* dans toutes sortes de biens, et
conséquemment dans ceux qui sont dans le cas dud. article
cinq, pourvû qu'on soit de la même partie que le défunt habitant et residant riére icelle au tems que la succession sera
ouverte et devoluë, suivant lesd. art. trois et quatre; il est
évident que les termes de première nature de main-morte in-
serés dans led. art. cinq ne furent jamais entendus d'une
main-morte telle que la main-morte coûtumière de la province,
mais seulement d'un simple droit de révendication réservé
premièrement par le seigneur Henry de Quart dans l'affranchissement qu'il fit des sujets de sa directe apresent partie de
Joux, pour empêcher que les héritages dépendant de ladite
partie venant à passer par alienation à des sujets de la partie
de Chauvirey, aujourd'hui Watteville qui restoient main-mortables, ne fissent echûte, le cas arrivant, aud. seigneur de
Chauvirey, lequel pour user de répresailles envers le seigneur
de Quart, réserver le même droit dans l'affranchissement qu'il
fit aussi de ses sujets environ soixante ans après.

Qu'un autre motif de lad. réserve faite par lesd. seigneurs,
fut de pouvoir reconnaître dans tous les tems leurs sujets, et
les fonds dépendant de leur directe, et de prevenir par là la
confusion qui auroit pû s'en faire; précaution qui paroissoit
indispensable pour lors dans le lieu de Foncine et les Planches
ou les héritages dépendant de l'une et l'autre partie sont presque tous pêle mêle, si vrai qu'il y en a même de très petite
contenance aussi bien que des maisons qui se trouvent pour

une portion plus ou moins grande de la partie de Joux, et pour le surplus de celle de Watteville; précaution devenuë par conséquent comme inutile depuis la réunion des deux parties dans la maison de Watteville sous le titre de baronnie de Foncine.

Que toutes fois quant on suposeroit que la disposition de l'article cinq assujettiroit les fonds qui tomberoient dans le cas de cet article à une main-morte absoluë, il seroit toujours vrai de dire que cet article n'étant que relatif à l'article premier, de même que les sujets qui après avoir quitté leur partie de seigneurie originelle pour aller se domicilier sur l'autre, et qui se trouveroient par là dans le cas desd. art. 1. et septieme de l'arrêt de 961 C quarante pourroient recouvrer leurs premières franchises en retournant y demeurer quant bon leur semble aux termes de l'article premier de la sentence arbitrale de 961 C vingt cinq, de même aussi les héritages qui seroient tombés dans le cas dud. article cinq, rentreroient de plein droit dans leur nature de franche condition dès qu'ils repasseroient à des sujets de la partie dont ils étoient avant leur aliénation à des sujets de l'autre.

Enfin que tout ce que led. article cinq, prit même dans la plus grande rigueur, put être profitable aux seigneurs barons de Foncine, il leur seroit au contraire d'un très-grand préjudice, en ce que si d'un coté les sujets se trouvoient gênés par led. art. cinq dans l'aliénation de leurs biens, il arriveroit d'autre coté que les mutations desd. biens de partie deviendroient beaucoup moins fréquentes par la difficulté de trouver des personnes qui voulussent acquerir autrement qu'à vil prix des fonds qu'il faudroit qu'ils tinssent en nature de main-morte; ce qui opererait évidemment dans le produit des lots une diminution considerable, et conséquemment très-préjudiciables ausd. seigneurs.

Qu'il suit de ce qu'on vient de dire sur led. art. cinq, que les art. deux, trois et quatre sont absolument étrangers aux seigneurs barons de Foncine, et regardent uniquement les sujets entr'eux, sans que lesd. seigneurs puissent s'en prévaloir en aucun cas, pour empêcher leurs sujets de l'une et l'autre partie ou de disposer de leurs biens, soit entrevifs, soit par derniere volonté, ou de receüillir toutes sortes de successions *ab intestat;* puisqu'en effet ledit art. deux leur donne la liberté de disposer entrevifs de leurs meubles et de leurs héritages assis de leur partie au profit de qui bon leur semble ; qu'à l'égard des héritages situés riere leurd. partie, ils peuvent aussi en disposer entrevifs en faveur de ceux de leur même partie y résidant, et qu'en ce qui concerne les successions, les art. trois et quatre reglent qu'il suffit d'être de la même partie que ceux qui seront décédés, et d'y être résidant au tems que la succession sera ouverte et dévoluë pour leur pouvoir succéder, soit par dernière volonté ou *ab intestat,* dans quelques sortes et espèces de biens que ce puisse être et en quelque part qu'ils soient assis, résidence à laquelle ne sont pas même contraints ceux qui se trouvent dans le cas de l'article neuf, lequel par une exception formelle ausd. art. trois et quatre remet à leur égard comme on l'a observé ci-devant l'ordre des successions sous la disposition de droit commun gardé entre gens de franche condition.

De manière que si led. article deux ne laisse pas aux sujets de l'une et l'autre partie une pleine et entiére liberté dans la disposition entrevifs de leurs héritages assis riére leur portion de seigneurie originelle, si l'article trois leur prescrit des regles particulieres dans la disposition de leurs biens par derniere volonté, et si l'article quatre interverti à leur égard l'ordre des successions *ab intestat,* c'est une gêne à la vérité qu'ils ne peuvent dissimuler et dont ils connoissent tout le désagrément, mais outre qu'elle n'est pas à beaucoup près aussi grande que le seigneur de Watteville pourroit se le persuader, il est certain qu'elle ne peut lui être profitable en aucun cas, puis qu'en effet ; à l'égard dud. article deux, cette gêne qui ne s'étend point au-de-là desd. héritages que les sujets possédent sur leur partie de seigneurie originelle, ne donne pas aux seigneurs baron de Foncine le droit de s'opposer aux dispositions entrevifs que les sujets feroient contre la prohibition dud. art. deux, de leurs héritages assis riére leurd. partie de seigneurie originelle, à autres que ceux de la même partie, et il n'y auroit que les héritiers ou testamentaires ou *ab intestat* de ceux qui auroient faits de semblables dispositions, qui pussent les revendiquer ces héritages, de la même maniere qu'un héritier substitué auroit le droit de rentrer dans des biens aliénés au préjudice d'une substitution faite en sa faveur : qu'à l'égard dud. art. trois, s'il renferme aussi une prohibition aux sujets de l'une et l'autre partie de disposer par derniere volonté de leurs biens, de quelque sorte qu'ils soient, en quelque part qu'ils soient assis, sauf au profit des sujets de leur même partie et portion de seigneurie, habitant et résidant riére icelle, ils peuvent du moins se choisir dans leur partie, des héritiers tels que bon leur semble, sans que les seigneurs barons de Foncine puissent non plus y apporter le moindre obstacle ; et qu'en ce qui concerne l'art. quatre, il emporte à l'égard desd. seigneurs une exclusion absoluë dans toutes sortes de successious *ab intestat* en faveur des héritiers présomptifs de la même partie que le deffunt, habitant et résidant riére icelle au tems de sa mort, à quelque degré de parentée que lesd. héritiers puissent se trouver ; d'où il suit que lesd. trois articles sont, comme on l'a dit, absolument étrangers et indifférents ausd. seigneurs baron de Foncine.

Enfin qu'il pourroit se faire aussi que lesd. affranchissemens, sentence et arrêts ne fussent pas entierement exempts
de contrarieté et d'obscurité, auquel cas les interprétations
qu'on pourroit y donner devroient toujours être en faveur des
sujets, par la raison que la liberté qu'ils reclament, étant une
chose inestimable, elle doit l'emporter sur toutes autres con-
sidérations.

Sur toutes lesquelles difficultés et prétentions respectives
plus amplement discutées dans les memoires des parties, led.
seigneur comte de Watteville, après avoir fait examiner lesd.
actes d'affranchissemens, de même que lesd. sentences et
arrêts, et s'être fait rendre comte du tout, a bien voulu manifester ses intentions ausd. habitans de Foncine et les Planches
ses sujets, en leur proposant pour lever toute occasion de
procès et de difficulté à l'avenir, de desceder réciproquément
par une transaction qu'ils passeroient ensemble, de toutes
clauses et réserves inserées dans lesd. actes d'affranchissemens, sentences et arrêts, moyennant une redevance seigneuriale de la somme de trois cent livres paiable par lesd.
habitans et communauté de Foncine et les Planches, aud. seigneur comte de Watteville et à ses successeurs baron de Foncine, leurs receveur ou fermier dans le onze novembre de
chaque année, outre quoi ils paieroient aud. seigneur comte
de Watteville pour une fois seulement, la somme de douze
cent livres lors de la passation dud. traité, au moyen de quoi
led. seigneur pour lui et ses successeurs barons de Foncine,
consentiroit que lesd. sujets de l'une ou de l'autre partie, tous
ceux qui sont actuellement habitans ou résidans dans ladite
communauté de Foncine et les Planches, que ceux qui sont ou
peuvent être établis ailleurs, pourvû que ce soit en lieu franc,
de même que leur postérité, née et à naître, et tous les biens
fonds de l'une et l'autre partie, fussent à l'avenir indictincte-

ment, et sans avoir égard à la diférance qui peut se trouver entre les personnes et entre les biens desd. deux parties, à compter du jour que led. traité seroit passé. Tous demeurent libres et franche condition à tous égards, et telle qu'en joüissent les francs bourgeois et sujets de Sa Majesté, sans restriction ni modification, en renonçant tant de la part dud. seigneur que de ses sujets, à toutes clauses et réserves qui pourroient être insérées au contraire dans lesd. actes d'affranchissemens, sentences et arrêts.

Sur lesquelles propositions lesd. habitants et communauté de Foncine et les Planches après avoir sur le tout murément délibéré, ont unanimement reconnu que quelque onéreux que soit pour eux le paiement de lad. redevance annuelle de trois cent livres, il leur étoit encore moins désavantageux d'accepter ce parti que d'entrer en procès avec led. seigneur comte de Watteville, pour faire prononcer sur toutes les difficultés et prétentions respectives, sur tout dès qu'il vouloit bien sé porter aussi gracieusement qu'il offroit de le faire, à les terminer amiablement par un accommodement également intéressant pour les uns et pour les autres, et auquel il eu peut être fallû en venir, après avoir fait les frais d'un procès toujours trés couteux, et dont l'evenement scrait incertain.

Et pour y donner effet, led. seigneur comte de Watteville et le sieur Monnier au nom de lad. communauté de Foncine et les Planches, et en vertu de lad. procuration, ont sur le tout traité, transigé et fait les accords qui suivent.

C'est à sçavoir, que moyennant le cens seigneurial, foncier, annuel, perpétuel, indivisible, irredimable de la somme de trois cent livres que les habitans et communauté de Foncine et les Planches paieront ainsi que le Sr Monnier aud. nom les y oblige, aud. seigneur comte de Watteville et à ses succes-

séurs baron de Foncine leurs receveur ou fermier dans le onzième novembre de chaque année, sans requisition.

Led. seigneur pour lui, ses hoirs, successeurs et ayans
cause, a consenti et consent par ces présentes, que lesd. sujets de l'une et l'autre partie de Joux et Watteville, tant
ceux qui sont actuellement habitans et résidans dans lesd.
communautés de Foncine et les Planches que ceux qui sont et
peuvent être établi ailleurs (pourvû que ce soit en lieu franc)
de même que leur postérité née et à naître et tous les biens
fonds desd. deux parties, soient à l'avenir indistinctement, et
sans avoir égard à la diférance qui pourroit se trouver entre
les personnes et entre les biens desd. parties à compter de ce
jourd'hui, tous demeurent libres et franche condition à tous
égards et telle qu'en joüissent ou doivent joüir les francs bourgeois et sujets de Sa Majesté sans distinction ni modification,
renonçant respectivement à chacun à son égard par la présente
transaction à toutes clauses et réserves qui pourroient être inserées au contraire dans lesd. actes d'affranchissemens faits
en treize cent soixante douze et en quatorze cent trente un,
de même que dans lesd. sentences de mil six cent vingt cinq,
et arrêts de mil six cent quarante ; consentant qu'elles demeurent pour toujours éteintes, suprimées nulles et de nul effet,
sans quelles puissent être aposées en aucun cas ni sous aucun
préfexte, soit par lesd. seigneurs à leurs sujets, soit par ceux-
ci à leursd. seigneurs, et sans que lesd. habitans puissent s'en
prévaloir eux-mêmes les uns contre les autres, en telle sorte
que lesd. affranchissemens que led. seigneur comte de Watteville confirme, aprouve et ratifie en tant que de besoin par
ces présentes relativement à ce que dessus et moiennant la
redevance annuelle de trois cent livres, auront la même force
et effet que s'ils avoient été faits purement et simplement et
absolument ; bien entendu que lesd. habitans et communauté

suporteront à l'entier apaisement dud. seigneur comte de Watteville, généralement tous les frais faits et à faire pour l'exécution du présent traité, sous quelque dénomination qu'ils puissent être faits, sans que led. seigneur comte de Watteville en puisse être recherché sous quelque prétexte que ce soit; outre quoi lesd. habitans et communauté par le fait dud. sieur Monnier ont ici payés comptant, réellement et de fait aud. seigneur la somme de douze cent livres par forme d'étrennes et sans tirer à conséquence, le tout sans attoucher aux lots dûs aux sixieme par les acquereurs des fonds qui se vendent et alienent dans l'une et l'autre partie, non plus qu'aux droits de retenuë ou de retrait seigneurial apartenant aud. seigneur, lesquels droits de lods et de retenuë, de même que la dîme et les petits cens et droits de banvin, de levées et autres dûs aud. seigneur dans toute l'étenduë de lad. communauté de Foncine et les Planches, lui demeureront réservés pour en joüir comme du passé.

Toutes lesquelles clauses et conditions seront regardées tant de la part dud. seigneur que de celle de sesd. sujets comme indivisibles, en faisant partie de la présente transaction.

Car ainsi a été convenu entre lesd. parties, lesquelles pour l'exécution des présentes et dépendances ont élu leurs domiciles irrévocables en cette ville de Paris ès hôtel et maison où elles sont demeurantes et logées, ausquels lieux non obstant promettant, obligeant led. sieur Monnier aud. nom, renonçeant. Fait et passé à Paris en l'hôtel dud. seigneur comte de Watteville, le sixieme jour de décembre après midi l'an mil sept cent cinquante six, et ont signés la minutte des présentes demeurée à M. DUPRE' L. l'un des notaires soussignés.

Suit la teneur desd. procuration et requête.

Comme il soit que la baronnie de Foncine appartenant à haut et puissant seigneur messire Maximilien-Emanuël de Watteville des comtes d'Altof, marquis de Conflans, baron et seigneur de Chateauvillain, comte de Bussolin etc. composée de deux seigneuries, l'une appelée la partie de Joux et l'autre la partie de Watteville, formant ensemble toute la communauté de Foncine et les Planches, ait été affranchie de la macule de main-morte réelle et perpétuelle dont elle étoit anciennement affectée, sçavoir : la partie de Joux par Henry seigneur de Quart et de Chatelvilain en partie, le dix huit juillet treize cent soixante douze, et celle de Watteville par Pierre de Chauvirey aussi seigneur de Chatelvilain en partie, les huit octobre et sept novembre quatorze cent trente un.

Que non obstant ces actes d'affranchissemens, plusieurs difficultés n'ayent pas laissé de s'élever entre les seigneurs baron de Foncine et les sujets de l'une et l'autre partie à l'occasion de certaines clauses et réserves eventuelles inserées èsd. actes, suivant lesquelles lesd. seigneurs prétendoient qu'en certain cas les biens de leursd. sujets décédés sans enfans n'y autres communiers, devoient leur revenir comme étant retombés dans leur ancienne macule de main-morte, au contraire de quoi lesd. sujets soutenoient que c'étoit de la part desd. seigneurs vouloir détruire les franchises accordées par leurs auteurs aux sujets de l'une et l'autre partie, ou du moins donner ausd. réserves une extention forcée et directement oposée ausd. actes d'affranchissemens que de former de semblables prétentions ; sur lesquelles difficultés seroit intervenus plusieurs jugemens et arrêts rendus au parlement de Dole le vingt quatre novembre 961 C quarante entre lesd. habitans de Foncine ès partie de Joux et Watteville, demandeurs d'une part, et Guerad de Joux dit de Watteville défendeur d'autre, en interprétation desd. affranchissemens, et d'une sentence arbitrale renduë entre les mêmes le vingt décembre 961 C vingt cinq, contre laquelle led. seigneur s'étoit pourvû comme il en conste par led. arrêt d'interprétation.

Enfin que cet arrêt qui devoit servir de regle à l'avenir entre les seigneurs et leurs sujets, avoit été si mal entendu qu'il n'avoit rien moins que prévenû les contestations qui avoîent donné lieu ; si vrai qu'il s'est successivement glissé dès lors plusieurs abus très-préjudiciables aux sujets, et en particulier celui de faire inserer dans les ventes, échanges et autres aliénations qui se font par les sujets de l'une et l'autre desd. parties de Joux et de Watteville des fonds qui en dépendent, que ces fonds sont de condition de mainmorte, le cas arrivant; énonciation qui n'étoit pas comme avant led. arrêt de mil six cent quarante ni même long tems après, et qui n'étant usitée que dans les aliénations des biens qui sont de condition de main-morte suivant la coûtume générale de la province, ne laisse aucune diférence entre ces sortes de biens main-mortables et ceux desd. parties de Joux et de Watteville, ce qui rendroit illusoire par la suite des tems lesd. actes d'affranchissemens ; sur tous lesquels objets lesd. habitans de Foncine et les Planches de l'une et l'autre partie auroient porté leurs plaintes aud. seigneur comte de Watteville, en le priant de vouloir bien donner ses ordres pour que ses sujets ne fussent plus troublés par la suite dans leurs droits, et prévenir par là les mesures indispensables qu'ils seroient forcés de prendre pour se les conserver.

A quoi led. seigneur ayant bien voulu entendre, et après avoir fait examiner lesd. actes d'affranchissemens de même que lesd. sentences et arrêts et s'être fait rendre compte du tout, il a eu la bonté de manifester ses intentions ausd. habitans et communauté de Foncine et les Planches ses sujets en leur proposant pour lever toute occasion de procès et de difficultés à l'avenir, de disceder respectivement par une transaction qu'ils passeroient ensemble de toutes clauses et réserves inserées dans lesd. actes d'affranchissemens ; sentences et arrêts, moyennant une redevance seigneuriale, fonciere, annuelle, perpétuelle, indivisible et irrédimable de la somme de trois cent livres payable aud. seigneur comte de Watteville et à ses successeurs baron de Foncine, leurs receveur ou fermier dans le onzième novembre de chaque année, outre quoi ils payeront aud. seigneur comte de Watteville pour une fois seulement la somme de douze cent livres lors de la passation dud. traité à faire, au moyen de quoi ledit seigneur pour lui et ses successeurs barons de Foncine consentiroit que lesd. sujets, tant ceux qui sont actuellement habitans et résidans dans lad. communauté de Foncine et les Planches que ceux qui sont absens et peuvent être établis ailleurs pourvû que ce soit en lieu franc, de même que la postérité née et à naitre des uns et des autres et tous les biens fonds situés sur l'une et l'autre partie, fussent à l'avenir indistinctement et sans avoir égard à la diférance qui peut se trouver entre les personnes et les biens desd. deux parties, à commencer dès le jour que led. traité seroit passé, tous de même libre et franche condition à tous égards, et telle qu'en jouissent les francs bourgeois et sujets de Sa Majesté sans restriction ni limitation en renonçeant, tant de la part dud. seigneur que de sesd. sujets à toutes clauses et réserves qui pourroient être inserées au contraire dans lesd. actes d'affranchissemens, sentences et arrêts ; lesquelles réserves demeureront pour toujours éteintes, suprimées, nulles, et de nul effet sans qu'elles puissent être opposées en aucun cas ni sous aucun prétexte, soit par lesd. seigneurs ausd. habitans, soit par ceux-ci à leursd. seigneurs, et sans que lesd. habitans puissent s'en prévaloir eux-mêmes les uns contre les autres, de manierc que lesd. affranchissemens que led. seigneur comte de Watteville pour lui et les seigneurs ses successeurs confirmeroit, ratifieroit et aprouveroit au besoin relativement à ce que dessus au moyen de lad. redevance annuelle de trois cent livres, auroient la même force et le même suport que s'ils avoient été fait purement, simplement et absolument, bien entendu que les habitans et communauté des Planches suporteront à l'entier apaisement dud. seigneur comte de Watteville généralement tous les frais à faire pour parvenir à l'exécution et perfection dud. traité, sous quelque prétexte que lesd. frais puissent être fait ; en telle sorte que led. seigneur ni ses successeurs n'en soient ni puissent être recherchés pour quelque somme ni à quelque occasion que ce puisse être ; toutes lesquelles clauses et conditions seront regardées, tant de la part dud. seigneur que de celle desd. habitans et communauté de Foncine et les Planches comme indivisible et faisant partie du traité à passer, le tout sans attoucher aux lods dûs au sixieme par les acquereurs des fonds vendûs et aliénés dans l'une et l'autre partie non plus qu'aux droits de retenuë ou de retrait seigneurial apartenant ausd. seigneurs, lesquels droits de lods et de retenuë de même que la dîme et les petits cens, droit de banvin, levées, et autres dûs aud. seigneur, leur demeureront réservés comme du passé, à moins que led. seigneur comte de Watteville ne trouve bon d'aboner à perpétuité avec lesd. habitans lad. dîme et lesd. cens, moyennant la somme de huit cent soixante seize livres, pour laquelle le tout est actuellement aboné par les fermiers dud. seigneur, par acte passé pour le tems de leur ferme, devant Gerrenet et le notaire soussigné, le trois juillet 961 C cinquante trois contrôlé à Foncine le lendemain.

Sur lesquelles propositions lesd. habitans et communauté, après avoir sur le tout mûrement délibérés, ont unanimement reconnu que quelque onereux que soit pour eux le payement de lad. redevance annuelle de trois cens livres, il leur étoit encore moins désavantageux d'accepter ce parti que d'entrer en procès avec led. seigneur pour faire prononcer sur toutes lesd. difficultés et prétentions respectives, sur tout dès qu'il vouloit bien se porter aussi gratieusement qu'il offroit de le faire à les terminer amiablement par un accommodement également interessant pour les uns et pour les autres, et auquel il eut peut être fallu en venir, après avoir soutenu les frais d'un procès toujours très couteux et dont l'evenement seroit incertain.

Et pour donner effet à l'acceptation qu'ils font desd. propositions ci-devant décrites, il a été résolu par lesd. habitans et communauté de Foncine et les Planches, de donner à quelqu'uns d'entr'eux une procuration pour agir et comparoir pour eux en tous jugemens, et déhors défendre, excuser et représenter leurs personnes, élire domicile et spécialement pour en leur nom de même qu'en celui des autres sujets de l'une et l'autre partie établis et domiciliés hors lad. communauté de Foncine et les Planches et en lieu franc, convenir, tailler et transiger avec led. seigneur comte de Watteville de tout ce que dessus et ausd. conditions, avec pouvoir de faire préalablement autoriser, et homologuer la présente délibération par le seigneur intendant de Franche Comté et obtenir de lui la permission de faire jêt et repartement sur tous lesd. sujets résidant et non résidant à propoction de leurs biens fonds situés dans lad. communauté, seulement jusqu'à concurrence des sommes qu'il conviendra employer aux frais dud. traité à passer jusqu'à l'entiere perfection.

Comme aussi de substituer au même effet, circonstances et dépendances un ou plusieurs Procureurs, s'il le trouve bon, lesquels et chacun d'eux auront même pouvoir que dessus, sans qu'il soit besoin d'autre mandat plus spécial que les présentes ; sous promesse de relever les uns et les autres de toutes charges, pour à quoi parvenir.

PAR DEVANT LE NOTAIRE ROYAL et en présence des témoins soussignés ont comparu sur la place publique de Foncine le Haut, même au son de la cloche comme en tel cas est accoûtumé, ce jourd'hui vingt cinq février mil sept cens cinquante six après midy, et se sont assemblés les habitans de lad. communauté de Foncine et les Planches, sçavoir Bonaventure Michoudet, Antoine Joseph Fremey, Badoz et Pierre Joseph Junet les trois commis en exercice en lad. communauté, Claude Joseph Petetin, maitre tailleur, Pierre Angelique Fremey, Dumoulin Marchand C., Joseph Fumey Badoz et Claude Pierre Michoudet le jeune, les quatre echevins en exercice en lad. communauté, le Sr. Claude Joseph Monnier pretre chapelain aud. Foncine, le S. Chare Benier pretre vicaire aud. lieu pour et au nom de son neveu, le sieur Athanase Oudet pretre, le sieur Antoine Monier des Planches marchand, le sieur Basile Monier des Planches avocat en parlement, le sieur Claude Emanuel Oudet des Planches marchand, le sieur Alexis Monier aussi des Planches marchand, le sieur Joseph Perrenet dud. lieu de Foncine, notre royal controlleur pour le roy, le sieur Claude Joseph Guyon maître chirurgien, Augustin Villenot, Alexis Berthet, Jule Munier marchand, Claude Joseph Fumey, Humbert tanneur, Pierre et Alexandre Doudier, Claude Alexis Perard horloger en petit volume, Jacques Fumey, Antoine Hipolite Fumey horloger, Claude Estienne Poux, Claude Joseph Jannin, Jean Aulide l'aîné horloger, Alexis Bourgeois,

Claude Henri Poux tailleur de pierre, Claude Joseph Rutillet,
le sieur Theodore Junet bas officier, Denis Berthret sergent
en la justice dud. Foncine, Claude Joseph Junet menuisier,
Fereol Doudier, N. J. Jobart c. p., Fumey Melan, Ligier Jan-
nin, J. Junet, Joseph Landry, François J. Junet horloger,
Jean Baptiste Fumey, Pierre André Vuillaume, Antoine Oudet,
Laurent Joseph Lame horloger, Alexandre Roz, Claude An-
toine Cordier, Alexis Couronné Petetin horloger, Agathange
Junet, Joseph Michaud, Joseph Estevenin, Claude Sauvonet,
Guillaume Henry Fuméy Badoz, Ambroise Berthret, Guillaume
Simon Petetin, Claude Henry Fumey Badoz, Jean Pierre Junet,
Jaque Henry Junet, Jean Joseph Junet, Claude Joseph Junet,
Charlotte Junet veuve Mayet, Alexis Willaume, Jacques Jan-
nin, Jean Baptiste Junet, Pierre Joseph Jannin, Claude Leger
Febure, Claude Philipe Monier, Joseph Alexandre Griffon,
maître horloger, Antoine Fevre, Claude Joseph Fumez, Jean
Baptiste Jobard, Ambroise Berthet, Claude Simon Jeunet,
Claude Angelique Poux, marechal, Claude Joseph Estevenin, .
Nicolas Junet, Richard Joseph Fumez Badoz, Claude Joseph
Fumez, Humbert Antoine Fumez Badoz, Jean Baptiste Fevre,
Isidore Jannin, Leger Pernet, Jean Claude Michaud, dame
Roze Monnier veuve du sieur Claude Joseph Jacquin, tans en
son nom que des enfants de deffunte dame Jeanne Françoise
Jacquin sa fille, épouse du sieur Deni Joseph Morand, de Be-
sançon, avocat en Parlement, A. J. Jannin, Claude Joseph
Petetin, A. Jannin marechal, Couronné Junet , Jean Noel
Jannin horloger, Alexandre Fumey, Humbert Claude Domini-
que Griffon, Agathange Sauvonet, Claude Ligier Monier, Be-
noit François Joseph Fumey, Dupoux Ambroise Jannin,
Pierre Joseph Junet, Richard Joseph Monnier, Benoit Jean-
Baptiste Jacquin, Pierre Sauvonet, Alexandre Wuillaume,
Pierre François Petetin, Jean Joseph Petetin, Ambroise Joseph

Chevaux, Joseph Bruillard, Michel Janin, Gerard Claude Joseph Bourgeois, Richard Joseph Junet, Ambroise Monnier Benoit, Eloy Monnier Benoit, Claude Alexandre Fumez, Pierre Alexandre Michaud, Ambroise Rose, Jean Joseph Fumez, Dumoulin Jean Pierre, Michaud Alexis, Fumey Humbert, Claude Junet, Claude Joseph Thomas Sauvonet horloger, Joseph Raphael Griffon horloger, Claude Henri Petetin, Richard Joseph Dahier, Claude Leger Vuillaume horloger, Claude Henry Fumey, Ignace Dufuy, Claude Estienne Petetin horloger, Claude Alexis Fumey, Pierre François Lamis, François Joseph Perrenet horloger, Jean Pierre Fevre, Claude Alexandre Badoz, Alexis Couronné Bourgeois, Jean Claude Badoz, Pierre Alexandre Fumez, Claude Joseph Janin Maçon, Claude Joseph Jannin, Alexis Petetin, Jean Crispin Junet, Jean Baptiste Michoudet, Guillaume Antoine Ethevenin, Claude Leger Jacquin, Pierre Alexandre Badoz, Griffon Claude, Angelique Badoz, Claude Alexandre Fumey Badoz, Jean Baptiste Petetin, Alexis Pernet, Fortuné Perenet, Antoine Joseph Petetin, Pierre Charles Munier, Isidore Daclin, Claude Alexis Perenet, Eloi Junet horloger, Honoré Petetin, Agathange Badoz Griffon, Jean Joseph Petetin, Claude François Jannin, Richard Petetin, Claude Alexis Petetin, Joseph Junet, Ladoy Guerard Berthet, Claude Nicolas Junet, Jean François Michaud horloger, Claude Pierre Badoz, Pierre Joseph Junet, Claude Joseph Bourgeois, Jean Antoine Junet, Claude Joseph Junet, Isidore Jannin, Pierre Joseph Vuillaume, François-Joseph Berthet, Alexandre Petetin, Joseph Junet, Claude Joseph Petetin, Isidore Jacquin, Claude Pierre Vuillaume, Claude Angelique Junet, C. Nicolas Rutillet, Jean Estienne Monnier, Benoit Joseph Jannin, Claude Joseph Fumey, Ladoy Basile, Fumey Humbert maitre horloger, Claude Dominique Doudier, Jean Pierre Jacquin, Pierre Simon

Bourgeois maître horloger, Pierre François Lame horloger, Claude Estienne Pernet, Jean Baptiste Monnier, Benoist Alexis Jannin, Jean Pierre Junet horloger, Claude Joseph Fumey Badoz, Joseph Claude Petetin, Pierre Joseph Junet, Claude Henri Junet et Claude Ambroise Petetin tous soussignés et Jean Baptiste Junet, Claude Pierre Fumey, Siclet Alexandre Petetin, Antoine François Hugon, Emanuelle Roz, Claude Joseph Junet, Mancy Isidore Roz, Augustin Joseph Morelle, C. F. J. Junet, F. et J. Baptiste Poux Moine, J. Pierre Estevenin, Jean Baptiste Badoz, Michel Claude Joseph Raguin, Claude Charles Michaud, Richard Joseph Junet, Claude Joseph Petetin, Alexandre Petetin, Athanase Rose et Claude Joseph Rutillet, Anne C. Junet, C. François Raguin Darsane, ces dernier illiterés dans tous comme il est ci devant dit assemblés et représentant la majeure et pius seine partie de lad. communauté, tant en leur nom que des absens desquels se font fors, ont accepté lad. proposition à eux faite par led. seigneur comte de Watteville, pour quoy executer et en passer tous actes necessaires et même les faire homologuer pour plus grandes forces par tout ou besoin sera, faire rendre arrest d'expédient et même faire nommer un tuteur à la substitution des biens dud. seigneur s'il est jugé necessaire pour consentir à tout ce que dessus ils ont nommé et constitué pour leur procureur special et irrevocable le sieur Basile Monnier, demeurant presentement à Paris, marchand fils du sieur Antoine Monnier des Planches auquel ils donnent plain pouvoir de et en leur nom ainsi que des absens traiter et transiger avec led. seigneur comte de Watteville comme dessus et même à d'autres condition s'il est necessaire comme aussi d'abonner avec lui le prix des sens et de la dizmes qu'il a droit de percevoir sur lad. communauté et ce pour l'avenir de façon qu'elle ne puisse etre augmenté ny diminué, au cas toutes fois led. seigneur comte de Watteville veuille bien traiter dud. abonnement et d'obliger a cet effet les biens de lad. communauté comme leds. constituans les obligent avec promesse de relever led. sieur procureur constitué de toutes charges et de faire tous lesd. payemens de la maniére qu'ils seront stipulé aprouvant, ratiffiant et obligeant et renonçant etc. Fait lu et passé aud. lieu en la ditte assemblé les ans mois jours et heures que dessus, ce devant mois Bonnaventure Badoz Griffon de Foncine notaire royal, le tout en presence de Pierre Joseph Jannin et de Jean Antoine Jannin les deux de Chatelblanc laboureurs temoins requis et soussigné ayant été declaré que chaque feuille et la presente seroient paraphée par lesd. temoins et notaires seulement signé à la minutte, A. Oudet, B. Monnier, A. Monnier-Pernet, C. J. Guyon, A. Monnier, C. L. Oudet, A. Vuillenot fils, A. Ruty, Jules Munier, C. J. Fumey, A. Doudier, C. A. Perard, Jaque Junet. Ath. Junet, C. E. Poux, C. J. Jannin, J. A. Lame, A. Beunier pretre pour mon neveu P. H. Benier, A. Bourgois, C. H. Poux, C. J. Rutilet, T. Junet bas officier, D. Berthet, C. J. Junet, F. Doudier, N. S. Jobart, C. J. P. Janet commis, Léger Jannin, J. Junet, C. J. Landri, S. J. Jeunet, J. B. Fumey, Pierre-André Vuillaume, A. Oudet, H. Laime, C. D. Monnier pretre, Alexandre Roz, C. A. Cordier, A. C. Petelin, A. G. Junet, S. Michaud, J. Estevenin, C. Sauvonet, G. H. Fumey-Badoz, A. Berthet, G. S. Petelin, C. H. F. Badoz, Jean Pierre Jacquin, J. Junet, Isi. Junet, C. J. Junet, Charlotte Junet veuve Mayet, A. Vuillaume, J. Jannin, J. B. Junet, P. J. Jannin, Claude Léger Febvre, C. P. H. Monnier, J. Griffon, A. L. E. Febvre, Claude Joseph Fumey, J. B. Gobart, Ambroise Berthet, C. J. Junet, A. J. F. Badoz commis, Michoudet commis, E. Poux, C. J. Estevenin, N. Junet, R. Fumey-Badoz, C. Fumey, H. A. Fumey-Badoz, I. B. Faivre,

Isidor Jeannin, L. Perrenet, J. C. Michaud, A. J. Jannin, Claude J. Petetin, Courronné Junet, Jean Noel Jannin, Alexis Jannin, A. Fumey, Humbert C, Dominique Doudier, A. Fauconnet, C. E. M. Benoist, F. J. Fumey, Dupoud Ambroise Jannin, P. Joseph Junet, C. J. Monnier, J. B. Jacquin, P. Sauvonet, A. Vuillaume, F. J. Petetin, J. J. Petetin, A. Chevaux, C. G. Michaudet, C. J. Bruillard, N. J. Gerard, C. J. Bourgeois, R. Isi. Ambroise Monnier, Benoist Eloy Monnier, Benoist A. Fumey, Pierre Alexandre Michaud, A. Roz, Isi, Fumey-Dumoulin, J. G. Michaud, A. Fumey, J. Baptiste fils de Jules Munier, A. J. Fumey, C. E. Junet, C. J. Sauvonet. J. F. Griffon, C. H. Petetin, R. J. Dair, C. L. Vuillaume, Ch. Fumey, J. Dacey, C. J. Petetin, A. Fumey, C. J. Fumey, Plany, F. S. Perrenet, J. P. Faivre, C. A. Badoz, A. L. Bourgeois, Jean Claude Badoz, P. A. Fumey, C. Joseph Jannin, C. J. Jannin, A. Petetin, J. Crespin Jeunet, B. Michoudet, C. J. Estevenin, C. L. Jacquin, P. Badoz-Griffon, Claude Angelique Badoz, C. A. Fumey-Badoz, J. B. Petetin, Alexis Perrenet, Fortuné Perrenet, A, F. Petetin, P. C. Munier, Isidore Daclin, C. A. Perrenet, Isi. Petetin, Claude François Jannin et G. Claude Alexis Petetin, J. Junet, La Doy, G. Berthet, C. N. Jeunet, C. J. Bourgeois, I. F. Michaud, C. B. Badoz, P. J. Junet, J. A. Junet, C. J. Jeunet, J. Jannin, P. J. Vuillaume, F. J. Berthet, A. Petetin, J. Jeunet, Claude Joseph Petetin, Simon J. Jacquin, C. G. Vuillaume, Claude Angelique Jeunet, Claude E. Jannet, Hr. S. A. Griffon, C. A. Pernet, Claude Nicolas Rutillet, J. B. Monnier, Benoist J. Jannin, C. J. Fumey-Ladoy, C. D. Griffon, J. B. Humbert, J. P. Jacquin, S. J. Bourgeois, S. J. Lame, C. E. Perrenet, J. B. Monnier, Benoist Alexis Jannin, J. S. Junet, C. J. Fumey-Badoz, C. J. Petetin, P. J. Junet, Ch. Jeunet, C. A. Petetin, J. F. Jannin, Roze Monnier, P. J. Jannin et B.B. Griffon notaire.

Controlé à Foncine le vingt cinq fevrier mil sept cent cinquante six reçu duoze sols.

Signé PERRENET.

Expedié pour le sieur Basile Monnier procureur constitué.

Signé B. B. GRIFFON notaire.

Nous Claude François Cattin lieutenant particulier au baillage de Poligny en Franche-Comté pour l'absence de Mr. le lieutenant general aud. baillage attestons à tous qu'il appartiendra que Mr. Bonaventure Badoz-Griffon qui a reçu et signé l'acte ci-contre est notaire royal en ce baillage et que foy est et doit etre ajouté tant en jugement que de droit aux actes qu'il reçoit en cette qualite attestons de plus que le papier timbré n'est point en usage dans cette province en témoignage de quoy nous avons donné le present certificat et nous y avons aposé le sceau de ce baillage fait a Poligny en notre hôtel le neuf novembre mil sept cens cinquante six.

Signé Claude François CATTIN.

A MONSEIGNEUR

MONSEIGNEUR L'INTENDANT

Suplient humblement les habitans de la communauté de Foncine et les Planches baillage de Poligny disant

Que depuis bien long temps ils sont en difficulte avec M. le comte de Watteville baron de Foncine au sujet des affranchissements faits par les auteurs dud. seigneur des personnes et bien de lad. barronie lesquels difficulté ils ont enfin terminé suivant le proces enoncé dans la procuration cy jointe

Mais comme pour la perfection du traité a passer entre led.

seigneur et les suplients il est necessaire a ces derniers de lui preculer les sommes qu'il conviendra employer tant a payer ce qui est promit aud. seigneur qu'aux frais d'actes controle centieme denier et accessoirs ce qu'ils ne peuvent faire sans en avoir auparavant obtenu votre permission ils recourent à ce qu'il vous plaise monseigneur homologuer préalablement lad. procuration leur permettre de faire des empreunts jusqu'a la concurence de la somme de deux mille livres pour etre employé sçavoir.

Douze cens livres promises aud. seigneur en passant led. traité a faire.

Trois cens livres pour le premier terme du cens annuelle pour lequel led. traité aura lieu laquelle somme il faut avancer aud. seigneur pour ledit premier terme.

Et le surplus pour façon de controlle tant de lad. procuration ci jointe que dud. traité a passer de meme que pour le centieme denier dud. traité et les autres.faulx frais a la charge par le procureur constitué par la procuration d'en rendre bon et fidel compte par devant vous monseigneur ou Mr. votre subdelegué au baillage de Poligny apres la consomation dud. traite leur permettre aussi de faire pour le rembourcement desd. empreunts jet repartement dans tel delais qu'il vous plaira fixer sur tous les contribuables dans lad. communauté de Foncine et les Planches residens et non residens a proportion seulement des fonds qu'ils possedent dans lad. communauté au sol la livre de l'imposition ordinaire et en la maniere accoutumé et ils continueront leur vœux vers le ciel pour la conservatiun de votre Grandeur.

Signé B. MONNIER,

Procureur de la communauté

Vu la presente requete de la deliberation du vingt cinq fevrier dernier y enoncé concernant les articles du traité projetté entre le seigneur de Foncine et des Planches d'une part les habitans de lad. communauté d'autre part ensemble l'avis du Sr. Bousson subdelegue a Poligny nous intendant homologons la deliberation du vingt cinq fevrier dernier permettont aux habitans et communauté de Foncine et les Planches de passer par le fait de leur procureur special denommé dans lad. deliberation le traité dont il s'agit en conformité des articles rappellé en téte de lad. deliberation et d'empreuntér la somme de deux mille livres pour etre employé au desir de la presente requete laquelle somme sera neanmoins remboursée par lad. communauté de Foncine et des Planches en trois ans consecutives a commencer du jour de l'acte de l'empreunt et en trois payement egaux de six cens soixante six livres treise sols quatre deniers chacuns et attendu lad. communauté n'a aucuns revenus communs pour parvenir aud. remboursement ordonnons aux commir qui seront en exercice lesd. trois années de faire chacuns en droit soi un role de lad. somme de six cens soixante six livres quatre deniers dont le tier sera raporté sur les sujets main mortables de la seigneurie de Foncine et des Planches au marc la livre de leur imposition ordinaire et les deux autres tiers sur les propriétaires de fonds seulement qui seront affranchis soit que lesd. propriétaires soient sujets main-mortables de lad. seigneurie soient qu'ils résident ou qu'ils ne résident dans lad. communauté et ce a proportion de la quantité des fonds a eux appartenant affecté de la main morte sans égard à la portion colonique et les rolles faits et deument vérifié seront reçus par lesd. commis chacuns dans leurs années d'exercice aux Echevins aussi en charge les mêmes années qui en feront la collecte et en rendront le montant aud. procureur spécial qui en fera le rembourcement a l'expiration desd. années dont il rendra compte a la manière ordinaire fait a boene ce neuf aoust 17 cinquante six signé de BOESNE.

Scellé lesd. jours et Ans R. 61.

Esorigineaux des presentes certifié veritables demeures comme dit est annexé à la minute de l'acte donc expedition est des autres part le tout demeuré aud. Dupré Notaire.

DUPRE

DECELLERIE

Dans un titre qui ne porte point de date mais que nous croyons remonter vers 1770 on voit que la dot et la pension de M. de Mérode et la dot de Mlle de Bussolin avaient été assignées sur les moulins des Planches et des Foncines et sur la grange des Prés de Crans.

Les moulins de Foncine-le-Bas, et celui de la Chèvrerie furent assenssis le 15 mai 1786, savoir : celui de Foncine-le-Bas pour 350 livres par an et celui de la Chèvrerie pour 150 livres aux deux frères Fumey. Le moulin des Planches fut assensi le 25 septembre 1784 par Claude-Etienne Bailly pour vingt mesures de froment, 85 mesures d'orge, 85 mesures d'avoine et deux cents livres en argent. En 1735, le 19 décembre le sieur Marmet, avocat en parlement, ancien mayeur de Salins, procureur général de M. le comte de Watteville, seigneur de Château-Vilain, Foncine et autres lieux, passa acte d'assensement du lac de Foncine-le-Bas dit *le lac à la Dame* par le sieur Etienne-François Jeannin, horloger; le prix de cet assensement fut payé au moyen de la construction de la sonnerie d'une horloge posée au Château-Vilain et d'un cens annuel de six sols, comme on le voit l'horlogerie existait à Foncine en 1735, et nos horlogers étaient en possession de construire les horloges de clochers et de châteaux, ou d'adapter des sonneries aux anciennes horloges de châteaux qui avaient été établies à la naissance de l'horlogerie, avant l'invention de la sonnerie. Par le même acte d'assensement le sieur Jeannin horloger s'était fait concéder par le seigneur de Château-Vilain le terrain nécessaire pour construire deux martinets en deux places différentes à son choix sur le ruisseau du *Galavot ou Chatenot,* à prendre de la planche dite Raguin inclusivement jusqu'au pont de dessous la chapelle du Bas-de-Foncine. Si nous voyons une sonnerie adaptée à l'horloge de Château-Vilain, seulement en 1735 par un horloger de Foncine, c'est que les horloges sonnantes n'ont pas été fréquentes avant 1647 ; si on en cite auparavant ce sont des exceptions remarquables, nous lisons en effet dans dom Calmet que déjà vers 1120 les exercices religieux de Citeaux étaient annoncées par le son des horloges. Charles 5ᵐᵉ fit placer en 1370 à Paris, l'horloge dite du palais dont la cloche fut fondue en 1793 pour faire des canons, en 1377 il y avait une belle horloge à sonnerie dans la ville de Sens et suivant M. Désiré Monnier, annuaire de 1841, page 146, c'est depuis 1674 époque de la réunion définitive de la Franche-Comté au royaume de France que l'horlogerie est devenue une branche de commerce dans le Jura. Dans tous les cas elle a été implantée à Foncine bien avant la manufacture d'horlogerie que Voltaire avait établie en 1770 à Versoix et à Fernex. Ce n'est qu'en 1776 qu'on a commencé à Morez à faire des cadrans en émail.

L'impôt qui soulevait le plus de malédictions était la gabelle, parce qu'elle était aussi cruelle par les vexations de sa perception que meurtrière par l'énormité de son chiffre. Le roi avait seul le droit de vendre du sel : il le vendait *douze fois sa valeur,* et de plus l'usage du sel était obligatoire, la loi ne laissait même pas au consommateur la faculté d'échapper, par une dure privation, au tyrannique impôt de la gabelle ;

d'après l'ordonnance chaque personne au-dessus de sept ans devait acheter aux greniers du roi *sept livres de sel,* c'est ce qu'on appelait le *sel du devoir.*

Il y avait toute une armée de douaniers pour surveiller ces impôts de la gabelle qui étaient souverainement détestés et le nom de *gabelous* que le peuple leur donnait est encore odieux dans nos montagnes ; c'est que le prix du sel variait d'une province à l'autre, la France se divisait alors en pays de *grande gabelle,* où le sel se payait jusqu'à soixante francs le quintal ; en pays de *petite gabelle* où il valait de cinquante à cinquante-huit francs ; *pays rédimés de la gabelle* où il descendait de dix à huit francs ; *en pays de salines* où il variait entre 15 et 30 francs ; en pays de *quart-bouillon,* où il coûtait de dix à treize francs ; en *pays exempts ou francs,* où il ne valait que huit, que quatre et même que deux francs ; cette monstrueuse inégalité entre les prix offrait une prime séduisante à l'audace du contrebandier, aussi en Franche-Comté, province rangée parmi les *pays de salines* une foule de malheureux n'avaient d'autres ressources que le métier de faux-sauniers ; le sel ne s'y payait que de 15 à 16 francs le quintal, tandis qu'il valait le double en Lorraine, le triple ailleurs, le quadruple en Bourgogne ; aussi les faux-sauniers, Franc-Comtois séduits par l'appât du gain bravaient tout. Nous trouvons dans nos archives numéro 12, l'état, sous la date du 26 mai 1705, des villes et des villages du comté de Bourgogne dans l'étendue de trois lieues de frontières des provinces du royaume sujettes à la gabelle qui doivent composer des juridictions, pour connaître des contraventions et versements de sel, c'est dès cette époque que la contrebande a pris naissance dans nos villages, qu'elle y est devenue une espèce de passion et n'a cessé de s'y pratiquer jusqu'à ce jour ; c'est presque une habitude héréditaire qui s'est renouvelée avec force depuis les nouveaux impôts nécessités par la guerre avec la Prusse.

Délibération des habitants des Foncines et des Planches portant nomination de procureurs spéciaux pour soutenir le procès pendant entre eux et les habitants de la Perrena à l'occasion des bois et de l'entretien des ponts. (1)

Les habitants de Chatel-Blanc, Chaux-Neuve et de Petite-Chaux s'étaient permis de couper des bois sur le sol de Foncine sur lequel ils prétendaient avoir des droits d'usage, ils furent condamnés par jugement de la maîtrise des eaux et forêts de Besançon en date du 24 avril 1723. (2)

Des orages violents, des grêles et de grandes pluies avaient rendu insuffisante la récolte de 1737, mais 1739 eut un caractère bien plus alarmant, les malheureux furent réduits à manger de l'herbe, il en mourut en foule, la famine désolait les provinces; l'état des routes ne permettait du reste à l'excédant des produits d'une province de se déverser dans une autre sans frais de transport considérables ; malgré que depuis 1738 le gouvernement y fit appliquer les corvées.

Le froid se fit sentir au mois d'octobre 1739 avec une telle intensité que les rivières gelèrent; de fréquentes alternatives de gelées et de dégel se succédèrent jusqu'au mois de mars 1740, où le froid fut si intense qu'il rappela le terrible hiver de 1709, le froid n'avait pas encore cessé de sévir au mois de mai, quand tout-à-coup le froid diminua; l'espérance renaissait dans tous les cœurs, lorsque des pluies torrentielles succédèrent aux gelées, la panique se répandit dans toute la France partout on se mit à rechercher activement les grains détenus par les cultivateurs, pour les forcer à conduire sur les marchés tout ce qui excédait la quantité nécessaire à

---

(1) Pièces aux archives de la commune.

(2) Pièces aux archives de la commune.

l'entretien de leurs familles et à l'ensemencement de leurs terres (1)

Au mois d'octobre 1740 et deux mois après, de fortes pluies rendirent les routes impraticables ; l'année 1747 la misère et les souffrances du peuple furent grandes, la disette des grains, leur mauvaise qualité rendaient le pain mauvais et dangereux, à ces souffrances vint encore se joindre la mortalité des bestiaux, aussi notre province fut loin d'être épargnée et nos montagnes furent très-malheureuses.

Les incessants besoins d'argent rendent le gouvernement de plus en plus insupportable. Le 19 décembre 1747 un édit augmenta de quatre sous par livre les impôts créés en 1730 et en 1743, le 6 avril 1748, un nouvel impôt sur le suif d'un sou par livre augmenta le prix de la chandelle pour le pauvre ; un autre de deux sous par livre sur la poudre à poudrer et de cinq sous sur les bougies, attaqua les fortunes moyennes ; les droits perçus sur le papier en général et sur le papier timbré en particulier furent accrus d'un quart, le pain de deux sous six deniers par livre, le café doubla de prix par suite de la guerre maritime et la livre de sucre se vendit vingt-sept sous au lieu de quatorze (2). Les intempéries des saisons contribuèrent à multiplier le nombre des pauvres.

En 1749 il n'y avait ni livre d'arpentement, ni taxe régulière d'établies dans la grande communauté des Foncines et des Planches, les habitants comprenant bien combien la répartition juste et équitable de l'impôt était rendue difficile par suite de l'absence complète de ces documents importants, se réunirent après deux convocations régulières sur la place publique de Foncine-le-Haut, à l'issue de la messe et au son

(1) M. Jobez, tome 2, page 514.

(2) M. Jobez, 4e vol. page 118. Voir pour évaluer ces prix en monnaie d'aujourd'hui son 1er vol. page 218 et tome II page 379.

de la cloche, le 12 octobre 1749 en présence de Bonaventure Badoz-Griffon, notaire royal audit lieu et nommèrent pour leurs mandataires pour procéder à cette opération les nommés Jules Munier (mon trisaïeul), Claude-Ambroise Petetin, Antoine-Joseph Jeannin et Guillaume-Joseph Daclin, auxquels ils donnèrent tous leurs pouvoirs nécessaires, même celui d'appeler un arpenteur géomètre juré. Ces mandataires choisirent Jean-Claude Courtois. Après avoir obtenu l'assentiment du juge chatelain de Château-Vilain, de l'intendant de la province et de la chambre des comptes, aides, domaines et finances, le 14 novembre 1750, il fut procédé à l'arpentement de tous les fonds du territoire et à leur estimation, l'ouvrage terminé un exemplaire de ce travail fut déposé à Foncine-le-Haut, un à Foncine-le-Bas et un aux Planches.

Le manque de travail et le renvoi dans leurs foyers d'une foule de soldats habitués par la vie des camps à la fainéantise avaient jeté dans tous les pays une nuée de vagabonds qui répandaient la terreur par leurs vols et leurs assassinats, on ne parlait que d'églises dépouillées de leurs ornements, de voyageurs arrêtés sur les grandes routes. Le nombre de ces vagabonds n'était pas moindre dans nos pays qu'ailleurs puisque ne sachant qu'en faire le gouverneur de la Bourgogne demanda d'être autorisé à attacher ceux qu'il avait fait arrêter à la chaîne des forçats à son passage dans la province. (1)

Le gouvernement ayant adopté le système des corvées, toutes les provinces à l'envie avaient entrepris des travaux considérables pour faciliter les relations des populations entre elles ; cet enthousiasme pour les chemins fit établir par arrêt du conseil d'état du 7 juillet 1750 le corps des ponts-et-chaussées.

(1) M. Jobez, vol. 4ᵉ, page 158.

Dans tous nos villages se répand le bruit de l'apparition de Mandrin et de sa bande, les agents du fisc et les douaniers sont effrayés ; c'en est assez pour que le peuple l'aime à la fureur, car, comme le dit M. Jobez, le peuple s'intéresse pour celui qui mange les mangeurs de gens, on l'a appelé, le plus magnanime des contrebandiers ; c'en est assez pour avoir les sympathies d'un pays de contrebande, surtout lorsqu'on n'ignorait pas que Mandrin faisait aux douaniers une guerre acharnée, qu'il les tuait, leur enlevait leurs armes et qu'il était sans ménagements pour ces odieux gabelous généralement si détestés.

Louis Mandrin (1), d'une famille obscure, était né à Saint-Etienne-de-Saint-Geoire, village du Dauphiné ; il prit en France parti dans les troupes, dès qu'il fut en âge de porter le mousquet, il déserta, mais il rentra bientôt dans le royaume où deux de ses frères et lui se mirent à faire de la fausse monnaie. Recherchés et jetés en prison à Grenoble, l'un d'eux fut pendu, l'autre fut envoyé aux galères, Mandrin échappa à la justice, il exerça le métier de maquignon jusqu'à ce qu'un meurtre l'eut fait condamner à être rompu vif ; il se fit alors contrebandier et rassembla sous ses ordres une troupe de gens sans aveu et proscrits comme lui, à la tête desquels il fit une guerre acharnée aux douaniers sur une étendue de plus de cinquante lieues de pays ; du Rhin à la Méditerranée il n'ignorait pas un sentier sur toute cette longueur, il s'emparait des caisses publiques et forçait les entreposeurs du gouvernement à lui payer le tabac qu'il leur apportait. Le 7 janvier 1754, il fit fusiller des douaniers dans le Dauphiné, le 7 juin il força un de leur corps de garde et soutint un combat contre

(1) Vie privée de Louis XV, imprimée à Londres 1784.
Histoire de France par Lebas, tome 10e, page 537.
M. Jobez, vol. 4, page 461.

eux sur le chemin de Montélimart, le 30 juin, l'entreposeur de Rodez fut contraint de lui payer un ballot de tabac et le subdélégué de la ville fut sommé de lui remettre les armes confisquées à des contrebandiers l'année précédente. Du Languedoc, Mandrin passa le 9 juillet en Savoie, en traversant son village natal, il fusilla un ancien employé du gouvernement qui avait contribué à la condamnation d'un de ses frères ; il pénétra sur la fin du mois de juillet dans la Franche-Comté, tua, blessa et vola plusieurs employés des brigades de *Mouthe et de Chaux-Neuve,* traversa de là le canton des Planches pour se rendre en Bourgogne et en Auvergne, où il approvisionna de force les entreposeurs de tabac de Brioude, de Craponne, de Montbrison. Un détachement du régiment de la Marche fut cantonné à Champagnole pour s'opposer aux brigandages de la bande de Mandrin, car des soldats de ce détachement ayant été mis en prison dans la tour de la Londaine, leurs camarades la démolirent en partie pendant la nuit pour les délivrer ; depuis ce temps la ruine s'est emparée du vieil édifice et la tour de la Londaine a disparu de Champagnole.

Le 28 août, il força les portes des prisons de Montbrison, le 2 septembre, à Pont-de-Veyle, il enleva l'argent destiné à la paye d'une brigade de douaniers, le 5, il attaqua les douaniers près du *Fort de Joux* en Franche-Comté, le 4 octobre, sa bande mit à contribution les entreposeurs de la Bresse, le 9, elle reparut en Auvergne, du 10 au 14, elle parcourut cette province dans tous les sens, le 28, elle se montra à *St-Laurent-en-Grandvaux,* puis elle rentra en Bresse et en Bourgogne, où elle ouvrit les prisons de Bourg, de Roanne, de Thiers, du Puy, de Chagny, de Pont-de-Vaux. Dans le mois de décembre 1754, Mandrin fit le coup de feu avec des cavaliers du régiment d'Harcourt, pilla Seurre, força les portes de Beaune et obligea le maire de cette ville à venir s'entendre avec lui sur la somme que les entreposeurs lui payeraient pour le sel et le tabac qu'il voulait leur fournir.

Les habitants d'Autun menacés d'un assaut le 19 novembre durent traiter avec lui, toujours pour le placement du sel et' du tabac qu'il passait en contrebande. Cet exploit devait être le dernier de Mandrin ; des volontaires du régiment de Flandre déguisés en paysans allèrent le surprendre à Saint-Genis d'Aost en Savoie où il devait se croire en sûreté, et dans la nuit du 10 au 11 mai ils le conduisirent à Valence, où il fut jugé et exécuté le 26 mai 1775. Si Mandrin avait été exécuté, ses bandes n'étaient pas dispersées et continuaient à jeter l'épouvante dans nos villages.

Vers le 30 avril 1762, une troupe de contrebandiers à cheval assez nombreuse et bien armée, reste des bandes de Mandrin, arrivant de Suisse fut attaquée à Morez, au sud de l'endroit dit sur le Fort, par les employés des fermes du roi, qui du haut de la roche du Béchet roulaient sur elles de gros cailloux, un seul de ces bandits fut blessé et son cheval tué sous lui, les autres entrèrent furieux à Morez, menaçant de tout mettre à feu et à sang, ils écoutèrent néanmoins les représentations des Moréziens, parcequ'ils n'avaient prisaucune part à l'attaque, mais cette même troupe saisit le 8 mai à St-Laurent quatre employés des fermes, qu'elle entrainait le 9 vers la Suisse, lorsque chemin faisant, elle leur fit subir des mutilations horribles en leur coupant le nez et les oreilles, et que parvenue au haut de la *Savine,* d'où l'on commence à apercevoir la roche du Béchet elle dit à ces malheureux captifs : « *Voilà le rocher d'où vous nous avez assassinés,* « le moment d'une juste vengeance est arrivé, à mort ! à « mort ! les scélérats ; » les pauvres gabelous passèrent par les armes et leurs corps reçurent la sépulture à Morbier le lendemain.

Dans la nuit du 27 au 28 du même mois, les Moréziens sont subitement tirés de leur sommeil par des cris extraordinaires entremêlés de coups de fusil, on se lève saisi d'épouvante et l'on voit une poignée de bandits à cheval et armés s'annonçant comme une avant-garde, ils traînaient par les rues des femmes auxquelles ils n'avaient pas donné le temps de se vêtir et qu'ils forçaient à leur servir de guides pour le pillage. Les brigands enlevèrent la caisse du contrôle et le pistolet à la main mirent à contribution les chefs des principales maisons de commerce ; ils avaient à leur tête, comme on l'a su depuis, un homme appartenant à une famille notable de la province, lequel avait pris pour nom de guerre *Bras de fer*. Après cette razzia les bandits disparurent, elle resta honteusement impunie et ne fut pas même l'objet d'une information de la part du gouvernement.

Les sept communes de la terre du Grandvaux, autrefois dépendantes de l'abbaye de St-Claude, ont procédé entre elles au partage de vastes forêts estimées à plus de quinze millions dont elles jouissent exclusivement aujourd'hui, l'examen des anciennes chartes nous prouvera que les communes des Foncines et des Planches devaient concourir à ce partage, que leur exclusion est le fait soit de l'ignorance, soit de l'insouciance de l'ancien maire de Foncine-le-Haut, Jean-Claude Cordier.

Par une charte du 2 mai 1303, Jean de Chalons, Guillaume de la Baume, abbé de Saint-Oyand de Joux accordèrent dans les forêts des droits d'usage aux habitants des communautés de Châtel-Blanc et des Foncines et ces droits furent confirmés et mieux définis] par les chartes du dernier février et 2 mars 1372 dont voici le texte : « le dernier jour du mois de février « de l'an 1372, révérend sieur abbé de St-Claude et Jean « de Châlons ont donné et arrogé audits supplians le droit

« d'usage dans tous les bois communs entre les seigneurs
« concédants à prendre ycieux dez le bois de Priorez et
« ville de Mothe, jusqu'en aux bois de Priorez de Grand-
« vaux. »

Les droits de nos communes furent de nouveau reconnus
et confirmés dans les chartes d'affranchissements des 18
juillet 1372, 28 octobre et 7 novembre 1431. Un arrêt du
parlement de Dôle en date du 23 novembre 1662, déclara
que le droit d'usage « ez bois et Joux qui appartiennent aux
« abbés de St-Claude et aux princes de la maison de Chalons,
« à prendre dès le bois de Priorez de Mothe jusqu'au bois
« de Priorez de Grandvaux et dez Foncines, jusqu'à la
« roche du Rissol, était accordé aux habitants de la commu-
« nauté des Foncines en conformité de leurs titres de con-
« cessions » nous avons vu que les limites du priorez de
Mouthe avec Foncines furent fixées avec Châtel-Blanc qui en
dépendait par acte du 7 février 1698 à la *Cret-des-Ifs* , nous
lisons dans un acte de 1627 qui procède la délimitation du 7
février 1698, « la cour est suppliée de remarquer que cette
« contrée du *Cret-des-Isles,* est située au-dessous de la grande
« montagne qui renferme le val de Foncine qui a près d'une
« lieue de longueur ; qu'elle tire sa dénomination d'une roche
« qui est au-dessus de cette même montagne, que l'on nomme
« *Cret-des-Isles,* et qu'elle s'étend dès le dessus de cette mon-
« tagne en tirant devers le levant contre le village de la Cha-
« pelle-des-Bois, qui fait une partie du territoire de Chatel-
« Blanc. »

Celles des Foncines avec le prieuré du Grandvaux étaient
fixées par la charte du 12 août 1301 à la Savine et suivant le
cours de la rivière de Layme, citons le texte de la charte :
« Item versus Granvellum a prato qui dicitur Desyles Illiorum
desalebbo, Sicut currit aqua quæ dicitur Leyma, descendendo

usque ad rivum qui dicitur Dombief, Sicut intrat dictus rivus
de Dombief in dictam Leymam; item a dicto prato Desyles
Illiorum desalebbo, Sicut protenditur in longitudine montem
qui dicitur de *Morillon*. »

Les limites sont fixées par cette charte de la manière la
plus claire et la plus précise, il est incontestable que la communauté des Foncines et des Planches avaient un droit
d'usage, clair, net et précis depuis la limite de Foncine-le-Bas
sur cette vaste forêt jusqu'à la Savine en suivant le cours
de la Layme jusqu'à la montagne de *Morillon*.

Il y a plus encore, en 1730, les habitants du lac et du
Fort-du-Plasne s'adressèrent au grand juge pour obtenir la
banalisation de cette forêt ; le grand juge y consentit, mais à
la condition de notifier aux parties intéressées, en conséquence, ces communes signifièrent par le ministère de l'huissier Perrenet cette décision à la communauté des Foncines et
des Planches qui y forma opposition, ensuite de laquelle la
demande de ces communes fut rejetée par le grand juge de
la terre de St-Claude.

Comment les communes des Foncines ont-elles été exclues
du partage ? Comme les bois étaient très-abondants à cette
époque, qu'on les brûlait même sur place pour faire des
pâturages, chaque commune coupait pour ses besoins dans
la forêt la plus rapprochée, ainsi nos communes ne faisaient
aucun acte de possession , à l'époque où les communes
n'étaient pas soumises à la prescription de trente ans, cela ne
signifiait rien, mais l'art. 2227 du code civil les ayant soumis
à cette prescription nous ne pouvions exciper d'acte de jouissance ; pour l'interrompre il fallait donc agir en vertu des
titres pour les signifier avant que le délai de la prescription
fut écoulé, c'est ce que le maire de Foncine a négligé malgré
les recommandations pressantes de M. le Préfet et son arrêté

du 16 décembre 1833; ainsi un seul acte interruptif de la prescription eût suffi pour prendre part aux partages et empê_ cher ces communes d'être obligées de s'imposer extraordinairement chaque année pour pouvoir s'administrer.

Le marquis de Conflans fut battu par les Anglais le 9 décembre 1758.

Le 14 novembre 1759 la flotte commandée par le marquis de Conflans sortit du port de Brest et fut défaite par les Anglais le 20 novembre 1759, l'escadre de Brest était la seule qui restât à la France.

Plusieurs abbesses de la maison de Watteville gouvernèrent successivement de 1673 à 1767, l'abbaye de Château-Châlons, Marie-Angélique de Watteville de 1667 à 1700 ; Anne-Marie Desle de Watteville de 1700 à 1733 ; Aimée-Marie-Desle de Watteville de 1733 à 1742 ; Françoise-Elisabeth de Watteville de 1742 à 1775 ; Marie-Anne de Watteville nommée en 1775, la dernière abbesse fut Mme Charlotte-Anne-Sophie-Désirée de Stain, nièce de la précédente, la rente en cire que payaient les habitants des Foncines fut acquittée entre les mains de ces abbesses depuis Marie-Angélique de Watteville.

Le prieuré de Sirod, d'où dépendaient les églises et chapelles, des Foncines et des Planches, fut sécularisé par lettres patentes du mois de décembre 1742, confirmative d'une bulle du pape Benoit XIV et supprimé. Les revenus devaient être unis à la manse capitulaire des chanoines de St-Claude; après la mort de Dépote, alors prieur titulaire, Perronne du Tartre de .Chilly, juge délégué par l'archevêque de Besançon, exécuta cette union, par un décret du 11 août 1764, en réservant à l'archevêque le patronage des différentes églises dépendant de ce bénéfice et l'ancienne redevance annuelle des 20 livres d'huile d'olive.

La grande communauté des Foncines, quoique dépendant

en toute justice de la seigneurie de Château-Vilain, était décorée elle-même du titre de Baronnie, *la Baronnie des Foncines* avait ses officiers de justice particuliers et son Tabellion, droits qui furent confirmés par arrêt du parlement de Besançon du 5 août 1775, le signe patibulaire était dans le lieudit *au Chaufau*, en patois *u Chafa*, situé au hameau du Bas-de-Ville, lieu pris lorsque les seigneuries étaient divisées en seigneuries de Joux et seigneurie de Watteville, sur la seigneurie de Watteville, le hameau du Bas-de-Ville était le principal et le plus peuplé de cette partie de seigneurie, car le centre de la commune n'était point fixé comme aujourd'hui au hameau de chez Sauvonnet, l'ancienne église même se trouvait sur le sol du hameau du Bas-de-Ville.

Une foire et un marché furent érigés à Foncine-le-Haut en 1584, mais le marché étant tombé il fut rétabli en 1744, une autre foire a été établie il y quelques années.

Les plus anciens Régistres de l'Etat civil remontent à 1680.

Les anciennes fruitières furent abandonnées à la suite des guerres et des pestes du 16e siècle, un premier Chalet fut rétabli à Foncine-le-Bas en 1747 et supprimé en 1763, il fut remplacé par deux autres bâtis, l'un au hameau de chez Dayet, et l'autre au hameau de chez Jean-Jacques. Une ordonnance de l'Intendant de la province, du 20 août 1769, statua qu'il ne pourrait y avoir plus de trois fromageries à Foncine-le-Haut, les associations se formaient par écrit et pour une durée ordinaire de 29 ans. Elles possédaient des biens en propre, leur administration était confiée à deux Procureurs, élus par l'Assemblée générale des Sociétaires. Ces agents étaient seuls chargés de la surveillance du fruitier et de la vente des fromages; nul ne pouvait quitter une association pour se faire admettre dans un autre; toutes les difficultés auxquelles pouvaient donner lieu les traités d'association, la répartition égale des vaches et des chèvres entre chaque Chalet étaient de la compétence exclusive de l'Intendant de la province ; l'autorité judiciaire n'était jamais appelée à s'en occuper. Après la révolution de quatre-vingt-treize cette législation fut modifiée, et grand nombre de Chalets se sont établis à Foncine-le-Haut où on en compte onze aujourd'hui. A l'exposition de 1856, M. Munier a envoyé à Paris un fromage de la fromagerie dite du Centre et a obtenu une médaille d'argent.

La principale industrie des Foncines depuis les temps les plus reculés a été l'horlogerie, nous devons donc en étudier les débuts et les phases de la manière la plus attentive.

Il est fort difficile de fixer d'une manière précise l'époque ou l'horlogerie a pris naissance à Foncine, toute fois nous pouvons dire que dès le 15e siècle elle avait pris droit de domicile en Suisse. Car nous voyons *Just Birge,* né en Suisse en 1552, compté parmi les hommes les plus distingués dans cette industrie ; or il est probable, que c'est à une date peu éloignée de celle-là, qu'elle a commencé à être connue dans nos parages dont les rapports avec la Suisse ont été constants.

Si on en croit une tradition non contestée, l'horlogerie dans les hautes montagnes devrait sa naissance aux frères Mayet, qui, fuyant la persécutiou des sectateurs de Calvin étaient venus s'y établir, voici comment on raconte ce fait : vers l'an 1660, le frère portier des capucins de St-Claude se trouvant à Morbier, se serait informé près du curé de ce village si parmi les ouvriers de la localité, s'occupant de machines et d'ouvrages en fer, il n'en rencontrerait pas un capable de réparer l'horloge de son couvent qui se trouvait dérangée ; celui-ci l'adressa aux frères Mayet (ils étaient quatre) s'occupant de travaux de serrurerie, ils voulurent voir l'horloge qu'ils trouvèrent vieille et usée et non susceptible de réparations, les frères

Mayet en copièrent alors exactement les rouages et en firent une semblable qui marcha parfaitement au moyen d'un ressort en spirale, on n'avait pas encore fait l'application du pendule aux horloges.

Ce succès les enhardit et dès lors ils s'adonnèrent exclusivement à la construction des horloges, comme à cette époque on n'avait pas perfectionné les outils propres à cet art, tout se faisait à la main et les divisions au moyen du compas, des roues et des pignons constituaient alors tous les rouages, ceux qui les construisaient fabriquaient eux-mêmes toutes les pièces, aussi dans ces temps un pareil travail était un ouvrage de longue haleine et d'un grand prix, ces horloges étaient massives, informes, un simple cercle de laiton faisait l'office du cadran.

En 1675, Hugghens, astronome hollandais, fit l'application du pendule de Galilée à l'horlogerie, mais cette découverte ne pénétra que quelques années après dans les montagnes du Jura, les frères Mayet ayant eu connaissance de ce perfectionnement, construisirent une horloge avec un pendule, mais lorsqu'elle fût achevée, ils ne parvinrent pas à la faire marcher.

Ils étaient même sur le point de la mettre au rebut, lorsqu'ils apprirent qu'un Bourgeois, de Genève, en possédait une avec la modification apportée par Hugghens, l'un d'eux se rend aussitôt à Genève afin de l'examiner, à son retour ses frères l'attendaient sur la porte, dès qu'il les aperçoit, il leur crie en patois : *Embrez la,* mettez en mouvement le pendule, l'impulsion donnée, l'horloge marcha parfaitement, à la grande satisfaction des frères Mayet fort surpris de n'avoir pas songé plus tôt à faire osciller le pendule.

Bientôt après, l'un des frères Mayet s'établit à Belle-Fontaine et un autre vint se fixer à Foncine-le-Haut où il édifia

une belle maison qui existe encore de nos jours et qui a toujours porté le nom de maison Mayet, il est probable que l'horlogerie existait déjà à Foncine et que les frères Mayet ne vinrent s'y fixer que pour se procurer plus aisément des ouvriers
et y établir une maison pour servir d'entrepôt au commerce
d'horlogerie qu'ils voulaient établir sur une plus vaste échelle.

Dès cette époque l'horlogerie s'implanta tellement à Foncine,
elle s'y généralisa tellement que Foncine était en possession
de fournir des horloges et des horlogers à toute la France; en
effet, dans toutes les villes, partout et dès une époque très
ancienne, vous trouvez des horloges sorties de Foncine et
même autrefois les horloges de cuisine n'étaient connues que
sous le nom d'*horloges de Foncine*.

Malheureusement personne n'a fait une collection de pièces
d'horlogeries fabriquées anciennement à Foncine, cette collection nous eût démontré et l'époque ou l'horlogerie y avait pris
naissance et les phases par lesquelles elle avait passé.

Mais toutefois nous avons été assez heureux pour trouver
entre les mains du sieur Jeannin Delphin, adjoint au maire
de Foncine-le-Haut, descendant d'une famille d'horlogers
qui avait fondé un établissement d'horlogerie dans la ville
d'Alby, chef-lieu du département du Tarn, nous avons été, disons-nous, assez heureux de trouver une pièce ancienne qu'il
a, sur notre invitation, consenti à offrir au musée naissant de
Poligny.

Cette pièce par sa construction remonte à une époque antérieure à la montre et se rattache aux essais que l'on faisait
pour rendre l'horlogerie portative, elle pourrait avoir été faite
sur la fin du XV⁰ siècle et démontre que l'horlogerie était déjà
en progrès à cette époque à Foncine et qu'elle n'avait point
attendue pour y naître l'arrivée des frères Mayet, qu'ainsi que
nous l'avons déjà dit, ils étaient venus à Foncine parce qu'ils

pouvaient plus facilement y exercer leur art et leur commerce.

Le ressort n'était point encore connu, car cette pendule ou horloge plus petite *est à épcron* mue par deux poids, la cadracture diffère des autres pièces, elle ne présente qu'une aiguille à heure et point à minute, le cadran de forme ancienne, marquant les heures, les demies et les quarts, a été construit sur cuivre comme cela se pratiquait avant que l'émail fut employé à cet usage.

Il y a aussi un réveil, cette pièce est gracieuse, bien soignée et marque la transition de l'horlogerie pour arriver à la montre, sous ce rapport elle mérite de figurer dans un musée et n'en sera pas, comme objet antique, une des plus faibles parures.

En 1679, *Daniel, Jean-Richard, dit Bressel,* né à la Sagne, en 1665, ayant vu une montre apportée d'Angleterre qui s'était détraquée en route, entreprit de la remettre en état, ce à quoi il parvint, puis se rendit en Angleterre pour étudier la confection de la montre. De retour dans son pays, il implanta la fabrication de ces petites horloges portatives, c'est donc à ce modeste ouvrier que le *Locle* et la *Chaux-de-Fonds* doivent leur prospérité ; sa renommée s'étendit jusqu'à *Foncine* et bientôt il compta au nombre de ses élèves les Fumey, les Daclin, les Jeannin, les Petetin, et cette industrie, aussitôt acceptée dans nos parages, engagea ceux qui la connaissaient à s'étendre au loin, attirés par l'espoir de faire fortune ; aussi, comme nous l'avons déjà dit, il y a peu de localités importantes qui n'aient vu de nos compatriotes venir s'y fixer comme horlogers.

Plusieurs maisons firent le commerce de l'horlogerie, nous pouvons compter les *Mayet* d'abord, les *Fumey,* les *Martin,* les *Poux,* ensuite vient la maison *Jacquin* qui cessa vers 1814, aussi c'est dès ce moment que le commerce d'horlogerie a pris plus d'extension à Morez, qui a eu soin d'attirer à lui nos meilleurs ouvriers.

Toutefois, de nouvelles maisons de fabriqnes d'horlogerie se sont formées dans ces derniers temps, espérons qu'elles feront reprendre à notre pays son ancienne splendeur.

Au moment de la révolution de 1789, la France qui avait besoin d'armes fit entrer tous les soldats sortis des *Foncines* dans les ateliers où l'on fabriquait les armes, et si nos compatriotes furent clair semés dans les armées, il n'en contribuérent pas moins puissamment à la défense de la patrie en préparant les instruments de nos victoires.

Au concours universel de Paris, un des enfants de Foncine-le-Haut, le sieur Jean-Marie Fumey représenta noblement l'industrie horlogère des Foncines, une médaille lui fut délivrée pour les améliorations et la parfaite confection de sa pièce qui fut jugée la plus précise du concours.

Lorsque par suite de l'Édit du gouvernement de Genève, les horlogers de cette ville qui ne jouissaient pas du droit de bourgeoisie durent renoncer à leur profession ou s'expatrier, un certain nombre d'artistes qui préférèrent l'exil à l'abandon de leur art, vinrent chercher un asile dans le haut Jura, où ils purent continuer en liberté l'exercice de l'horlogerie, ils furent de précieux auxiliaires pour les constructeurs d'horloges, qui en étaient encore au mode de fabrication que leur avaient légué les frères Mayet ; mais cette industrie ne devait être complètement transformée et prendre une extension considérable que par la création des horloges pour châteaux, clochers, monuments publics ; ce fut l'œuvre d'un franc-comtois, d'Antide Janvier qui vint passer les années 1791 et 1792 à Morez, cherchant à faire oublier dans sa retraite ses anciens rapports avec la cour, il consacra le séjour qu'il fit dans le Jura à enseigner l'horlogerie à quelques ouvriers habiles, qu'il réunit sous sa direction pour leur développer les principes fondamentaux de l'horlogerie, on croit que c'est à ses enseignements que deux de nos compatriotes, *François Fumey, dit François chez Simon,* et Jeannin *dit Fenri à la Mimi,* ont dû devenir des ouvriers aussi distingués qu'ils l'étaient.

C'est grâce à ses leçons que les horloges dites de comté acquirent une supériorité marquée sur celles de la Forêt-Noire, qui, construite en bois et en cuivre, ne marchent que vingt-quatre heures, demandent de fréquentes réparations, et dont la vente ne s'explique que par le bas prix auquel on peut les livrer, les horloges de Foncine et de Morez, du Jura en un mot, construites en fer, en acier et en cuivre, solidement établies, reposent sur les vrais principes de la mécanique, marchent de huit à quinze jours et n'exigent que de loin en loin des réparations ; enfermées dans des caisses de sapin verni, solidement établies, qu'on tire en grande partie des Rousses mais surtout des Foncines où cette industrie a son siège depuis très longtemps et qui compte un bon nombre de fabriques dirigées par des ouvriers habiles et intelligents.

L'église de Foncine n'avait encore pu se relever de l'incendie de 1639. La voûte qui n'avait pas été détruite menaçait ruine, toutefois elle a duré jusqu'en 1846, et dans sa reconstruction on a trouvé les traces évidentes de l'incendie constaté par nos archives, les murs étaient lézardés ; on disait la messe sur des autels provisoires, et d'année en année des requêtes étaient présentées à l'archevêque pour demander la permission de continuer ce provisoire que le malheur des temps rendait nécessaire (1). On avait bien fait quelques réparations ; ainsi, en 1659, on avait construit en bois une flèche très-élevée et un clocher à la place de l'ancien qui avait été détruit par l'incendie déjà mentionné.

(1.) Les requêtes aux archives.

M. Oudet conçut le projet de rétablir l'église et de construire une tour en pierre ; il s'en ouvrit à l'aumônier de
Madame la princesse de Conti. Ce vénérable prêtre, pour
aider le vicaire perpétuel de Foncine dans son œuvre, lui
donna, ainsi qu'à son cousin Jules Munier, procuration pour
vendre les rentes qu'il possédait à Foncine, et il ajoute qu'en
cas que M. Oudet et son cousin Jules Munier, trouvent que
cette aumône (ce sont ses propres expressions dans la lettre
qui est aux archives) est insuffisante, il y suppléera par son
bien de Vernoy. M. Oudet se plaignit à ce vieillard des contra-
dictions qu'il éprouvait ; par sa seconde lettre (1), il lui dit de
ne pas se décourager, l'engage à s'adresser à l'intendant de
la province. Ce conseil fut suivi, et dans une requête que nous
avons sous les yeux, on lui exposait l'état de délabrement de
l'église, qu'il existait une flèche en bois, prête à tomber ; que
les cloches qu'elle recouvrait qui sont au nombre de trois,
pesant ensemble six mille deux cents, ébranlaient de plus en
plus ce vieil édifice, déjà abimé par le feu de 1639 ; qu'il est
nécessaire d'abattre cette flèche et de construire une tour.

On fait remarquer que cette mesure est déjà prescrite par
l'archevêque de Besançon. Dans cette requête on se plaint
fort amèrement de ce que les habitants de *Combe David*, ne
veulent rien fournir, sous prétexte qu'ils sont de la paroisse
de Chatel-Blanc.

Cependant on prouve que leur prétention est mal fondée en
invoquant l'acte de délimitation intervenu entre ces deux communes, relativement à la charte du 28 février 1372, par
laquelle on avait accordé des droits d'usages aux habitants
de Foncine ; qu'un arrêt du parlement a posé le *Grand-Cret*
pour limite entre les deux communes ; qu'ainsi *Combe-David*
se trouve dans la limite de Foncine, que le seigneur de

(1) Egalement aux archives.

Foncine a toujours perçu la dîme à *Combe-David ;* que les
habitants de ce hameau ont toujours payé pour l'entretien de
l'église et de la cure de Foncine, un petit *fromage de ménage
accompagné du manipule* de chanvre et une écuelle de *chenevé*
et au prêtre dix sous par ménage, et cinq sous pour ceux
qui mettent bête en charrue (1).

Par jugement sur requête de M. l'intendant, en date
du 20 septembre 1736, visite de l'église fut faite le 13 août
1737 « par M. Regnaudot, subdélégué au baillage de Poligny,
« y appelé le sieur Despotaine, maître architecte et entrepre-
« neur dans les ouvrages du roi, lequel ayant juré, fit son rap-
« port, qu'en rétablissant le clocher dans le même endroit, on
« ne pourrait le faire solidement ; pourquoi il a dit que pour le
« bien d'une grosse paroisse, il convenait de faire un ouvrage
« solide et de construire un nouveau clocher au-devant de
« la grande porte de l'église, à chaux et arène. Il en a dressé
« un plan et fait devis un plan (2.) de ladite église. Pourquoi
« les habitants délibérèrent solennellement, le sixième octobre
« 1737, en obligeant leurs biens. » Permission fut accordée le
13 mai 1738, marché fut fait le 25 août 1740, avec Pierre-
Antoine Roz, de la Mouille, pour la construction du nouveau
clocher (3.) Ledit Roz ne devait faire que la maçonnerie. Les
habitants de Foncine fournissaient la pierre rendue sur place,
la charpente et tous les matériaux.

Les exigences de Sirod continuaient un procès pendant au
bailliage, et Foncine venait d'être condamné à contribuer aux
réparations de la cure et de l'église de Sirod. Par transaction
du 21 juillet 1725, les habitants de Foncine, par le fait de

(1) Pièce aux archives.
(2) Nous possédons le plan, il a été communiqué à M. Borne, chargé
de la reconstruction de 1846.
(3) Pièces aux archives.

leurs échevins, consentirent à donner une somme de 350 livres pour ces réparations et celle de trente-trois livres par an pendant le temps qu'ils restaient paroissiens de Sirod. Par acte en date de 1716, le prieur d'Orchamps donna à Foncine, pour faire une mission de dix ans en dix ans, une somme de 1000 livres ; il augmenta son premier don d'une somme de 500 livres, par acte de 1722 ; il mourut en 1725 (1). De 1708 à 1709, M. Oudet avait obtenu de M. Jobelot, vicaire général, des reliques de St-Marcelin, martyr et de Saint-Eugène, de chaque saint un petit os.

En 1729, les habitants de Foncine réclamèrent encore qué leur église fut démembrée de celle de Sirod. Rejet de cette demande par Mgr l'archevêque de Besançon, le 1er septembre 1733.

En 1742, à la sollicitation du roi, le pape Benoit XIV sécularisa l'abbaye de St-Claude, et l'érigea en évêché suffragant de Lyon. Les religieux en formèrent le chapître, ils étaient au nombre de 20, Mgr de Mallet de Fargues fut le premier évêque. M. Oudet, vicaire en chef de Foncine, fut assigné pour déclarer ce que Foncine redevait au prieuré de Sirod dont les bénéfices devaient être réunis à la manse capitulaire (2). Déjà accablé par les années, M. Oudet avait pris pour vicaire M. Baignier, qui lui succéda comme vicaire perpétuel. Ce prêtre mourut le 3 août 1777 à l'âge de 80 ans. Il eut pour successeur M. Lhomme, vicaire à Château-Chalon.

Nouvelle demande de démembrement en 1780 ; opposition de M. Dupotôt, prieur de Sirod.

Les curés et prieurs de Sirod étaient cependant plus préoccupés de toucher les deniers de Foncine que de faire desservir cette paroisse ; depuis 1777 à 1784, six vicaires s'é-

(1) Pièces aux archives.
(2) L'acte d'assignation est aux archives.

taient succédés, et enfin plusieurs dimanches s'étaient écoulés sans qu'aucun prêtre parut à Foncine : aussi les habitants avaient fait dresser des procès-verbaux authentiques de ce fait, et le curé Létoublon de Sirod, avait reçu par le ministère d'huissier, plusieurs sommations d'avoir à faire desservir cette paroisse, conformément aux anciens traités (1).

Foncine après tant de débats fut enfin érigé en cure. Nous donnerons copie de l'acte de prise de possession, car cette pièce indique les formalités usitées en pareil cas, avant la la révolution.

« Par devant le notaire royal soussigné, fut présent M.
« Jean-Baptiste Marandet, prêtre originaire de Chalesmes,
« lequel étant révêtu du surplis et d'une étole, au-devant de
« la principale porte de l'église de Foncine-le-Haut, tenant
« en main le décret donné par Mgr Raymont-de-Dufort, ar-
« chevêque de Besançon, en date du 20 décembre 1784, par
« lequel il a érigé Foncine-le-Haut en bénéfice-cure et par
« lequel il a donné et conféré plein droit ledit bénéfice-cure
« au sieur Marandet ; les lettres-patentes de sa majesté, don-
« nées à St-Cloud, au mois de septembre dernier, enregistrées
« aux actes importants du parlement de Franche-Comté, en
« exécution d'arrêt de ladite cour du 13 décembre aussi der-
« nier, par lesquelles lettres-patentes, sa majesté autorise et
« confirme ledit décret, l'arrêt d'envoi en possession dudit
« parlement en date dudit jour, 13 décembre dernier, dû-
« ment signé et scellé, à la fin duquel est la prestation de
« serment requis, faite par M. Claude-Antoine Remillet, pro-
« cureur audit parlement, au nom, et comme ayant charge
« dudit sieur J. B. Marandet, prêtre dénoncé dans ledit arrêt,
« par devant messire Claude-Antoine-Catherine Boquet, de
« Courbouson, président à mortier du parlement de Franche-

(1) Les actes d'assignation sont aux archives.

« Comté aurait présenté lesdites lettres à M. J.-Clément Jac-
« quemot, prêtre, docteur en théologie, curé de Loule, pour
« à vue d'icelles le mettre en la possession de ladite cure de
« Foncine-le-Haut, aux honneurs, fruits, profits, droits et
« revenus y attachés ; lequel sieur Jacquemot, après avoir lu
« et examiné lesdites lettres, les ayant reconnues en due
« forme, aurait introduit ledit sieur Marandet dans ladite
« église.

« Ensuite de quoi, ledit Jacquemot, en présence de la
« paroisse assemblée au son des cloches, aurait déclaré
« publiquement qu'il mettait et envoyait ledit sieur Marandet
« en la vraie réelle et actuelle possession de la cure de Fon-
« cine-le-Haut, à laquelle prise de possession personne n'a
« apporté empêchement, à Foncine le 3 janvier 1786. »

Outre le vicaire perpétuel nommé par Sirod où le curé,
ensuite de l'érection en cure de Foncine, il y avait un chapelain depuis les temps les plus reculés, chargé, ainsi que le porte
le traité de 1673, de desservir les confréries ; plusieurs de ces
confréries avaient été érigées par bulles des papes dont on
conserve encore les originaux et les règlements dans nos
archives. Ces confréries étaient riches et puissamment do-
tées, ce qui avait eu lieu par suite de dissensions incessantes avec Sirod. Parmi les chapelains chargés de desservir
ces confréries, nous citerons MM. Charles Jeannin, Dubrez
Athanase, Oudet, Jacquin. Par suite de la révolution, les biens
et les rentes de ces confréries furent vendus.

Pendant le temps le plus orageux de la révolution, le service
du culte catholique ne fut pas interrompu à Foncine ; souvent
il avait lieu à la chapelle des Ruines dont nous parlerons plus
loin, et ordinairement au *Creux Maldru ;* on y voit encore
les monuments qu'a laissés le temps de persécution du sacerdoce. En effet, les réfugiés avaient bâti dans cette grotte un

mur qui subsiste encore en partie. L'une des pièces servait de crypte. On y voit un bénitier taillé dans le roc vif; à un décimètre de profondeurr une niche où était placée une petite statue de la vierge ; l'emplacement de l'autel, reconnaissable à des entailles marquées dans la pierre et à des trous pratiqués dans la masse du rocher pour y fixer des pièces de bois. On conserve le ciboire, un ostensoir et un calice en bois de sapin couvert de papier doré, dont se servaient les prêtres réfugiés dans cette grotte. Tous les jours on y célébrait la messe. Souvent le dimanche, lorsque le temps était favorable on la disait en plein air au-dessus de la montagne. (Voir, pour plus de détails, l'annuaire de 1844, page 246, 247, 248, 249.)

Chapelles et oratoires dépendants de l'église de Foncine.

1° En 1684, le sieur Jacquet, prêtre, fit ériger dans l'église de Foncine-le-Haut, une chapelle sous le vocable de St-Pierre, qu'il dota au moyen de deux pièces de terre, dont le revenu était d'environ 50 livres, se réservant pour lui et ses successeurs le droit de nomination à la chapelle en tout temps. Ce droit a été exercé tant par lui que par ses héritiers exclusivement à tous autres jusqu'en 1740 que le titre de bénéfice a été atteint par la réunion de la chapelle à l'église de Foncine-le-Bas. Nous verrons plus loin les débats auxquels donna lieu ce bénéfice de la chapelle de St-Pierre, erigé par le prêtre Jacquet, qui eut pour successeur son frère Guillaume Jacquet, chirurgien.

La chapelle des Planches.

Cette chapelle, érigée en 1724, comme celle de Foncine-le-Bas, était dépendante de Foncine et de Sirod dans le principe, car ces trois communes, ainsi que nous l'avons déjà dit, n'en formaient qu'une.

Erigée en succursale sous le vocable de St-Jean, nos archives ne renferment rien de particulier à son égard.

La chapelle des Ruines.

A une époque ancienne, il existait un oratoire aux Ruines, hameau de la commune de Foncine-le-Haut ; mais il était tombé faute d'entretien ; il n'en restait plus que la cloche, fondue à Pontarlier en 1659. Les habitants de ce hameau s'adressèrent à l'archevêque pour avoir la permission d'y construire une chapelle. Voici un extrait de leur pétition.

« Les habitants du village des Ruines de la paroisse de
« Foncine-le-Haut, disent que cette paroisse est composée de
« différents cantons. Le village des suppliants en est un éloi-
« gné de la mère église d'une demi-heure et plus. Il y avait
« anciennement un oratoire qui est tombé par caducité ; il
« n'y reste plus que la cloche dont les suppliants se servent
« pour sonner l'angelus. Ils ont formé le dessein, sous votre
« bon vouloir et agrément, de rétablir ledit oratoire pour y
« aller faire leur prière, principalement pendant le temps
« d'hiver ; les neiges y étant s abondantes dans le temps
« d'hiver, qu'ils ne peuvent qu'avec une peine extrême se
« rendre au canton de la mère église, surtout les vieillards,
« les infirmes et les enfants.

M. Hugon, vicaire général de Besançon, commit le sieur Paulin, prêtre chapelain aux Planches, le 2 mai 1725, pour faire la reconnaissance. Ce prêtre, assisté du vicaire perpétuel de Foncine fit son rapport et l'autorisation fut accordée.

Cette chapelle possède quelques revenus qui servent à son entretien ; elle a été bien réparée dans ces dernières années ; et, comme nous l'avons déjà dit, le culte catholique n'y discontinua pas pendant les jours les plus orageux de la révolution.

Nous avons parlé de l'oratoire de St-Roch, de celui de *Combe-David*. Maintenant il en existe trois autres, celui du Bas-de-Ville, dit Dieu-de-Pitié ; celui de St-Joseph, et celui de Sur-la-Côte. Le premier érigé en 1747; le second, en 1675; le dernier en 1680.

Les habitants d'Entre-Côte avaient aussi fait entre eux, le 14 juin 1763 une convention pour ériger une chapelle. Le sieur Jean-Baptiste Jeunet, prêtre, donnait pour cela toutes ses propriétés et s'obligeait d'en être le chapelain pendant toute sa vie. Nous ne savons ce qui a empêché l'exécution de ce projet.

Après la révolution, Foncine-le-Haut fut érigé en cure de canton. Les différents prêtres qui ont occupé cette cure sont MM. Monnier, Pourchet, Saron, curé de Sellières ; Lizon, curé d'Arbois ; Créminger, curé mort à Barretaine ; M. Tavernier, et enfin M. Monnot, curé actuel, par les soins duquel l'église vient d'être reconstruite, tant à l'aide de ses deniers que de ceux de la fabrique, et d'un produit d'une souscription dont la liste sera prochainement publiée.

Voici l'extrait de l'autorisation :

« Nous préfet du Jura,

« Vu le procès dressé par l'architecte Borne, pour l'agrandissement de l'église de Foncine-le-Haut ;

« Vu la délibération du conseil de fabrique, et celle du conseil municipal relatives à l'exécution du projet ;

« Vu l'avis de M. le Sous-Préfet de Poligny, du 18 avril 1846 ;

« Vu le rapport du conseil des bâtiments civils, du 5 mai suivant ;

« Vu les budgets de la fabrique et de la commune ;

« Vu le décret du 30 décembre 1809 et la loi du 18 juillet 1837 ; ensemble les règlements y relatifs ;

« Avons arrêté ce qui suit :

« Le projet d'agrandissement de l'église de Foncine-le-Haut est approuvé pour être exécuté au fur et à mesure de la réalisation des ressources de la fabrique.

« Le 2 juin 1848.

« Le préfet, Thomas.

Quoique la nécessité de cette reconstruction fût généralement sentie, il n'en est pas moins vrai qu'une faible coterie a fait tous ses efforts pour paralyser le bonvouloir et empêcher les sacrifices des personnes bien disposées.

L'église de Foncine-le-Haut a été enfin terminée par les soins de MM. Thorax, curé actuel, elle est élégante, bien ornée; elle a des vitraux peints, un orgue dont l'a enrichie Mme Munier dont le père l'avait placé au Chatelet ; de nombreux vases sacrés en argent, parmi lesquels on remarque une statue en argent d'un travail artistique remarquable, servant à renfermer les reliques de St-Léger, patron de la paroisse, cette statue en argent a été donnée en 1813 par Jean-Baptiste Munier, mais comme il avait vu la spoliation des églises, l'envoi des vases sacrés à la monnaie, et qu'il ne voulait pas qu'en cas d'une révolution nouvelle son don fut exposé à subir les mêmes dangers, il eut soin par son acte de donation qui est du 1er juillet 1813, de déclarer, ce qui fut accepté par la fabrique, que la propriété de cette statue en argent appartenait à lui et à sa famille, qu'il n'en concédait à l'église de Foncine-le-Haut que l'usufruit pendant le temps où le culte catholique serait exercé dans cette église, qu'on ne pouvait en changer la destination sans perdre cet usufruit. Le calvinisme avait son siége si près de St-Claude et s'y montrait si ardent à faire des prosélytes, qu'on jugea utile de transformer St-Claude en évêché pour donner à la religion catholique plus de nerf et d'action dans sa défense, donc ainsi que nous l'avons déjà dit, par Bulles de Benoist XIV données le 22 janvier 1742, le monastère de St-Claude fut érigé en évêché et la ville reçut le titre de cité. Ces bulles furent fulminées par l'archevêque de Lyon dans son décret du 3 août 1742. La circonscription du nouvel évêché fut fixée aux 26 grandes paroisses qui étaient renfermées dans l'ancienne terre de St-Claude et à quelques autres démembrées des diocèses de Lyon et de Besançon, parmi celles cédées par l'archevêque de Besançon, figurent la Rixouse, Morbier, Grandvaux, parmi les cures cédées et sur lesquelles l'archevêque de Besançon conserva le patronage, nous comptons Chaux-des-Crotenay et Sirod, par là même, toutes les églises de notre canton qui dépendaient de Sirod, l'évêque de St-Claude fut déclaré suffragant et dépendant de la métropole de Lyon. M. Joseph Méallet de Fargues fut pourvu de cet évêché à l'âge de 29 ans, il en prit possession le 8 décembre 1742.

Dans l'organisation établie par le concordat, le diocèse de St-Claude fut supprimé et réuni au siége de Besançon.

L'évêché de St-Claude rétabli par le concordat de 1817 eut pour titulaire Mgr Antoine-Jacques de Chamont, sacré le 13 juillet 1823, il rétablit les doyennés ecclésiastiques, dont la circonscription fut à peu près la même que celle des cantons civils, ainsi la cure de canton étant à Foncine-le-Haut, le doyenné du canton des Planches fut aussi fixé à Foncine-le-Haut.

Le diocèse de St-Claude compte 449 prêtres, 31 cures, 309 succursales dont 21 érigées depuis 1830, 8 chapellenies rétribuées par l'état, 10 autres non rétribuées, 58 vicariats, 6 directeurs du grand séminaire, 6 missionnaires, 14 professeurs employés dans les petits séminaires, 9 maisons de religieux et 32 de religieuses destinées à l'enseignement de la jeunesse et aux soins des malades.

Nous avons vu que dès 1756, les Foncines et les Planches s'étaient rédimés de la main-morte, mais que certains droits féodaux assez lourds pesaient encore sur ces communes, mais 1789 s'avançait pour les détruire, et ces communes, comme toute la France saluèrent de leurs cris d'enthousiasme et d'espoir l'ouverture des états généraux, qui se fit solennellement à Versailles le 5 mai 1789.

Malgré que Louis XVI par son édit du mois d'août 1779 eut aboli le droit de main-morte et de servitude dans tous ses domaines, plusieurs années s'écoulèrent encore sans que rien fut changé à la condition des serfs du Jura ainsi que nous l'apprend un mémoire adressé en avril 1789 à l'assemblée des trois ordres du bailliage d'Aval, les impositions royales s'élevaient au tiers du produit, le seigneur ecclésiastique prélevait le onzième, le curé le vingtième, la semence prochaine le quart, c'était donc plus des deux tiers enlevés au cultivateur. De plus ce cultivateur était soumis à deux où trois mois de corvée pour construire où réparer les routes pratiquées à travers le mont-Jura.

Le jour de la justice arrivait, car la révolution s'avançait à grand pas, l'ouverture des Etats-Généraux avait été fixée au 5 mai 1759.

CHAPITRE XVIIIe.

La Révolution.

Nous voyons figurer le nom de Guérillot de la Chaux parmi les signataires de la lettre adressée au roi par la noblesse de Franche-Comté en 1788, pour réclamer le maintien des privilèges de la province. La Franche-Comté en 1674 ne payait que 720,000 livres d'impôts et en 1783 elle payait 9,300,000 livres ; le 12 novembre 1788 on ouvre à Lons-le-Saunier les lettres closes de Sa Majesté datées de Versailles 4 novembre 1788 portant convocation des Etats de la province de Franche-Comté pour le 26 du même mois dans la ville de Besançon, il y avait 122 ans qu'ils n'avaient pas été convoqués. 1789, disette, le pain est très-cher, la mesure de blé du poids de 36 livres est à 7 trancs. A l'assemblée bailliviale de Dole tenue au mois d'avril 1789 nous voyons figurer le sieur Blondeau, curé de la Chaux-des-Crotenay.

Le 23 juillet 1789 le marquis de Longeron ordonne la formation des compagnies de milice nationale pour veiller à la sûreté des campagnes. Du 14 au 30 décembre 1789, constitution des nouvelles municipalités. Le Duret avait érigé toutes les communes en municipalités. 19 décembre, même année, création des assignats.

La nouvelle de la prise de la Bastille (14 juillet 1789) s'était propagée comme une traînée de poudre à travers la France. Tout-à-coup le bruit se répand qu'une armée de brigands à la solde des aristocrates court le pays et dévaste les campagnes, le tocsin d'alarme se répand de clocher en clocher, les hommes, les femmes, les enfants s'arment de fusils, de fourches et de faulx pour voler à la rencontre d'un ennemi qni ne paraît nulle part, les paysans attaquent les châteaux et s'en prennent aux archives, aux titres, aux monuments, mais disons à la louange de nos communes que si le tocsin y sonna comme ailleurs, il n'y eut point d'excès commis, tout fut respecté.

Le mardi 4 août 1789, les droits féodaux furent abolis ; le 15 janvier 1790, la France est divisée en 83 départements, subdivisés en districts, cantons et communes. Foncine-le-Haut qui jusque là avait été le siége de la justice seigneuriale le perdit, les Planches furent créés chef-lieu de canton, et les trois communes des *Planches, Foncine-le-Haut, Foncine-le-Bas* remplacèrent l'ancienne grande communauté dite *des Foncines et des Planches*.

Avril 1790, remplacement des droits de *gabelle locale* pour neuf mois par les impositions foncières. Dès le mois de septembre 1789 les émigrations avaient continué et nos villages si rapprochés de la Suisse étaient un des chemins les plus suivis; 1790, émeutes dans les montagnes, au sujet de la cherté et de l'accaparement des subsistances.

A l'assemblée des électeurs tenue à Arbois le 13 mai 1790, nous voyons figurer comme représentants de nos montagnes, Monnier, des Planches, Perrard, de Morez, Panard de Longchaumois.

2 juin 1790, naissance des clubs à l'instar de ceux de la capitale.

19 juin 1790, abolition de la noblesse, des titres et des armoiries.

Juillet 1790, arrivée à Paris des fédérés du Jura; nous avons souvent entendu le médecin Catini, notre prédécesseur, l'un de ces fédérés nous raconter avec orgueil et plaisir ses impressions de ce voyage; les compagnies d'élite qui avaient été choisies pour représenter dignement le Jura, étaient en effet composées de sujets d'une taille si extraordinaire, que leur apparition ne pouvait manquer de produire une grande sensation partout; aussi ils avaient remarqué sur tous les visages parisiens l'expression de l'étonnement à la vue de ces compagnies colossales, car le bon peuple de Paris croyait nos Jurassiens sortis des antres des montagnes, où les ours partageaient avec eux le gîte et la nourriture et ils ne revenaient pas de les trouver si peu sauvages et si bons, on a

même demandé à plusieurs d'entre eux, s'il était vrai que,
chez eux, on mettait tous les matins sur les portes des
écuelles pleines de gaudes (*bouillie de maïs*) pour les ours
qui venaient manger familièrement avec les habitants de leurs
villages.

Les fédérés du Jura, musique en tête, précédés des chasseurs et des grenadiers de la garde parisienne qui s'étaient
portés à leur rencontre pour servir de garde d'honneur à leurs
frères d'armes du Jura, arrivèrent sur la place des Victoires.
Là, en face de la statue que Louis XIV avait fait ériger en son
honneur après la conquête de la Franche-Comté, et qui la représentait portant des chaînes et se pliant sous les pieds du
monarque, le fier républicain Malet, commandant du bataillon
de Dole, s'écria : « Fiers citoyens du Jura, contemplez ce mo-
» nument qui, pendant un siècle et naguère encore, offrait le
» spectacle humiliant de votre patrie enchaînée, ces emblêmes
» de servitude ont été détruits ; vous le devez aux représen-
» tants du peuple français, que ceux qui nous écoutent jugent
» du prix que nous mettons à la liberté, par l'expression de
» notre reconnaissance envers eux. »

Ils se rendirent ensuite à l'Assemblée nationale et aux Tui-
leries et au jour nommé célébrèrent, avec tous les fédérés de
France, la fête de la fédération. Le 4 août 1790 les fédérés
rentrèrent à Lons-le-Saunier avec la bannière fédérative donnée par la ville de Paris et portée par Alpy, le général Malet la
remit au département.

Nous regrettons de ne pouvoir publier la liste des fédérés
du canton des Planches, nous n'avons pu nous la procurer ;
on nous a cité quelques noms que nous donnons sous toutes
réserves, le médecin Catini ; Petetin, dit Grenadier ; Oudet,
dit Pierre à la Gelle ; Pagnier, dit Grand-Guy-Guy.

Le 14 juillet 1790, célébration à Foncine de l'anniversaire

de la prise de la Bastille, discours du curé de Marandet.

16 juillet 1790, entrée en activité du directoire du département.

2 novembre 1790, les biens du clergé sont mis sous la main de la Nation, ils comprenaient dans les Foncines plusieurs propriétés fort importantes.

8 janvier 1791, Marandet, curé de Foncine-le-Haut, prête serment à la constitution civile du clergé. 30 juin 1791, on décrète la fonte des cloches, Foncine-le-Haut en avait trois, on lui en laisse une qui existe encore.

Le 11 juillet 1792 l'Assemblée législative déclare : *Citoyens la patrie est en danger* ; aussitôt nos valeureux paysans des Foncines répondent noblement à cet appel, ils courent aux armes sous la conduite de Bonaventure Jacquin, nommé leur capitaine, dont la femme voulut partager les périls et se revêtit de l'habit militaire pour entrer comme soldat dans la compagnie qu'il commandait.

12 septembre 1792, ordre de supprimer les prières publiques, dès lors à Foncine-le-Haut le service du culte catholique a lieu au *Creux-Maldru*, à l'oratoire des Ruines, dans les fermes isolées, et cet exercice du culte y continua sans interruption même dans les plus mauvais jours.

Le 25 septembre 1792, la République est proclamée au chef-lieu du département.

Le 1er octobre 1792, demande au ministère de la guerre d'une quantité d'armes proportionnelle aux besoins du pays, pour la défense de la frontière jurassienne, en considération d'une prise d'armes subite et considérable qui aurait eu lieu en Suisse. Sur les places publiques de nos communes, l'autorité chante et fait chanter la Marseillaise, en guise de *Te Deum* pour célébrer les succès obtenus par les armées françaises.

Janvier 1793, le sol de toutes les maisons est fouillé par les salpétriers pour la fabrication de la poudre de guerre, beaucoup de nos habitants de Foncine ont à se plaindre que leurs maisons sont littéralement dévastées par ces gens qui en compromettent l'existence. Cette servitude, imposée par l'article 8 du décret de 1792 aux communautés, était très-onéreuse et souvent les salpétriers abusaient du privilége qu'ils avaient de pouvoir prendre les terres, cendres et autres matières dont ils avaient besoin. Je trouve une pièce assez curieuse dont il est bon de donner copie.

« A monseigneur l'intendant de la Franche-Comté, sup-
» plient humblement les habitants des communautés des
» Foncines et des Planches et disent :

» Que depuis dix-huit mois, le nommé Jean-Baptiste Cart,
» salpétrier, a son atelier dans ladite communauté, ayant tra-
» vaillé les terres propres au salpêtre dans tous les hameaux
» de ladite communauté, à la réserve d'un petit canton où
» aucun salpétrier n'a travaillé ci-devant, à raison que les
» maisons sont situées sur un terrain spongieux que les cha-
» leurs ont desséché, et aussitôt le sieur Cart y a transporté
» son atelier contre les remontrances des suppliants qui crai-
» gnent que la maladie épidémique sur le bétail rouge soit ré-
» veillée par le remuement des terres, que cette maladie a
» régné trois ans consécutifs dans ce canton.

» Ce, considéré monseigneur il vous plaise ordonner au sal-
» pétrier Cart d'avoir à transporter son atelier dans une autre
» communauté de son arrondissement. »

Le 27 juillet 1793, décret qui met le Jura au ban de la Nation.

7 avril 1793, le besoin d'armes devenait de plus en plus pressant dans un département frontière comme le Jura, l'ad-

ministration départementale achète et reçoit toutes les armes qui se fabriquent à Foncine et chez les armuriers.

13 juin 1793, adresse de la société populaire de Dole à toutes les municipalités du Jura dans laquelle on appelle tous les patriotes à la défense de la République contre les projets du fédéralisme.

22 juin, manifeste du Conseil de Salut public du Jura à tous les administrés.

Sous le poids des décrets de la Convention qui mettaient hors la loi M. Ebrard, chef de l'administration du département du Jura ; M. Monnier, Marie-Etienne, procureur-syndic du district de Poligny ; M. Dumas aîné, vice-président du directoire du département, et Pierre Saillard, membre du comité de Salut public, vice-président du district de Lons-le-Saunier; ils se retirèrent aux Planches, chez M. Monnier-Talleyrand. Laissons parler M. Ebrard : « Enfin, nous voilà tous arrangés » sur la voiture avec quelques effets et des passeports que » nous nous étions procurés près de nos collègues, pour » passer à l'étranger, décidés cependant à n'en faire usage » qu'à la dernière extrémité. Il était dix heures, la nuit était » belle et tranquille, le ciel parsemé d'étoiles. A peine fûmes- » nous en marche qu'une espèce de comète frappa nos re- » gards ; sa direction d'Occident en Orient semblait indiquer » la Suisse où nous tendions. Sans croire aux augures, nous » trouvâmes dans cet événement quelque chose d'étrange et » de satisfaisant. Etait-ce un ordre de la Providence? Je fus » un instant tenté de le croire. Cela nous fit beaucoup raison- » ner et déraisonner pendant notre route. »

10, à quatre heures du matin. Nos fugitifs arrivent à la grange solitaire de Taravan, appartenant à M. Monnier, où ils passent quelques heures de repos dans une sécurité parfaite, afin que leur passage par Champagnole et par d'autres

commnes, en plein jour, ne les expose point à être reconnus.
On célébrait partout le département l'anniversaire du 10 août;
on y brûlait sur les places publiques les titres féodaux en exécution des derniers ordres de l'administration déchue. A la
chute du jour les proscrits du Jura, qui s'étaient tenus le 10 à
la ferme de Taravan, reprirent leur route et arrivèrent aux
Planches-en-Montagne à une heure très-avancée de la nuit.
« Notre marche nocturne, dit M. Ebrard, avait été remarquée
» par des jeunes gens, et le mystère dont nous nous envelop-
» pions la rendit bientôt suspecte. Pour comble, des amis de
» Lons-le-Saunier, à qui nous avions confié nos projets étaient
» venus, dans la même nuit, nous rendre compte de la sensa-
» tion qu'avait produite notre départ précipité et de ce qui
» s'était passé à la cérémonie. Tous ces mouvements avaient
» fixé l'attention de la police sur nous. Des ordres furent
» donnés à la garde nationale pour faire un cordon sur la
» frontière et s'opposer à notre passage. Nous ignorions ces
» mouvements et ces ordres, et nous ne craignimes point de
» nous montrer publiquement.

» Nous proposâmes au père de notre ami de nous garder
» quelques jours, jusqu'à ce que nous connussions l'effet des
» démarches que le commissaire Bassal faisait pour obtenir le
» rapport des décrets; et, dans l'excès de notre confiance,
» nous avions écrit à ceux de nos collègues, qui s'étaient réu-
» nis dans une autre campagne, de venir le lendemain nous
» voir en toute sûreté.

11. » La journée du 11 se passa dans cette disposition de
» sécurité qu'autorisait une assurance donnée par un muni-
» cipal, à qui j'avais déclaré notre intention de passer quel-
» ques jours dans sa commune.

12. » Mais le lendemain, 12, la scène changea de face. Dès
» le grand matin, il se forma, près du village, un attroupe-

» ment composé de gardes nationaux, qui avaient reçu l'ordre
» de garder les frontières, et qui venaient, disaient-ils, s'as-
» surer si nous n'avions point passé à l'étranger. Il fallait tout
» l'ascendant que donnait à notre hôte, sur cette jeunesse ar-
» dente, une confiance méritée, pour se garantir des effets de
» son effervescense. On parvint à dissiper l'attroupement par
» l'assurance précise de notre intention de rester où nous
» étions, et par l'explication des motifs qui nous avaient en-
» gagés dans la démarche d'une absence momentanée.

» Cette aventure était d'un sinistre augure, elle devait né-
» cessairement apporter du changement à notre détermina-
« tion. Nous hésitâmes quelques temps si nous partirions sur
» le champ : c'était l'avis de la plupart de nous. L'un de nos
» hôtes nous engagea à rester et à ne partir que le soir. Cela
» me parut, à moi, plus prudent ; nous ne tardâmes pas à
» nous en repentir. A peine étions-nous à moitié du dîner,
» que la maison de notre hôte fut investie par plus de 200
» hommes, armés de sabres, de fusils, haches, faulx, piques,
» etc. Au son du tocsin, sonné dans un village voisin et répété
» de proche en proche, ces hommes s'étaient réunis, sous le
» prétexte supposé qu'on s'égorgeait aux Planches, où nous
» étions : et bientôt le rassemblement s'accrut au point de ne
» pouvoir en exprimer le nombre : les municipaux, les com-
» mandants de bataillon, les citoyens du canton et des can-
» tons voisins, tous étaient accourus, sans savoir pourquoi.
» Tous étaient autour de la maison, où le long des murs de
» la clôture, ou sur les avenues. On conçoit que les têtes de-
» vaient être fort exaltées, et que notre position devint fort
» critique. Nous fûmes, en effet, très-embarrassés. Nous nous
» présentâmes au milieu de cet attroupement pour parler ;
» mais la fureur de quelques-uns ne leur permettait pas d'en-
» tendre.

» Des cris confus, parmi lesquels on distinguait quelques
» injures, quelques menaces, furent l'unique effet de cette dé-
» marche. Nous crûmes alors devoir réclamer l'autorité des
» chefs, elle fut impuissante : le commandant et les municipaux
» n'étaient point écoutés ; ils voulaient donner leur démission.
» Nous obtînmes que le conseil de la commune prononcerait
» sur notre arrestation, et que les citoyens déféreraient à leur
» jugement. Ne pouvant être entendus, nous rédigeâmes par
» écrit la déclaration des faits, et la remîmes au conseil. Quoi-
» que rédigée avec modération , elle ranima l'aigreur du
» peuple qui influençait le conseil : le conseil chassa de la dé-
» libération, comme suspect, un membre, parent de celui qui
» nous avait donné asile. Enfin, après six heures de discus-
» sion, pendant lesquelles une garde nombreuse et menaçante
» ne nous quitta pas, le conseil arrêta que nous serions con-
» duits, le lendemain, par devant le juge de paix.

» Voilà donc notre arrestation un peu régularisée, mais elle
» n'en est pas moins dangereuse. On nous notifie le jugement,
» en nous déclarant que la garde nationale veut nous emme-
» ner, la nuit même, afin de nous garder plus facilement.

» Nous réclamons l'exécution littérale du jugement, ne vou-
» lant pas nous exposer au danger de marche nocturne, et
» nous avons peine à l'obtenir.

» Un piquet nombreux est placé dans la maison et aux
» portes pour prévenir toute évasion (1).

13. » Le mardi 13, on nous mène, dès le matin, à Fonciuc,
» où réside le juge de paix. A la fureur qui avait caractérisé
» le premier mouvement du peuple contre nous, a succédé un
» sentiment moins violent, mais aussi peu satisfaisant.

(1) Ces rigueurs ne prouvent pas que les administrateurs jouissaient
par tout le département, de la popularité dont ils se croyaient forts au
conseil général de salut public, quand ils faisaient un appel au peuple
le 26 juillet.

» L'ordre et le silence règnent parmi ceux qui nous escor-
» tent ; mais leur physionomie exprime leur pensée : ils s'ap-
» plaudissent intérieurement de l'humiliation qu'ils font éprou-
» ver à des hommes que la loi avait, un instant, placés au-
» dessus d'eux ; et quelque fois leur sourire les trahit. Aucun
» n'ose se permettre d'injures ou de mauvais procédés.

» Enfin nous arrivons, le juge de paix est absent. On lui
» députe un officier municipal, pendant que les autres restent
» avec nous à l'auberge. Un grand concours de peuple est
» assemblé.

» Nous réclamons la loi ; l'attroupement est dissipé. Bientôt
» il se reproduit par petits groupes, et nous donne quelques
» inquiétudes sur notre sûreté.

» En attendant l'arrivée du juge, nous nous promenions
» avec les municipaux qui nous faisaient compagnie et qui
» nous avaient donné à déjeuner. Le peuple prend ombrage
» de ces actes d'honnêteté ; il rappelle et blâme les officiers
» municipaux, qui nous invitent à rentrer dans l'auberge.
» Bientôt on nous annonce l'arrivée du juge ; nous nous em-
» pressons de nous rendre à son audience, où nous trouvons
» à peine place, tant l'affluence est grande.

» Sans attendre qu'il nous interroge, nous lui expliquons la
» cause de notre départ et les circonstances de notre arresta-
» tion. Nous lui faisons part des démarches promises par le
» représentant Bassal, pour solliciter le rapport du décret qui
» nous frappe et nous réclamons la protection de la loi pour
» nous rendre à nos postes, y attendre le fruit de ces démar-
» ches, dès que l'inquiétude du peuple ne nous permet pas
» de conserver l'asile momentané que nous nous étions choisi.
» Le juge nous promet justice, mais il est lui-même très-em-
» barrassé. La délibération du conseil municipal ne qualifie
» pas le délit renvoyé à sa connaissance, et le peuple l'in-

» fluence par ses murmures et par les reproches qu'il se
» permet de nous adresser. Ces reproches sont étranges et
» proposés avec une fureur dangereuse, que nos plaintes
» ne font qu'aigrir, et que l'autorité du juge ne peut
» contenir. Le peuple divague. L'un nous accuse de trahison ;
» il veut qu'on nous traduise à Paris ; un autre nous impute
» des dilapidations de finance (1) ; celui-ci reproche des abus
» d'autorité ; celui-là des infidélités, des vols de caisse, des
» soustractions d'effets nationaux..... Au milieu de tout cela,
» le juge ne cesse de demander sur quoi il doit prononcer et
» prie l'assemblée de nous laisser répondre librement. Nous
» détruisons aisément les inculpations. Reste le motif principal
» de notre arrestation, sur lequel son embarras s'augmente.

« Le curé du lieu arrive fort à propos : il a la confiance du
» peuple et sait la manier ; il présente les torts qu'on nous
» impute sous des traits qui semblent nous être défavorables ;
» bientôt après il s'attache à prouver qu'il n'appartient qu'aux
» représentants du peuple d'exécuter le décret lancé contre
» nous, et qu'il convient que nous retournions à nos postes.
» Nous saisissons cette ouverture pour requérir notre renvoi
» avec une force protectrice. Nous demandons aussi que des
» municipaux nous accompagnent pour vérifier les faits sur
» lesquels le peuple a élevé des doutes injurieux à notre déli-
» catesse. Le juge prononce ainsi ; le peuple est mécontent ;
» mais la présence du curé le contient. L'un de nous dicte
» le procès-verbal.

» Pendant ce temps je me promène avec le procureur de la

(1) Le même magistrat a répondu : « On est allé jusqu'à dire que les
» administrateurs avaient emporté des millions, de l'argenterie des égli-
» ses, etc... Tout le monde sait que l'administration n'avait ni argent, ni
» argenterie à sa disposition ; seulement elle délivrait des mandats, que
» les receveurs acquittaient. Tout le monde soit enfin que le versement
» des caisses n'a point été arrêté. »

» commune (de Foncine); on le fait rappeler, il reste avec
» moi; on le rappelle avec menace, en le mettant en joue. Je
» m'aperçois que je suis la cause de cette injustice ; je le quitte
» et rentre dans la salle d'audience, où je suis gratifié de
» quelques injures que le procureur de la commune partage
» avec moi. Enfin, le jugement est prononcé.

» Nous dinons chez le curé, d'où nous partons peu après
» pour retourner aux Planches.

» Pendant que nous étions à Foncine, nos amis, que nous
» avions invités à venir nous voir, étaient arrivés aux Plan-
» ches pour y dîner avec nous. Ils mettent à peine le pied au
» village qu'on les informe de ce qui s'est passé et qu'on les
» avertit de fuir pour se soustraire eux-mêmes à l'arrestation.
» Ils fuirent, quoique épuisés de fatigue et de besoin de man-
» ger. Le parent chez qui ils arrivaient n'ose pas même leur
» offrir un verre de vin, dans la crainte de les livrer au danger,
» ou de se compromettre lui-même. Il ignorait la décision por-
» tée sur notre compte; et, dans cette incertitude, sa conduite,
» que l'on a taxée de faiblesse était un vrai acte de pru-
» dence. Nous arrivons enfin, et cet événement, que nous
» apprenons nous confirme dans la résolution de partir sur le
» champ pour nous rendre à Lons-le-Saunier avec les muni-
» cipaux et les officiers qui nous accompagnent. Mais un
» nouvel accès de colique me retirent forcément. D. et S.
« (*MM. Dumas et Saillard*) partent le soir avec deux députés.
» Les deux autres (*MM. Bonnot et Monnier*) restent aux
» Planches. Nous partons le lendemain.

14. « Quelques amis viennent m'attendre sur la route, et
» me conduisent à la maison où ma présence calme les inquié-
» tudes que le bruit de mon arrestation y avait excitées ;
» mais ce qui est encore plus satisfaisant, c'est que les pré-
» posés de Foncine qui m'accompagnent, partagent bientôt

» les sentiments de mes concitoyens, et retournent dans leur
» commune avec la disposition d'effacer les impressions que
» la malveillance et l'injustice y avaient suggérées sur notre
» compte. »

M. Monnier disparaît. Il se rend à l'armée révolutionnaire de
la Vendée; où, sous des noms supposés et dans plusieurs
corps différents, il veut encore servir sa patrie.

» Il dût à cette mesure, — bien dangereuse il est vrai, — de
» n'être pas compris dans la liste d'émigration, et la conserva-
» tion des biens de la vie de son père et de sa famille. La
» haine particulière et de Dumas cadet allait le faire décou-
» vrir, et, ne pouvant rester plus longtemps sur le sol de la
» France, il fut enfin obligé de s'expatrier en Suisse (1),
» où il resta jusqu'en 1795 (2). »

Le 3 août 1792, loi qui ordonne la levée en masse de 18 à
25 ans.

Le 3 septembre 1793, Chambon met en requisition, tous
les grains, fourrages et paille qui ne seront point indispensables à l'agriculture, le département avait déjà à faire face au
versement de 80,000 mesures de blé, destinés à la consom-
mation des troupes qui devaient se rassembler à Dole et à
satisfaire au décret du 22 juillet sur la cavalerie.

Le 5 septembre 1793 les communes du canton des Planches
refusaient de fournir leur contingent dans la réquisition
ordonnée par le décret du 22 juillet 1793.

Arrêté qui ordonne la fabrication considérable de piques à
l'effet d'armer les français de l'intérieur, les fusils de munition
étant déjà requis pour la classe de 18 à 25 ans dont la levée
en masse vient d'être décrétée. Nous avons vu les piques

(1) Note communiquée par sa famille.
(2) Il fut, pour cette fois, inscrit sur la liste des émigrés, d'où il fut
assez difficile de le faire rayer, en l'an III.

fabriquées à Foncines sur les voûtes de notre église, conservées jusqu'à ces derniers temps.

8 octobre 1793, le système décimal est décrété et l'annale républicaine établie.

Le représentant du peuple, Bernard, les 12 et 14 septembre 1793 frappe le Jura d'une réquisition de 3600 couvertures de lits, de 1200 paillasses, de 1200 matelas, de 1200 traversins et de 2400 paires de draps ; on fera fournir ces objets par les citoyens riches à titre de prêt à la République.

8 novembre 1793, la démolition de Château-Vilain est ordonnée par le ministre de l'intérieur.

En vertu d'un décret du 14 octobre 1793, le culte de la Raison est substitué au culte catholique.

20 novembre 1793, deux commissaires par canton sont nommés par les sociétés populaires à l'effet d'organiser des clubs à chaque chef-lieu de ces divisions.

20 novembre 1793, deux commissaires par canton sont nommés par les sociétés populaires à l'effet d'organiser des clubs à chaque chef-lieu de ces divisions.

27 novembre 1793, Jean-Alexandre Blondeau, ex curé de la Chaux-des-Crotenay est porté sur la liste des suspects.

5 décembre 1793, l'abbé Auguste Morel, chapelain des Planches est transféré de la maison des annonciades à Dole au fort St-André de Salins.

Le 9 mars 1794, le citoyen Moïse ex-évêque du Jura est arrêté à St-Claude.

Février 1794, on s'occupe d'une réquisition: 18000 quintaux de grains dans le département du Jura. 9 mars 1794, réquisition dans le Jura de 3250 vestes, 8000 culottes, 7500 paires de bas, 20,000 souliers, 1300 bottes, 13,000 chemises, 1300 redingotes, 9000 guêtres, 700 chapeaux, 1700 pantalons et 200 manteaux.

10 mars 1790. Lejeune fait brûler le corps de St-Claude, un bras seul échappe.

25 janvier 1794, rappel aux administrés de l'ordre sacrilége du 19 décembre d'abattre les croix, celle de Foncine-le-Haut est sciée par un Petetin, surnommé depuis Petetin *sareillon,* mot patois, qui veut dire petit mauvais scieur. La tradition de tous nos vieillards rapporte qu'un an après cet acte de scier la croix, jour pour jour, heure pour heure, il fut frappé par la foudre sur sa porte. Depuis cette époque, cette croix n'avait point encore été rétablie ; en 1817, ce fut Jules-Joseph Munier qui la fit replacer à ses frais, aussi d'un côté de la croix sont les initiales de son nom J.J. M., de l'autre le milliiésime 1817.

Le 8 avril 1794, le conventionnel *Lejeune* en mission dans le Jura ordonne que, sous quinze jours pour tout délai, on remettra au district toutes les cordes qui servaient à sonner les cloches, pour être envoyées à une autre destination.

Un discours est prononcé dans le temple de la Raison à Poligny, le 3ᵉ de Germinal, 1794 par le citoyen Jeu-net, médecin, originaire de Foncine-le-Haut, membre du directoire de ce district; l'orateur se propose de laver les républicains du reproche d'avoir changé de religion. (Voir ce discours, page 49, annuaire de 1855).

Le 23 avril 1794 le docteur Jeunet, notre compatriote est nommé, par le représentant *Lejeune,* membre du directoire de Lons-le-Saunier.

7 mai 1794, les ouvriers employés à la fabrique de Foncine, où ils confectionnent des armes pour le service de la République, sont dans la plus grande pénurie des subsistances ; ils demandent à la Commission administrative quelques secours.

19 mai 1794, Robespierre fait faire acte de déclaration par

la Convention « *le peuple français reconnaît l'Être suprême et l'immortalité de l'âme.* » Dans toutes les communes, cette déclaration est inscrite sur l'un des principaux monuments publics, à Foncine, elle le fut à l'église.

21 mai 1794, le girondin Louvet nous dit qu'il fut caché dans une profonde caverne qui se trouve sur les âpres montagnes qui séparent la Suisse de la France, où il voyait et touchait pour ainsi dire l'antique Helvétie. M. Désiré Monnier croit qu'il était aux *Cressonnières,* nous pensons, nous au contraire, qu'il était au Creux-Maldrud, et pour deux raisons, la première il n'y a pas de profondes cavernes aux Cressonnières, la seconde c'est que le Creux-Maldrud était le refuge de tous les émigrés qui passaient en Suisse. Il y fut visité par sa femme, cette Lodoïska que ses mémoires ont immortalisée.

On s'occupe dans le Jura et le Doubs de la formation de dix compagnies à prendre sur la garde nationale, pour remplacer sur la frontière Suisse, les troupes qui y formaient le cordon et qui ont été expédiées sur les armées, 11 juillet 1794.

Le 26 juillet 1794, Lejeune écrivait aux agents nationaux du Jura, *de faire fouiller les bois, les retraites dans les montagnes et les maisons renommées par leur fanatisme,* pour saisir les prêtres réfractaires ; c'est à la suite de ces ordres que l'abbé Girod fut saisi à Foncine, au moulin de chez Sauvonnet et conduit au fort de Joux, sur la dénonciation d'un ardent jacobin du pays. Le directoire de Poligny, dans le mois d'août 1794, signale au représentant Lejeune le passage de M. Monnier par Besançon, vers le 4 thermidor, émigrant vers la Suisse.

Le 9 thermidor après avoir renversé Robespierre et ses

complices, sauva un honorable jurassien, le père Perrenet, disciple de l'abbé de l'Epée.

Pierre-Claude-Ignace Perrenet, de Foncine-le-Haut, né le 29 mars 1741, mort instituteur des Sourds et Muets, à Lons-le-Saunier, le 21 février 1822, était aussi connu par sa candeur que par ses lumières. Ayant fait ses premières études à Nozeroy et son noviciat chez les grands Augustins à Seurre, il se rendit au couvent de Paris, où il fut successivement bibliothécaire, sous-prieur, prieur et docteur de Sorbonne. Tandis qu'il n'était encore que simple religieux, on lui adressa un de ses parents, sourd et muet âgé de vingt ans, que l'on désirait faire admettre à l'école de l'abbé de l'Epée. Non-seulement le bon père Perrenet procura à ce jeune infortuné une pension gratuite dans sa communauté, mais il le conduisit à l'école et lui servit de répétiteur, cette circonstance le mit en rapport avec l'illustre professeur et le fit aussitôt son ami que son émule. Bientôt le mérite de nôtre compatriote le mit en vue, on le rechercha pour professer dans les grandes villes cet art presque divin. La correspondance qui s'établit à ce sujet entre le vénérable instituteur et Mgr l'archevêque de Bordeaux, exprime les tendres sentiments qui unissaient le maître et le disciple. L'abbé Siccard et le père Perrenet contractèrent le même nœud ; l'amitié de pareils personnages fait assez l'éloge de cet enfant de Foncine. L'abbé Siccard est devenu illustre en remplaçant l'abbé de l'Epée, et l'abbé Perrenet pouvait obtenir le même honneur s'il l'eût voulu ; mais ce modeste ecclésiastique, à qui le poste de premier instituteur des sourds et muets fut offert détourna sur l'abbé Siccard l'honorable choix dont il était l'objet.

Au moment de la suppression des ordres religieux, Perrenet fut appelé à Pithivier pour faire l'éducation du fils de M. d'Ymouville, c'est dans cet asile qu'il fut arrêté, et c'est de là qu'il fut ensuite transféré dans les prisons d'Orléans où il était destiné à la mort ; il y occupait une chambre dont le plafond était si bas, que le pauvre P. Perrenet, qui était d'une grande taille, ne pouvait s'y tenir debout, depuis dix-huit mois il languissait dans une pénible attente, lorsqu'enfin le geôlier vint annoncer à ce martyr et au jésuite qui partageait son cachot, que le jour suivant serait le terme de leur existence, les prisonniers ne furent point troublés de cette nouvelle, apercevant dans un coin une bouteille de vin de Bourgogne que l'on avait donné au jésuite, le P. Perrenet dit plaisamment à son compagnon : « Laisserons-nous donc cette bouteille à boire aux patriotes. » Après l'avoir sablée ils s'endormirent tranquillement. Ils furent bien surpris le lendemain de n'être pas réveillés par le signal de la mort, au contraire, le geôlier n'entra que pour leur annoncer leur délivrance, Robespierre venait de succomber.

Les orages de la Révolution apaisés, notre compatriote, à la merci de ses parents, erra sans domicile fixe, de Pontarlier à Champagnole, on lui donna le soin d'une paroisse, d'abord à Foncine-le-Bas, ensuite au Bief-des-Maisons et enfin à Syam, où il resta de 1803 à 1806, c'est alors que l'éclat de son mérite perçant l'obscurité de sa retraite, il fut attiré à Lons-le-Saunier par M. Poncet, préfet du Jura, il y arriva accompagné de trois sourds-muets, et il y vint d'autres élèves. En 1812, M. Destouches, successeur de M. Poncet, proposa au conseil général l'établissement d'une école publique de sourds-et-muets au chef-lieu, la ville et le conseil général applaudirent, et le vœu en fut porté au ministère ; mais les circonstances ont empêché que le projet n'eut exécution. Le P. Perrenet demeura néanmoins à Lons-le-Saunier pour s'y dévouer à ses bonnes œuvres, là, on le vit plusieurs années comme un vrai père, entouré de sa famille adoptive, développer dans ses élèves une âme qu'ils eussent méconnue sans lui et leur rendre une existence digne de leur fin.

24 août 1794, suppression des comités révolutionnaires dans les communes dont la population est inférieure à 8,000.

7 avril 1795, l'uniformité des poids et mesures et monnaies suivant le système décimal est décrété.

Circulaire du 27 germinal, 16 avril 1795, adressée par les administrations du district de Poligny aux officiers municipaux de toutes les communes du ressort pour opérer le désarmement des terroristes.

28 avril 1795, M. Monnier-Talleyrand pour le canton des Planches, est nommé membre du directoire et du conseil du département du Jura.

Le 8 mai 1795, arrestation de *Forestier,* de la Chaux-des-Crotenay, portant des lettres venant de Suisse, de la part d'émigrés, envoi de ces lettres au représentant *Saladin.*

9 mai 1795, un atelier d'armes était établi à Crissey dont un sieur Jaillet était chef, dans cet atelier étaient entrés de nombreux jeunes gens des Foncines et du canton des Planches, de cette manière, ainsi que nous l'avons déjà dit, peu de jeunes gens de notre pays étaient au service dans les armées, les uns travaillaient dans les ateliers de Crissey, de Besançon, les autres à Foncine, Jaillet était accusé d'avoir mis en réquisition pour le service de ses ateliers, plus de jeunes hommes qu'il n'en avait besoin, afin de les soustraire au service militaire ; d'avoir reçu d'eux de fortes rétributions pour prix de sa complaisance, etc. 30 mai 1795, un décret rendu sur le rapport de Languinais, autorise la célébration des cultes dans les édifices qui y étaient originairement destinés, il fut reçu avec le plus grand plaisir à Foncine-le-Haut où, pendant le plus fort de la terreur il n'avait jamais cessé, mais,

comme nous l'avons dit, s'exerçait au Creux-Maldrud, et dans les fermes isolées.

Nous avons vu que le ministre de l'intérieur ordonna le 8 novembre 1793 la démolition de Château-Vilain, quelques explications sont nécessaires pour bien connaître les motifs de cet ordre.

On sait qu'après la conquête définitive de Louis XIV, ce Château fort fut excepté de la démolition générale des constructions militaires, en considération des services que lui avait rendu Dom Jean de Watteville, abbé de Beaume, au moment de la soumission de la province.

A l'époque révolutionnaire ce Château était encore bien conservé et susceptible d'être habité, puisque M. Monnier Tailleyrand, amodiateur du domaine de Mme la Comtesse de Lorges (qui succédait aux Watteville, aux Sten, aux Gavre et aux Rohan) y avait sa résidence, et que M. Marie-Etienne Monnier, ancien procureur syndic du district de Poligny, ancien administrateur du département du Jura, ancien membre du conseil général, y est né.

En 1793, au moment où cet administrateur accusé de fédéralisme et mis hors la loi comme ses collégues, était en fuite ainsi que nous l'avons vu, ce séjour devint suspect à la convention ou plutôt à la commission administrative séant à Dôle.

A sa séance du 18 frimaire, an deux, cette commission prend lecture d'une lettre du ministère de l'intérieur, qui ordonne la démolition d'une forteresse ci-devant dite de Château Vilain, située dans le ressort de Poligny et le procureur général syndic entendu, elle arrête qu'il sera écrit à ce sujet aux administrateurs du district, la municipalité de Sirod et le comité de surveillance fourniront vers le 9 nivôse an deux, des détails sur l'état de consistance de cet ancien chef-lieu de Baronnie si dangereux à la liberté dans un pays aussi fanatique.

Les ordres de destruction furent sans doute ajournés pour l'exécution puisque le château a existé jusqu'en 1808 à 1810, époque où il fut démoli pour fournir des matériaux à la reconstruction des usines de Bourg-de-Sirod, qui venaient d'être incendiées.

Il n'existe malheureusement plus parmi les ruines de ce château dont la conservation était à désirer, qu'un pan de muraille que l'on désigne sous le nom de *Tour de Vienne*.

Aujourd'hui M. Lieffroy, maître de forges, ayant recueilli la succession Boutaud, se trouve en possession du lieu qu'occupait l'ancien manoir des Commercy, des de Quart, des Chauvirey et des Watteville.

En l'an treize de la République, M. de Stain recommença un vieux procès contre les communes de la Perna, les Foncines et les Planches et fut condamné dans ses prétentions.

Voici les faits :

Les sieurs Oudet se permirent en 1784 d'assigner au baillage de Poligny cinq habitants de la Perna, pour avoir coupé du bois dans la forêt du *Cuart :* ils se disaient propriétaires de cette forêt comme étant une dépendance de la Grange *de Poutain* acquise en 1728 de M. de Watteville, par leur auteur.

Instruite de cette attaque, la commune de la Perna en fit son affaire personnelle, celles des Foncines et des Planches intervinrent au procès, la propriété de toutes trois était menacée, leur réunion était nécessaire.

Les sieurs Oudet ne trouvaient rien dans l'acquisition de leur père qui put être favorable à leur action ; ils demandèrent la mise en cause des héritiers de M. de Watteville, ils la firent ordonner, et qu'exigèrent-ils d'eux ? la communication de leurs titres.

Des titres! nous ne vous en devons pas, répondirent-ils, que vous a-t-on vendu? Comment avez-vous joui, voilà ce que vous devez consulter, nous n'avons rien de plus à vous dire.

Sans actes, sans possession, sans moyens conséquemment, les sieurs Oudet abandonnèrent une action indiscrètement engagée, ils se laissèrent juger par défaut le 15 septembre 1791.

Mais profitant de la défaveur dans laquelle les nobles et les seigneurs étaient tombés, les Oudet revinrent à la charge en garantie contre les héritiers de Watteville le 3 août 1793.

On leur répondit : c'est après cinquante six ans que vous cherchez des garantis, ou dans ce long intervalle vous avez joui de la forêt du *Cuard*, ou dans ce même intervalle vous en avez laissé la jouissance aux communes, dans le 1er cas, vous en avez acquis la propriété par la prescription ; dans le second, presque deux fois les communes l'ont acquise par la même voie, et ils succombèrent le 30 Vendémiaire an 14, M. de Stain revint à la charge contre ces communes pour s'approprier la forêt du *Cuard,* mais ses prétentions furent rejetées.

13 septembre 1798. Nous lisons dans l'ouvrage de Jules Souzay, page 203 : Le gouvernement ayant lui-même donné l'exemple de sauver la Constitution en la violant, les imitateurs ne lui manquèrent pas. Pendant la nuit du 13 septembre, le détachement de la 36e demi-brigade cantonné à Chaux-Neuve, dans le canton de Mouthe, ayant à sa tête l'agent patriote de Chaux-Neuve, se permit de passer dans le Jura et d'envahir la maison de M. Faivre, adjoint de la commune de Foncine-le-Haut. Ayant trouvé chez lui le prêtre P.-Jos. Girod, de Cerniébaud, ils le saisirent, ainsi que le propriétaire de la maison, et les amenèrent par devant Jouffroy, commissaire du directoire à Mouthe, qui leur fit subir un interrogatoire non

moins irrégulier, et les renvoya devant l'administration canto-
nale. Celle-ci, mettant le comble à cette série d'illégalités,
arrêta que les deux prisonniers seraient incarcérés au fort de
Joux, où ils furent aussitôt conduits. Informé de ces faits
étranges, Quirot écrivit lui-même à Jouffroy, le 21 septembre :

« L'arrestation est irrégulière, l'agent de Chaux-Neuve
n'ayant pas pu autoriser par sa présence une visite domici-
liaire dans une commune du Jura. L'arrêté de l'administration
de Mouthe est incompétente, la rétractation du prêtre Girod,
qui exerçait à Foncine, n'ayant pu être jugé e que par son département.

« S'il eut été sujet à la déportation, il avait au moins, comme
les émigrés, quinze jours pour quitter le territoire français.
L'arrêté est encore plus illégal en ce qui concerne l'adjoint de
Foncine. » Quirot finissait cependant en chargeant Jouffroy
de dénoncer au commissaire du Jura le prêtre Girod et son
hôte.

Jouffroy s'acquitta, avec un grand luxe de zèle, de cette
dernière commission, en adressant à Champion, commissaire
du Jura, toute la procédure illégale commencée contre les
deux prisonniers, mais il se montra beaucoup moins pressé
de rétablir ceux-ci dans leurs droits. Il écrivit, le 3 octobre à
Champion : « J'ai chargé le commandant du fort de faire
élargir de suite l'adjoint Faivre, père de famille ; mais à
l'égard du prêtre Girod, qui est prévenu de faits graves, et
qui peut disparaître et s'évader, j'ai engagé le commandant du
fort à attendre une réponse de votre part avant de le faire
sortir. Vous pouvez donc en disposer. Je vous informerai
d'avance qu'il a perdu entièrement l'esprit public dans tous les
alentours, et qu'il est bien intéressant pour ce pays que ses
principes plus qu'ultramontains ne s'y propagent pas davantage. Il avait été en premier lieu conformiste, puis s'est ré-

tracté, et a fini par prêcher ouvertement contre le gouvernement républicain, qu'il m'a déclaré ne point reconnaître. Vous verrez le procès-verbal et l'interrogatoire. Il est donc au moins sujet à la déportation. Vous voudrez bien faire sans retard, les poursuites convenables contre ces individus. Ce prêtre Girod a inspiré tant de fureur aux volontaires en détachement sur ces frontières, que j'ai eu beaucoup de peine à le soustraire à leur ressentiment, et il ne fallait rien moins que la confiance qu'ils ont dans mes principes, pour les calmer. Vous sentez, par conséquent, combien il serait dangereux pour lui de le leur livrer. »

L'administration du Jura ne se laissa pas duper par la modération hypocrite de Jouffroy. Le 12 octobre, elle renvoya sa lettre au département du Doubs, en ajoutant : «Vous y verrez combien ce fonctionnaire donne de latitude et d'effets aux mesures arbitraires, aux violations de territoire, qu'il a approuvées par l'instruction qu'il s'est permise. Vous y verrez que, loin de se conformer à la lettre du commissaire, près votre département et au second arrêté de l'administration de Mouthe, il continue à donner suite à l'arrestation la plus illégale. Nous ne vous rappellerons pas citoyen collègue, les articles de la charte constitutionnelle dont cette affaire offre une infraction aussi alarmante qu'incroyable ; nous ne vous rappellerons pas les lois qui frappent de nullité tout ce qui a été fait contre le prêtre Girod, la violation du territoire, l'invasion nocturne de la force armée dans le domicile d'un citoyen. Votre commissaire a rendu hommage à ces principes sacrés et vous serez surpris autant que nous, que la sagesse de sa conduite n'ait pas servi de modèle à celle du commissaire de Mouthe. Nous joignons à cette lettre un extrait de l'acte constatant que le prêtre Girod a fait la soumission prescrite par la loi du 7 vendémiaire an IV. Dans ces circonstances, nous avons lieu d'attendre que vous vous empresserez d'ordonner la pleine exécution des lois qu'invoque cet ecclésiastique, que vous lui donnerez toutes les facilités de retourner en sûreté dans le lieu de son domicile, sauf aux autorités locales et compétentes à faire contre lui les poursuites nécessaires, et que vous voudrez bien aviser encore aux moyens de prévenir et de réprimer des infractions qui attaquent jusque dans leurs bases la déclaration des droits et des devoirs et la constitution de l'an III. — Bossu, Pareau, Bailly. »

Ces représentations, pleines de fermeté, et particulièrement méritoires, à une pareille époque, eurent tout le succès qui leur était dû.

Le département du Doubs, ordonna à Vincent, commandant du fort de Joux, de mettre immédiatement en liberté le prêtre du Jura. Vincent écrivit, le 19 octobre, qu'il venait de s'y conformer.

FIN.

Salins, Imp. Billet.